왜
나는 항상
결심만 할까?

THE WILLPOWER INSTINCT
Copyright © Kelly McGonigal, Ph.D, 2011
All rights reserved including the right of reproduction
in whole or in part in any form.

Korean translation copyright © Sigongsa Co.,Ltd.,2012
This edition published by arrangement with Avery, a member of Penguin Group
(USA) Inc., through Shinwon Agency.

이 책의 한국어판 저작권은 Shinwon Agency를 통한 Avery와의 독점계약으로 (주)시공사에 있습니다.
저작권법에 의하여 한국 내에서 보호를 받는 저작물이므로 무단전재와 복제를 금합니다.

왜
나는 항상 결심만 할까?

THE WILLPOWER INSTINCT
게으름과 딴짓을 다스리는 의지력의 모든 것

켈리 맥고니걸 지음 | 신예경 옮김

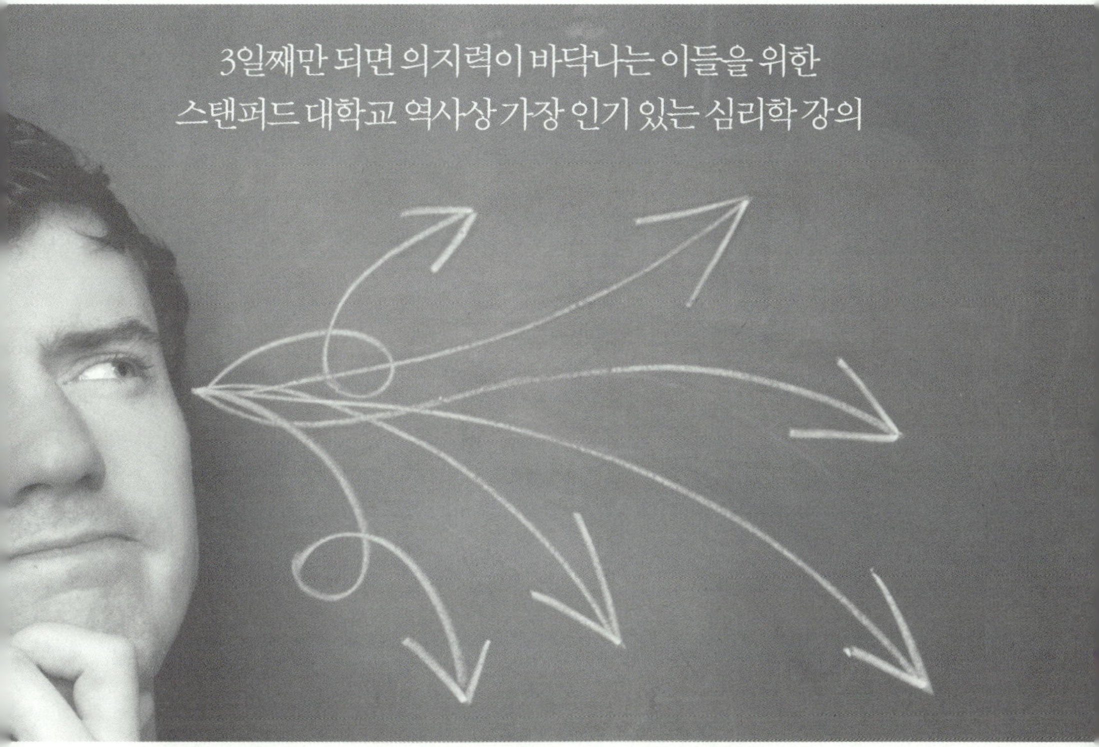

3일째만 되면 의지력이 바닥나는 이들을 위한
스탠퍼드 대학교 역사상 가장 인기 있는 심리학 강의

알키

:: 들어가는 말 ::

나의 인내심을
조종하는 이는 누구인가?

내가 의지력에 관한 강의를 하고 있다 말하면 상대는 십중팔구 이런 반응을 보인다. "어머, 딱 저한테 필요한 내용이에요." 요즘 들어 우리는 주의, 감정, 욕망을 조절하는 능력인 의지력이 육체적 건강, 경제적 안정, 인간관계, 직업적 성공에 영향을 미친다는 사실을 그 어느 때보다 실감한다. 이는 현대인이라면 누구든 고개를 끄덕일 만한 이야기이다. 먹는 것부터 행동하고 말하고 소비하는 것에 이르기까지 우리는 생활의 모든 면을 관리해야 한다는 사실을 알고 있다. 그럼에도 사람들 대부분은 자신의 의지력이 약하다고 느낀다. 의지력을 잘 발휘하는가 싶다가도 순간 자제심이 무너지면서 통제 불능의 상태에 빠져버리곤 한다.

미국 심리학회의 연구에 의하면 사람들이 목표 달성을 위해 아등바둥하게 되는 원인으로 맨 처음 꼽는 것이 의지력 부족이라고 한다. 대부분 자신에게 실망하거나 다른 사람에게 실망감을 주면 죄책감에 시달린다. 어떤 이들은 자신의 생각과 감정, 열망에 휘둘려 의식적인 선택보다는 충동에 이끌려 살아간다고 느낀다. 자제력이 뛰어난 사람들조차 매사를 관리하고 챙기느라 탈진한 나머지 삶이란 원래 이렇게 힘겨운 투쟁인지 의문을 품는다.

스탠퍼드 대학교 의과대학 건강증진 프로그램의 건강심리학자이자 보건교육사로서 나는 사람들이 스트레스를 조절하고 건강한 선택을 하도록 돕는 일을 한다. 생각, 감정, 신체, 습관을 변화시키려고 고군분투하는 사람들을 오랫동안 지켜본 끝에 깨달은 한 가지는 의지력에 대한 일반적인 믿음이 오히려 성공을 방해하고 불필요한 스트레스를 유발한다는 사실이다. 비록 과학적 연구들이 유익한 정보를 많이 알려준다고 해도 아직 대중은 이러한 전문적인 지식을 충분히 습득하지 못한 듯하다. 그래서인지 사람들은 자제력을 강화하기 위해 진부한 전략에만 계속 의존해왔다. 가장 일반적으로 활용하는 전략들은 효과가 없을 뿐만 아니라 오히려 역효과를 가져오기도 해서 자기파괴적인 행동을 일으키고 자제력을 잃게 한다.

이런 과정을 보다 못해 결국 나는 스탠퍼드 대학교의 평생교육원에서 '의지력의 과학The Science of Willpower'이라는 강좌를 개설했다. 이 강좌는 심리학, 경제학, 신경과학, 의학 분야의 자제력에 관한 최근 연구결과를 통합하여 수강생들이 오래된 버릇을 버리고 건강한 습관을 들이며 게으름을 고치고 집중력을 기르고 스트레스를 조절하는 방법을 알려준다. 또 유혹에 굴복하는 이유와 유혹에 저항력을 기르는 방법을 분명히 밝혀주고 자기절제의 한계를 이해하는 것이 왜 중요한지 입증하며 의지력 강화에 좋은 최고의 전략을 제시한다.

다행스럽게도 의지력의 과학은 단시간에 스탠퍼드 평생교육원 역사상 가장 인기 있는 강좌 중 하나로 꼽히게 되었다. 덕분에 강좌를 개설한 후 꾸준히 늘어나는 수강생을 감당하지 못해 강의실을 네 번이나 더 넓은 곳으로 옮겨야만 했다. 기업의 중역, 교사, 운동선수, 보건전문가를 비롯해 의지력에 호기심이 있는 여러 사람이 몰려들어 스탠퍼드에서 가장 큰 강의실을 가득 메웠다. 게다가 수강생들은 좋은 경험을 함께 나누고 싶은 마음에 배우자와 자녀, 동료까지 수업에 데려오기 시작했다.

금연, 체중감량부터 채무탈출, 좋은 부모되기에 이르기까지 서로 다른 목표로 강의실을 찾은 사람들을 보면서 나는 이 강좌가 진정으로 그들에게 도움이 되기를 바랐다. 그런데 나조차도 믿기 어려운 결과가 눈앞에 펼쳐졌다. 수업을 시작한 지 4주 만에 실시한 설문조사에서 수강생의 97퍼센트가 자신의 행동을 이전보다 잘 이해하는 것 같다고 대답했고, 84퍼센트는 수업에서 제시한 전략 덕분에 의지력이 향상했다고 답했다. 강좌가 끝나갈 무렵 수강생들은 30년 동안 빠져 있던 설탕중독을 어떻게 극복했는지, 마침내 세금체납을 어떻게 해결했는지, 자녀에게 소리 지르는 습관을 어떻게 고쳤는지, 운동 프로그램을 어떻게 꾸준히 실행하고 있는지 등 본인의 사례를 들려주었다. 대부분 예전보다 자신에게 만족감이 더 커졌고 자신의 선택에 책임감이 더 강해졌다고 말했다. 감동적이게도 이 강좌가 인생의 전환점이었다는 강의 평가서도 제출했다.

그들은 한목소리로 분명하게 주장했다. 의지력의 과학적 이론들을 접하면서 자제력을 강화할 방법들을 체계적으로 습득하였고 자신에게 가장 중요한 것에 매진할 수 있는 힘을 키울 수 있었다고! 과학적인 통찰력은 이메일 중독과 알코올 중독에서 회복 중인 사람에게 유용했으며 초콜릿과 비디오게임, 쇼핑, 심지어 사내 불륜 같은 여러 가지 유혹을 뿌리치는 데에도 도움을 주었다. 수강생들은 강좌를 활용하여 실직, 가족 갈등 등으로 인한 스트레스 조절과 마라톤 참가, 창업 등과 같이 개인적인 목표를 달성하는 데에 도움을 얻었다.

정직한 강사라면 누구나 이렇게 말하겠지만, 나 역시 수강생들에게 많은 것을 배웠다. 내가 경이로운 과학적 발견들을 설명하는 데 푹 빠져 연구결과와 의지력 도전과제의 관련성을 설명하지 못하고 옆길로 빠지려고 할 때면 이들은 영락없이 졸기 시작했다. 말하자면 어떤 전략이 현실에서 효과가 있고, 어떤 전략이 호응을 못 얻는지, 즉 실험이나 연구로는 절대 깨닫지 못할 교훈을 직접 가르쳐준 셈이다. 또한 수강생들은 강의의 주간 과제에 그럴듯한 의견을 제시하며 추상적인 이론들을 실생활에 적용할 수 있는 유용한 규칙으로 전환하는 방법들을 알려주었다.

이 책은 이와 같이 최신 연구결과와 수백 명의 수강생이 얻은 지혜를 활용하여 최고의 과학적 통찰력과 실전 훈련을 통합한 결과물이다.

자기절제에 성공하고 싶다면
실패하는 방법부터 배워라

새로운 다이어트 방법을 알려주는 책이든 재정적 해방을 위한 안내서든, 습관을 바꾸는 전략에 관한 책은 대부분 목표 설정을 도와주고 심지어 목표 달성을 위한 행동 방침까지 알려준다. 이런 책의 도움으로 어떤 면에서 변화하고 싶은지 충분히 검증한다면 새해 결심은 매번 성공할 테고 내 강의실도 텅 빌 것이다. 하지만 어떤 면에서 변화하고 싶은지 확인해야 한다고 절감하면서도 아직까지 그렇게 못하는 이유가 무엇인지 파악할 수 있게 도와주는 책은 거의 없다.

자제력을 기르는 최고의 방법은 자제력을 어떻게 잃고, 왜 잃는지 이해하는 것이다. 일반적인 우려와는 달리 유혹에 굴복하는 과정과 이유를 이해한다고 해서 이것이 실패로 이어지지는 않는다. 오히려 독립심도 강해지고 의지력을 약하게 하는 함정도 피할 수 있다. 한 연구는 누구보다 자신의 의지력이 뛰어나다고 믿는 사람들이 유혹에 부딪혔을 때 자제력을 잃고 행동할 가능성이 가장 크다고 했다.[1] 예를 들어 유혹에 대처하는 능력이 강하다고 낙관하는 흡연자들은 금연을 시도하더라도 넉 달 후에 포기할 가능성이 가장 높았고, 자신의 능력을 지나치게 낙관하며 다이어트를 하는 사람들은 살을 뺄 확률이 가장 낮았다. 어째서일까?

그것은 이들이 언제 어디서 왜 유혹에 굴복하게 될지 전혀 예측을 못했기 때문이다. 그러다 보니 흡연자들과 어울리거나 집 안 여기저기에 과자를 두는 등 유혹이 많은 환경에 스스로를 노출시키고 만다. 어려움을 겪게 되어 계획에 차질이 생기면 화들짝 놀라 목표를 포기할 가능성도 누구보다 높다.

자기인식, 특히 의지력이 어떻게 무너지는지 자각하는 것이야말로 자제력의 기반이다. 바로 그런 이유 때문에 의지력의 과학 강의와 이 책은 누구나 흔히 저지르는 의지력에 관한 실수를 중점적으로 다룬다. 각 장에서는 자제력에 대한 일반적인 오해를 풀고 저마다의 의지력 도전과제를 생각해볼 수 있도록 새로운 방법을 알려준다. 그리고 다음과 같은 몇 가지 질문으로 누구나 저지르는 의지력 실수를 자세히 분석할 계획이다. 유혹에 굴복하거나 해야 할 일을 나중으로 미룰 때, 나는 무엇 때문에 결국 참혹하게 몰락하고 마는가? 가장 치명적인 실수는 무엇이며 그런 실수는 왜 저지르는가? 무엇보다 이런 운명으로부터 미래의 나를 구할 기회는 없을까? 실패하는 과정에 대한 이해를 바탕으로 어떻게 성공전략을 마련할 것인가?

이 책을 읽고 나면 적어도 불완전하지만, 완전히 인간적인 자신의 행동을 더욱 이해하게 될 것이다. 의지력의 과학에서 단 한 가지 분명한 사실은 누구나 어느 정도는 유혹, 중독, 주의 산만함, 게으름 때문에 힘겨워한다는 점이다. 이런 것들은 인격의 부족함을 드러내는 개인적인 약점이 아니라, 누구나 겪는 보편적인 경험이자 인간이기에 어쩔 수 없이 겪는 조건의 일부분이다. 이 책을 통해 의지력과 씨름하며 아등바등 살아가는 것이 인간의 보편적 특성이라는 사실 하나만이라도 알릴 수 있다면 정말 기쁠 것이다. 그러면서도 내심 이 책이 훨씬 더 많은 역할을 해주기를, 여기에 소개한 전략들이 삶에 지속적인 변화를 일으키는 원동력이 되기를 조용히 희망해본다.

이 책의 활용 방법

과학을 전공하면서 가장 먼저 배운 것 중 하나는 이론도 중요하지만 데이터가 훨씬 더 도움을 준다는 사실이다. 그래서 나는 이 책을 하나의 실험처럼 취급해달라고 부탁하고 싶다. 자제력에 대한 과학적 접근 방법은 실험에만 국한되지 않는다. 현재의 생활을 연구하는 실험에서 우리가 직접 피험자가 되어도 좋다. 아니, 그렇게 되어야만 한다. 이 책을 읽으면서 나의 설명이나 주장을 그대로 믿어버리지 마라. 나는 한 가지 생각과 이를 뒷받침할 증거를 제시할 때마다 각자의 삶에서 이를 직접 실행해보라고 할 것이다. 이런 과제를 받거든 무엇이 사실이고 무엇이 효과적인지 알아낼 수 있도록 나만의 데이터를 수집하라.

이 책의 각 장에서 의지력의 과학자가 되는 데 유익한 두 가지 과제를 줄 것이다. '자기 탐구 생활'이라고 이름을 붙인 첫 번째 과제는 간략한 메시지로 어떤 생각이 자신의 생활에 어떻게 영향을 미치는지 주의 깊게 살펴보라고 요구한다. 변화하기 위해서는 어떤 식으로든 먼저 자신의 상태를 있는 그대로 관찰할 필요가 있다. 예를 들어 유혹에 굴복할 가능성이 많을 때는 언제인지, 혹은 배고픔이 소비에 어떤 영향을 미치는지 주의 깊게 살펴보기 바란다. 게으름을 피우면서 어떤 말로 자신을 합리화하는지, 의지력의 성패를 어떻게 판단하는지를 비롯해 의지력의 도전과제에 대해서 어떻게 자신에게 설명하는지 유의해서 살펴보라고 할 것이다. 심지어 상점 주인이 고객의 자제력을 무너뜨리려고 가게의 상품 배치를 어떻게 하는지 조사하는 일종의 현장 연구도 해볼 생각이다.

과제를 수행할 때에는 일방적으로 판단하지 않으면서도 호기심이 왕성한 관찰자의 태도를 보여야 한다. 마치 과학자들이 흥미진진하고 유용한 발견을 기대하면서 현미경을 들여다보듯이 말이다. 그렇다고 해서 이런 조사를 계기로 의지력이 나약해질 때마다 자신을 몰아세우거나 현대사회의 그 모든 유혹을 맹렬히 비난하라는 뜻은 아니다(적어도 후자에 관해서는 따로 설명할 기회가 있을 것이다).

두 번째 과제는 '의지력 실험실'로 과학적 연구나 이론을 기반으로 자제력을 기르는 실질적인 전략을 소개한다. 여기서 소개하는 의지력 강화 전략은 생활에서 부딪히는 어려움에 즉시 적용이 가능하다. 마음을 열고, 심지어 직관에 반하는 전략이더라도(앞으로도 이런 경우가 수없이 많을 테니까) 받아들이려고 노력하기 바란다. 누구에게나 적용되는 항목만으로 구성하지는 않았지만, 이 전략들은 수강생을 대상으로 실시한 예비 실험에서 가장 좋은 반응을 얻어 입증된 것들이다. 혹시 이론적으로 그럴듯하게 들리지만 현실에서는 어이없이 실패로 돌아가는 전략은 없느냐고? 그런 내용은 애초에 신지도 않았으니 아무리 책을 뒤져도 찾지 못할 것이다.

여기서 제시할 실험들은 판에 박힌 습성에서 탈출하고 낡은 문제를 해결할 새로운 방안을 찾기에 좋다. 그러므로 여러 가지 전략을 시도해보고 자신에게 가장 도움이 될 만한 데이터를 수집하기 바란다. 이런 시도는 실험이지 시험이 아니므로 어떤 결과가 나오더라도 실패가 아니다. 심지어 과학에서 권장하는 내용과 정반대로 결정하더라도 마찬가지이다. 결국 과학이란 의심을 통해 발전하지 않는가? 여러 가지 전략을 가족, 친구, 동료에게 알려주고 어떤 전략이 그들에게 효과적인지 살펴보라. 어떻게든 정보와 교훈을 얻게 될 테니 습득한 내용을 잘 활용하여 자신의 자제력 강화 전략을 가다듬어보라.

의지력의 도전과제

이 책을 읽고 최고의 효과를 얻고 싶다면 나의 의지력을 무너뜨리는 유혹적인 대상을 구체적으로 골라서 도전과제로 삼은 다음 각종 이론을 적용하여 실험해보라. 누구에게나 의지력이 무너져버리는 약점은 있게 마련이다. 예를 들어 인간은 생물학적으로 설탕과 지방이 반드시 필요하기 때문에 누구에게나 혼자서 동네 빵집을 먹여 살릴 수 있을 정도의 왕성한 충동이 끓어오르는 순간이 있다. 그럴 때는 이를 저지해야 한다. 하지만 의지력의 도전과제는 사람마다 다른 법이다. 내가 간절히 원하는 것을 당신은 혐오하기도 한다. 내가 중독된 것이 당신에게는 지겨울 수도 있다. 내가 나중에 하겠다고 미룬 일을 당신은 돈을 주고서라도 하고 싶어 할지도 모른다. 도전과제는 그게 무엇이든 당사자에게 모두 비슷한 방식으로 영향을 미친다. 내가 초콜릿을 먹고 싶어 하는 마음은 흡연자가 담배를 피우고 싶어 하거나 쇼핑 중독자가 돈을 쓰고 싶어 못 견디는 심정과 별반 다르지 않다. 내가 운동을 하기 싫어서 변명하는 태도는 누군가가 납부기한이 지난 고지서를 보거나 공부할 계획을 하룻밤 더 미루면서 요리조리 합리화할 방법을 찾는 태도와 그리 다를 바 없다.

이제 당신은 지금까지 회피해오던 대상을 도전과제로 삼아 '긍정 의지력'을 강화해도 좋고 앞으로 버리고 싶은 습관을 도전과제로 삼아 '부정 의지력'을 키워도 좋다. 아니면 건강을 증진하거나 스트레스를 조절하거나 육아기술을 연마하거나 출세를 도모하는 등 더욱 집중적이고 열정적으로 노력하고 싶은 인생의 중요한 목표를 도전과제로 정해서 무언가를 간절히 원하는 힘, 즉 '열정력'

을 불태울 수도 있다. 주의 산만함이나 유혹, 충동조절장애, 게으름 등은 보편적인 약점이기 때문에 이 책에서 제시하는 전략이 도움을 줄 것이다. 이 책을 다 읽을 무렵이면 도전과제를 파악하는 통찰력이 더 깊어지고 자제력 향상에 도움이 되는 새로운 전략을 습득할 것이라고 믿는다.

: **서두르지 마라**

이 책은 10주간의 강좌라고 가정하고 활용 계획을 세분화했다. 전체가 10개의 장으로 나뉘어 있으며 각 장은 한 가지 핵심개념, 이를 뒷받침하는 과학적 연구결과, 이 개념을 나의 목표에 어떻게 적용할 수 있는지 등에 대해 설명한다. 개념과 전략이 상호보완적으로 작용하므로 각 장을 충실하게 따라가면 자연히 다음 장을 준비하는 셈이 된다.

물론 주말을 활용해서 책을 한 번에 읽어버릴 수도 있겠지만 전략을 실행하면서 자신에게 속도를 맞춰 조절하는 편이 좋다. 실제로 강좌를 듣는 수강생들은 일주일을 꼬박 투자해서 각각의 개념이 자신의 생활에 어떤 영향을 미치는지 지켜본다. 이렇게 매주 자제력 강화 전략을 하나씩 시도해보고 어떤 전략이 가장 효과적이었는지 보고한다. 책을 읽는 독자들도 수강생들과 비슷한 방식으로 접근하면 좋을 듯하다. 특히 이 책을 이용해서 체중감량이나 자금운용 능력 향상과 같은 구체적인 목표를 달성하고 싶다면 더욱이 방법을 권한다. 실제로 전략을 실천해보고 이에 대해 곰곰이 생각할 시간을 충분히 확보하라. 한 번에 열 가지 새로운 전략을 시도하기보다 자신의 도전과제에 가장 적절하다 싶은 하나의 전략을 각 장에서 골라보기를 바란다.

변화를 원하거나 목표를 달성하고 싶을 때 언제든 이 책의 10주 프로그램을 활용하라. 실제로 강의실을 찾는 수강생 중에도 매번 새로운 도전과제에 초점을 맞춰가며 여러 차례 강좌를 수강한 사람이 더러 있다. 만일 실행하기 전에 이 책 전체를 먼저 읽어볼 생각이라면, 제발 즐겨라. 책장을 넘기면서 여러 가지 개념이나 과제를 따라가느라 괴로워하지 마라. 가장 흥미로운 부분을 따로 적어두었다가 실행에 옮길 준비가 되었을 때 다시 그 대목을 찾아가면 되니까.

이제 시작해볼까?

첫 번째 숙제! 의지력 과학의 여정을 함께할 도전과제를 한 가지 선택하라. 그런 다음 1장으로 가서 잠시 근원적인 문제를 되짚어보는 의미로 의지력은 어디에서 비롯되었는지, 어떻게 더 자세히 알아볼 것인지 연구해보자.

> **자기 탐구 생활 》 의지력의 도전과제를 선택하라!**
>
> 만약 아직도 도전과제를 고르지 못했다면 지금이야말로 이 책에서 배울 개념과 전략을 적용하고 싶은 일을 선택할 시간이

다. 다음 질문을 읽어보면 어떤 도전과제를 고를지 결정하는 데 도움이 될 것이다.

- ▶ **'긍정 의지력'의 도전과제** : 삶의 질을 개선하는 데 필요하기 때문에 무엇보다 해보고 싶거나 더는 미루고 싶지 않은 일은 무엇인가?

- ▶ **'부정 의지력'의 도전과제** : 살아가면서 '가장 떨쳐버리기 어려운 불쾌한' 습관은 무엇인가? 건강이나 행복, 성공에 악영향을 미치기 때문에 포기하고 싶거나 줄이고 싶은 일은 무엇인가?

- ▶ **'열정력'의 도전과제** : 장기적인 목표 중에서 에너지를 집중적으로 쏟아붓고 싶은 가장 중요한 일은 무엇인가? 이런 장기적인 목표를 이루지 못하도록 정신을 산만하게 하거나 마음을 흔들어놓을 가능성이 가장 높은 충동, 즉 일시적인 '욕망의 열정력'은 무엇인가?

차례

들어가는 말_ 나의 인내심을 조종하는 이는 누구인가? 5

Chapter 1_ 의지력이란 무엇인가? 23

1. 인간은 왜 의지력이 있을까? 27
  왜 지금 자제력이 중요한가?

2. 긍정·부정·열정의 신경과학 30
  뇌가 날아가면서 의지력을 상실한 남자 | 왜 뇌는 하나인데 마음은 둘일까?
  자아의 두 가지 가치 | 의지력의 첫 번째 규칙. 너 자신을 알라 | 어느 이메일 중독자의 이야기
  의지력을 키우는 뇌 훈련 | 명상에 소질이 없으면 좋은 점도 있다?

Chapter 2_ 의지력은 본능이다 57

1. 몸은 본능적으로 치즈케이크를 거부한다? 61
  위험이 닥칠 때 뇌의 변화 | 새로운 위협으로부터 자기를 보호하다
  '멈춤-계획 반응'으로 유혹에 저항하다

2. 의지력을 발휘하는 뇌와 신체 69
  신체는 의지력을 '비축한다' | 생각을 정리하는 느린 호흡법

3. 마음과 신체를 단련하라 77
  의지력을 강화시키는 묘약, 운동 | 억지로 시작한 운동이 마음을 변화시킨다
  의지력을 기르고 싶다면 당장 침대에 누워라 | 도전 수면 시간 늘리기

4. 자기절제에는 엄청난 에너지가 필요하다 87

5. 스트레스로 하나 되는 나라 91

Chapter 3 _ 의지력과 근육은 서로 닮은꼴이다 97

1. 더 이상 피곤해서 못하겠어! 101
의지력을 강화하기 위한 전략 | 일의 우선순위를 정할 줄 알아야 한다

2. 자기절제에 한계가 있는 이유는 무엇인가? 106
에너지 위기 대처법 | 허기가 진다면 간식을 거절하지 마라 | 의지력 근육을 단련하라
사탕 중독자, 단맛만 찾는 습관을 정복하다

3. 자기절제력에 정말 한계가 있을까? 121
마라톤 결승선을 끊어라 | 열정이 있으면 의지도 생긴다 | 낙심한 엄마에게 열정력이 필요하다

4. 일상의 유혹과 문명의 붕괴 131
자기절제력을 강화하는 조치가 필요하다

Chapter 4 _ 착한 일을 하면 나쁜 일에 끌린다? 137

1. 의지력은 선과 악의 전쟁이다 141
도덕적 허용의 모호한 논리 | 운동을 했지만 도리어 살찐 예비 신부

2. 발전은 우리 기분에 어떤 영향을 미치는가? 150

3. 내일은 오늘의 면죄부가 아니다 155
정크 푸드를 주문하는 이유 | 왜 항상 내일은 시간이 있다고 생각하지? | 마음 속 갈등을
잠재우는 규칙 세우기

4. 죄가 미덕처럼 보일 때가 있는가? 165
후광 효과란 무엇인가? | 속임수에 넘어가는 마법의 주문
절약이라는 문구에 홀리면 지출만 늘어날 뿐이다

5. 친환경 생활에 숨어 있는 위험 171

Chapter 5_ 뇌는 종종 새빨간 거짓말을 한다 177

1. 욕망을 행복으로 착각하는 이유는 뭘까? 181
욕망의 신경생물학 | 도파민은 손에 잡히지 않는 보상을 원한다 | 중독을 고치는 치료법이 있을까?

2. 신경마케팅의 등장 192
도파민이 분비되면 뇌는 이렇게 된다 | 도파민 탐정이 되어라

3. 도파민을 움직여라 199
약물중독자를 치료하는 보상의 약속 | 게으름뱅이에게 필요한 유쾌한 도파민

4. 도파민의 어두운 얼굴 204
물건을 사지 않아도 만족감을 느낄 수 있다. | 보상의 약속을 행복이라고 착각하지 마라

5. 욕망은 뇌의 행동 전략이다 211
갈망을 잃어버린 중독자 | 보상의 역설

Chapter 6_ 기분이 나빠지면 유혹에 넘어간다 217

1. 스트레스를 받으면 왜 욕망이 솟구칠까 220
효과적인 전략을 자꾸 잊는다고? 머리를 써라!

2. 깊이 생각할수록 빠져드는 유혹의 덫 226
야식습관을 텔레비전으로 고칠 수 있다

3. 죄책감은 왜 효과가 없을까? 233
'알게 뭐람' 악순환에서 벗어나라 | 자기용서는 긍정적인 결과를 가져온다
자기비판에 도전한 어느 작가의 이야기

4. 기분 좋아지기로 결심하다 245
희망은 변화를 위한 올바른 전략이 아니다

Chapter 7_ 순간 만족의 경제학이란 무엇인가? 251

1. 미래를 팔다 255
보상에 눈이 멀다 | 10분 규칙으로 흡연량을 줄여라 | 오늘의 행복은 내일의 행복보다 가치 있을까? | 어떤 인터넷 사이트도 꿈을 포기할 가치는 없다

2. 사전 약속의 가치에 눈을 떠라 268
유혹에 빠진 자아를 위한 돈 관리 | 미래의 자아를 만나라 | 치과 공포증을 극복한 한 남자의 이야기 미래는 왜 다르게 느껴질까? | 미래의 자아가 낯설게 느껴질 때 | 기다릴 때와 굴복할 때를 알아야 한다

Chapter 8_ 의지력도 전염이 될까? 293

1. 면역력이 완전한 사람은 없다 296

2. 사회적인 뇌가 마음을 움직이는 법 299
의지력의 실패를 거울처럼 반영하다 | 사회적 영향을 받는 흡연자 | 목표는 전염성이 있다 절제력을 잃어버리겠다는 목표 | 좋아하는 사람이 전염병을 잘 옮기는 이유

3. 행동을 변화시키는 무리의 구성원 311
신이 나의 체중감량을 원하신다고? | 나의 절제력이 남들과 다르다면

4. 의무감은 일탈을 막아준다 321
수치심의 한계 | 자부심은 힘이 있다 | 세금 체납으로 인한 창피함 무리에서 쫓겨나면 의지력이 고갈된다 | 이메일로 목표 의식을 불태워라

Chapter 9_ 부정 의지력에도 한계가 있다 331

1. 본능을 억압하면 반대의 효과가 나타난다 335
생각을 억압해도 효과가 없는 이유 | 내 생각이 그렇다면 틀림없이 사실이겠지 |
포기했을 때 비로소 찾게 되는 것

2. 이런 기분은 원하지 않아 342
나한테 무슨 문제가 있나봐 | 분노와 화해한 발레리

3. 억압하면 할수록 자제력은 약해진다 351
다이어트에 성공하는 비법 | 유혹의 중심을 수용하라 | 키세스에서 영감을 얻은
초콜릿 중독자 이야기 | 다이어트를 안 하는 다이어트

4. 정말로 담배를 끊는 방법 362
비난 충동서핑으로 충동을 자제하라

5. 내면의 수용과 외면의 조절 368

Chapter 10_ 짧지만 긴 의지력 여행을 마치며 371

저자 주

Chapter 1

의지력이란 무엇인가?

사람에게 부족한 것은 강인함이 아니라 의지력이다.
— 빅토르 위고 Victor-Marie Hugo, 1802~1885

 의지력이 필요한 일에 대해 생각해보자. 마음속에 무엇이 가장 먼저 떠오르는가? 의지력을 가늠하는 전형적인 시험은 유혹을 거부하는 것이다. 그 유혹의 실체가 도넛이든 담배든 창고세일 혹은 하룻밤의 섹스든 상관없다. "나는 의지력이 없어"라는 말은 대체로 이런 뜻이다. "나의 입, 배, 심장, 다른 신체기관이 무언가를 간절히 원하면 거부하기가 너무 어려워." 바로 이것을 '부정 의지력'이라고 생각하라.
 하지만 싫다고 말하는 것은 의지력의 일부분이자 의지력을 발휘하는 데 필요한 일부 요소일 뿐이다. "그냥 싫다고 말해"라는 표현은 게으름뱅이가 가장 좋아하는 말이다. 때로는 좋다고 말하는 것이 훨씬 중요하다. 세상일을 전부 내일 하겠다고, 아니면 영원히 하지 않겠다고 미룰 셈인가? 정신을 산란하게 하는 일이나 걱정거리, 텔레비전의 리얼리티 프로그램이 할 일을 잊어버리라고 아무리 쉴 새 없이 유혹하더라도 의지력만 굳건하다면 어떤 일이든 오늘 해치울 수 있다. 바로 이런 힘이 '긍정 의지력'이다.
 긍정 의지력과 부정 의지력은 자제력의 두 가지 측면이기는 하지만 의지력은 이들만으로 구성되어 있지 않다. 아니라고 말해야 할 때 아니라고 말하고, 그렇다고 말해야 할 때 그렇다고 말하려면 세 번째 힘이 있어야 한다. 세 번째 힘은 내가 진정으로 원하는 것을 기억하는 힘이다. 아, 물론 정말로 원하는 것은 브라우니, 석 잔째인 마티니, 하루 휴가라고 생각할 수도 있다. 하지만 유혹에 맞닥뜨리거나 게으름을 피우고 싶을 때 스키니 진 멋지게 소화하기, 승진하기, 신용카드 빚 청산하기, 결혼생활 유지하기, 감옥에 갈 짓 하지 말기가 자신이 진정으로 원하는 목표임을 반드시 기억해야 한다. 목표를 기억하지 못하면 무슨 수로 눈앞의 욕구를 거부하겠는가? 자제력을 발휘하려면 중요한 순간에 동기부여를 할 줄 알아야 한다. 이것이 바로 장기적인 욕망의 '열정력'이다.

결국 의지력이란 목표를 달성하고 말썽에 휘말리지 않도록 도와주는 세 가지 힘인 긍정 의지력, 부정 의지력, 열정력을 통제하는 것이다. 나중에 자세히 살펴보겠지만, 다행스럽게도 우리에게는 세 가지 능력을 모두 뒷받침해주는 뇌가 있다. 사실 긍정하고 부정하고 열정을 기울이는 세 가지 능력이 발달했다는 것이야말로 인간이라는 존재를 정의하는 특징일지도 모른다.

우리가 이와 같은 능력을 제대로 사용하지 못하는 이유를 본격적으로 분석하기 전에 이런 능력을 발휘할 줄 아는 운명이어서 얼마나 다행인지부터 충분히 이해해보자. 우선 뇌를 들여다보며 마법이 일어나는 장소를 살펴본 다음 의지력을 강화하려면 뇌를 어떻게 훈련해야 하는지 알아보자. 그리고 의지력을 발휘하는 게 왜 그렇게 힘든지 그 이유를 살펴보고, 의지력이 무너지지 않으려면 또 하나의 고유한 인간적 특징인 자기인식을 어떻게 활용해야 하는지도 생각해보자.

인간에게는 왜 의지력이 있을까?

상상력을 한껏 발휘하여 10만 년 전의 세상으로 거슬러 올라가 보자. 이제 자신을 호모 사피엔스, 즉 인류가 여러 가지 진화 단계를 거쳐 도달한 현생 인류라고 생각하라. 그리고 진화의 결과들을 보며 잠시 기분 좋게 자축해보자. 우선 나는 엄지손가락이 길게 자라 나머지 네 손가락과 맞닿을 수 있어 안정적으로 물건을 잡을 줄 알며 척추를 꼿꼿이 세워 직립 보행한다. 아래턱뼈와 후두 사이에 위치한 목뿔뼈의 위치가 낮아지면서(동물은 후두와 목뿔뼈의 높이가 혀와 거의 같아서 말을 하지 못한다―옮긴이) 언어도 구사하게 되었다(아쉽게도 실제 어떤 소리를 냈는지는 알 수 없지만). 게다가 불을 자유자재로 사용하고 날카로운 석기를 도구 삼아 물소와 하마를 잘게 썰 줄도 안다.

불과 몇 세대만 거슬러 올라가도 살아가면서 책임져야 할 일은 상당히 단순했을 것이다. 첫째로 저녁거리를 찾아오고, 둘째로 자손을 번식시키고, 셋째로 인간을 잡아먹는 악어를 느닷없이 만나지 않도록 피하면 그뿐이었다. 하지만 구성원들이 긴밀하게 맺어진 부족 안에서 살아남기 위해서는 다른 호모 사피엔스에게 의존할 수밖에 없다. 그러므로 세 가지 중요한 생활 수칙에는 '어느 누구도 열 받게 하지 말 것'이라는 항목도 끼워 넣어야 한다. 공동체를 유지하려면 협동과 자원의 공유가 필요하며 원하는 것이 있다고 해서 마음대로 가져가서는 안 된다. 다른 이의 물소 고기나 배우자를 훔치면 부족에게 추방을 당하거나 목숨을 잃을지도 모른다(날카로운 석기는 나만의 전유물이 아니며, 내 피부가 하마의 피부보다 훨씬 더 얇다는 사실을 명심하라). 더욱이 아프거나 부상을 당해 사냥하러 다니거나 수렵을 할 수 없는 처지라면 부족의 보살핌을 받아야만 한다.

석기시대에도 친구를 사귀고 다른 사람들에게 영향을 미치는 방법에 대한 기본적인 원칙은 오늘날과 크게 다르지 않았다. 쉴 곳이 필요한 이웃에게는 거처를 마련해주고, 굶주린 이웃에게는 내 배를 채우지 못했더라도 먹을 것을 나눠주어야 한다. 흡사 타잔처럼 아랫도리에 두른 헝겊이 어울리지 않더라도 "그렇게 입으니까 뚱뚱해 보여"라고 말해서는 안 된다. 한 마디로, 조금만 자제력을 기르라는 말이다!

위태로운 것은 나의 목숨만이 아니다. 내가 싸울 상대를 고르고(씨족 내부의 싸움은 피하라) 짝짓기 대상을 결정할 때(한 가지 질병으로 부족 전체가 전멸하기를 바라지 않는다면 유전적 다양성을 증가시켜야 한다. 그러니 제발 근친은 피하라) 얼마나 신중하게 행동하는가에 부족 전체의 생존이 걸려 있었다. 그러니 내가 식욕, 공격성, 섹스라는 인간의 오랜 본능 때문에 갖가지 어려움에 처할 가능성은 항상 존재한다.

위의 이야기는 소위 의지력이 필요하게 된 기원을 설명할 뿐이다. 역사가 빠르게 흘러가면서 인간 사회는 점차 복잡해졌고 그에 걸맞게 자제력을 길러야 했다. 사람들과 자연스럽게 어울리고 협동하며 장기적인 관계를 유지해야 할 필요를 느끼면서 초기 인류의 뇌는 자제력 강화 전략을 개발해야 한다는 압박을 받았다. 오늘날 현대인의 모습은 이러한 요구에 대한 생물학적 반응인 셈이다. 그리고 뇌가 이런 요구에 부응하면서 마침내 인간은 의지력, 즉 충동을 조절하여 인간이 충분히 인간다워질 수 있도록 도와주는 능력을 갖추게 되었다.

왜 지금 자제력이 중요한가?

다시 현대로 돌아오자. 사람들은 엄지손가락의 발달과 같은 진화의 특권은 그대로 누리지만, 예전보다 옷은 좀 더 걸치고 싶어 할 듯하다. 의지력은 인간과 다른 동물을 구분하는 특징에서 인간들끼리 서로를 구분하는 특징으로 변화했다. 인간은 모두 태어날 때부터 의지력을 가지고 있지만, 어떤 이들은 다른 이들보다 의지력이 좀 더 발달하였다. 자신의 주의력과 감정, 행동을 어느 정도 잘 통제할 줄 안다면 어떤 경우에도 비교적 더 잘 산다. 남들보다 더 행복하고 건강하며 인간관계는 훨씬 만족스럽고 오랫동안 지속할 수 있다. 돈도 더 잘 벌고 직장에서도 성공한다. 스트레스를 잘 조절하고 갈등을 쉽게 해결하며 어려움도 빨리 극복한다. 심지어 수명도 훨씬 길다.

여러 가지 미덕이 대립하는 상황이라면 의지력이 두각을 나타낸다. 자기절제는 학업에서의 성공 가능성을 지능보다 더 정확하게 알려주는 예측변수이고(SAT 점수를 보라) 효과적인 리더십을 카리스마보다 더 정확하게 판단해주는 결정요인이며(카리스마가 넘치는 자기계발 전문가 앤서니 라빈스에게는 미안하다) 공감보다 더 실질적으로 결혼생활의 행복을 유지해주는 중요한 비결이다(사실, 오래가는 결혼생활의 비결은 침묵하는 법을 배우는 것인지도 모른다). 만약 자신의 삶을 개선하고 싶다면 의지력을 기르는 일부터 시작해도 좋을 것이다. 그러기에 앞서 뇌에 대해서 좀 더 알아볼 필요가 있다. 우선 앞으로 연구할 뇌의 실체부터 살펴보자.

긍정·부정·열정의 신경과학

현대의 자기절제력은 더 좋은 이웃과 부모, 배우자가 되라고 오래전부터 압력을 받은 덕분에 탄생한 결과물이다. 하지만 인간의 뇌는 이런 변화를 정확히 어떻게 따라왔을까? 해답은 바로 이마와 눈 바로 뒤에 있는 두꺼운 밴드 모양의 신경 영역인 전전두엽 피질이 발달했기 때문인 듯하다.

진화의 역사를 통틀어서 전두엽은 걷고 뛰고 손을 뻗고 물체를 미는 등의 신체 운동을 통제하는 역할, 즉 일종의 원자아(원자아

proto-self란 뇌과학자 안토니오 다마지오가 발전시킨 개념이다. 유기체의 물리적 상태를 시시각각 표현하는 신경패턴의 집합체로서 신체의 항상성을 조절하고 유지하는 데 관여한다—옮긴이) 통제를 주로 담당했다. 인간이 진화하면서 점차 전전두엽 피질은 커졌고, 뇌의 다른 영역과 더 긴밀하게 연결되었으며 현재 다른 종에 비해 뇌에서 차지하는 비율이 높다. 바로 이런 이유 때문에 인간과 달리 개는 나중을 대비해서 사료를 모아두는 법이 없다. 전전두엽 피질은 크기가 커지면서 무엇에 주의를 기울이고 무엇을 생각하고 어떻게 느껴야 하는지를 조절하는 등 여러 가지 새로운 통제 기능을 담당하게 되었다. 그 덕분에 우리는 자신이 하는 일을 전보다 훨씬 더 잘 통제하게 되었다.

스탠퍼드 대학교의 신경생리학자인 로버트 새폴스키Robert M. Sapolsky에 따르면 현대의 전전두엽 피질이 수행하는 주된 업무는 뇌에 편견을 심어 내가 '비교적 어려운 일'을 선택하도록 유도하는 것이라고 한다. 소파에 누워 있는 편이 더 쉬울 때 전전두엽 피질은 일어나서 운동을 하고 싶게 한다. 디저트를 먹겠다고 대답하는 편이 더 쉬울 때 전전두엽 피질은 달콤한 디저트 대신 차를 주문해야 하는 이유를 기억해낸다. 프로젝트를 내일까지 미루는 편이 더 쉬울 때 내가 파일을 열고 어떻게든 일을 진척시키도록 돕는 것 역시 전전두엽 피질이다.

전전두엽 피질은 하나로 통일된 회백질 덩어리가 아니라 긍정, 부정, 열정이라는 세 가지 임무를 각기 분담한 세 개의 주요 영역

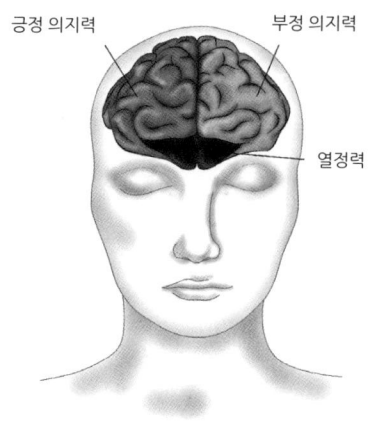

〈 의지력의 위치 〉

으로 구성되어 있다. 전전두엽 피질의 상단 왼쪽 부근에 자리하여 긍정 의지력을 관장하는 부분은 내가 지루하거나 힘들거나 스트레스가 많은 일을 시작하여 계속할 수 있도록 돕는다. 그 덕분에 우리는 샤워하고 싶은 기분을 억누르고 러닝머신에서 달리기를 계속할 수 있다.

　이와 반대로 전전두엽 피질의 상단 오른쪽 부근에 있는 부정 의지력을 관장하는 부분은 내가 매번 충동이나 열망에 따라 행동하지 않도록 말린다. 그 덕분에 운전 중에 날아온 휴대전화 문자메시지를 읽고 싶은 유혹을 꾹 누르고 도로에 시선을 고정할 수 있다. 이 두 개의 영역이 우리의 행동을 통제한다.

　전전두엽 피질의 중앙에서 약간 하단에 자리한 세 번째 영역은 목표와 욕망을 계속 파악하면서 내가 무엇을 원하는지 결정한다.

이곳의 세포가 신호를 빨리 보낼수록 어떤 행동을 하거나 유혹을 거부하고 싶은 의욕이 점점 더 커진다. 뇌의 나머지 부분이 "먹어 버려! 마셔버리라고! 담배를 피워! 그걸 사라니까!"라고 무섭게 다그칠 때조차 전전두엽 피질의 이 부분은 내가 정말로 원하는 것이 무엇인지 기억해낸다.

> **자기 탐구 생활 》 무엇이 더 어려운 일인가?**
>
> 유혹을 당당히 뿌리치는 것이든 스트레스가 많은 상황에서 달아나지 않는 것이든 의지력의 약점을 극복하기 위해 설정한 도전과제는 모두 어려운 일이어야만 한다. 내가 의지력 도전과제에 직접 부딪히는 모습을 구체적으로 상상해보라. 무엇이 더 어려운 일인가? 무엇 때문에 그렇게 힘들어지는 걸까? 어려운 일을 한다고 생각하면 어떤 기분이 드는가?

뇌가 날아가면서 의지력을 상실한 남자

전전두엽 피질은 자아를 통제하는 데에 얼마나 중요한 역할을 하는가? 이 질문에 대답하는 방법이 한 가지는 아니겠지만 여기서는 일단 자제력을 상실하면 어떤 일이 벌어지는지 살펴보자.

피니아스 게이지Phineas Gage의 이야기는 전전두엽 피질이 손상되었을 때 나타나는 변화를 보여주는 가장 유명한 사례이다. 미리 마음의 준비를 하도록 힌트를 주자면, 이 이야기는 다소 끔찍하고 불쾌한 내용이다. 샌드위치나 간식을 먹고 있었다면 옆으로 치워두기 바란다.

1848년, 스물다섯 살의 피네아스 게이지는 어느 철도회사에서 현장주임으로 근무하고 있었다. 그는 고용주들에게 최고의 현장주임으로 인정받고 있었고, 일꾼들의 존경과 사랑을 한몸에 받았으며 친구들과 가족에게 조용하고 공손한 사람으로 알려져 있었다. 주치의였던 존 마틴 할로는 그를 '강철 의지에 강철 육체를 갖춘' 정신과 육체가 누구보다도 강인한 사람이었다고 묘사했다.

하지만 9월 13일 수요일 오후 4시 30분, 모든 것이 바뀌었다. 러틀랜드 벌링턴 철도회사에 고용된 현장감독 게이지와 수하의 일꾼들은 버몬트를 통과하는 열차 선로를 놓기 위해 발파 작업을 하고 있었다. 게이지의 임무는 폭약을 설치하는 것이었다. 이런 작업은 예전에도 수천 번이나 성공했지만, 어쩐 일인지 이번에는 무엇인가 잘못되었다. 폭발이 너무 빨리 일어났고 엄청난 폭발력에 밀려 1미터 9센티미터 남짓한 쇠막대가 게이지의 두개골로 그대로 날아왔다. 쇠막대는 게이지의 왼쪽 뺨을 뚫고 전전두엽 피질을 강타하고는 회백질을 조금 묻힌 채로 이마를 통과해 27미터 가량 뒤쪽으로 날아가버렸다.

이야기를 이쯤 듣고 나면 누구든 게이지가 뒤로 나자빠지며 그 자리에서 숨지는 광경이 눈에 선할 법하다. 하지만 용케도 그는 죽지 않았다. 목격자들은 그가 기절하지도 않았다고 증언했다. 일꾼들이 달려와 그를 달구지에 싣고는 숙소로 사용하던 여관까지 거의 1.6킬로미터를 밀고 갔다. 의사는 상처를 최대한 잘 치료한 후 사고 현장에서 회수한 두개골 조각 중에 가장 큰 것을 제자리에 얹고 두피를 잡아당겨서 상처부위를 덮었다.

게이지의 몸이 완전히 회복되기까지는 두 달이 넘게 걸렸다(할로 박사가 밖으로 노출된 뇌의 감염을 치료하기 위해 관장제를 지나치게 많이 처방한 탓에 치료 기간이 지연되었을 가능성도 있다). 11월 17일, 그는 충분히 회복하여 정상적인 생활로 되돌아갔다. 게이지 역시 통증도 전혀 없고 "모든 면에서 상태가 호전되었다"라고 말했다.

이로써 불행한 사건은 행복하게 마무리되는 듯했다. 하지만 안타깝게도 이야기는 여기서 끝나지 않았다. 게이지의 외상은 전부 치료되었는지 모르지만, 뇌 안에서 무언가 이상한 일이 벌어지고 있었다. 친구들과 동료는 그의 인성이 완전히 변해버렸다고 증언했다. 할로 박사는 사고 당시 작성한 진료보고서에 다음과 같은 추적 검사의 소견을 덧붙였다.

환자는 지적 능력과 동물적 성향 사이의 균형이 무너진 것처럼 보인다. 변덕스럽고 무례하고 때로는 더할 나위 없이 역겨운 행동에 몰두한다. 동료를 존중하지 않으며 욕구에 상반된 규제나 충고를 견디지 못한다. 미래에 실행할 여러 가지 계획을 구상하지만, 일정을 정리하기가 무섭게 취소해버린다. 이런 점에서 볼 때 그의 생각이나 정신은 근본적으로 달라졌으며 친구들과 지인들은 그가 "예전의 게이지가 아니다"라고 단호하게 말했다.

달리 말해 게이지는 전전두엽 피질을 잃어버리며 긍정 의지력, 부정 의지력, 열정력을 모두 상실하였다. 게이지의 여러 가지 장점 중에서도 절대 흔들리지 않을 것만 같았던 강철 같은 의지는 쇠막대가 두개골을 날려버린 순간 완전히 사라져버렸다.

우리 중에 타이밍이 맞지 않아 발생한 폭발로 자제력을 잃어버릴까 걱정해야 할 사람은 거의 없지만, 피네아스 게이지 같은 고통을 겪을 가능성은 누구에게나 조금씩은 있게 마련이다. 전전두엽 피질은 우리의 기대만큼 항상 믿음직하지 않다. 술에 취하거나 수면 시간이 부족하거나 아니면 그저 마음이 산란해지는 등 여러 가지 일시적인 현상이 전전두엽 피질의 기능을 억제하여 게이지가 당했던 뇌 손상과 비슷한 상태로 유도한다. 그렇게 되면 아무리 회백질이 두개골 안에 안전하게 보존되어 있더라도 충동을 조절하는 데 어려움을 겪게 된다. 뇌가 충분히 회복되어 제정신으로 돌아왔다고 해도 결코 위험에서 완전히 벗어난 것은 아니다. 우리의 내면에는 비교적 어려운 일을 할 줄 아는 능력도 존재하지만, 정반대의 행동을 하고 싶은 욕망도 도사리고 있기 때문이다. 앞으로도 설명할 기회가 있겠지만, 충동은 제멋대로 작동할 경우가 많으므로 반드시 규제해야만 한다.

: 왜 뇌는 하나인데 마음은 둘일까?

의지력이 무너지는 바람에 돈을 지나치게 많이 쓰고, 음식을 너무 많이 먹고, 시간을 낭비하고, 성질을 있는 대로 내는 자신의 모습을 지켜보노라면 문득 전전두엽 피질이 자신에게 조금이라도 있는지 의아해지기도 한다. 물론 유혹을 거부할 가능성도 있지만, 그렇다고 누구나 유혹을 거부한다고 보장할 수는 없다. 내일 하기로 한 일을 오늘 처리할 때도 물론 있겠지만, 내일로 미루는 경우가 대부분이다.

이렇게 어쩔 수 없는 서글픈 현실은 인간의 진화 덕분이기도 하다. 진화를 거치면서 인간의 뇌는 성장한 것에 비해 많이 변화하지는 않았다. 진화란 본디 무에서 유를 창조하기보다는 이미 창조된 것에 조금씩 새로운 내용을 추가하는 작업이다. 인간은 새로운 기술이 필요해지면서 원시의 뇌를 완전히 새로운 모델로 교체하는 대신 충동과 본능으로 이루어진 낡은 시스템 위에 자기절제 시스템을 떡하니 덧붙여놓았다.

다시 말해 본능이 한때 인간에게 도움을 주다가 아무리 현대에 접어들어 인간을 곤경에 빠뜨리는 존재로 전락했을지라도 진화는 본능을 완전히 저버리지 않았다. 좋은 소식을 하나 알려주자면 진화는 본능이 활개치도록 내버려두기도 했지만, 본능 때문에 갑자기 발생하는 여러 가지 문제를 해결할 방법 역시 제시해주었다. 예를 들어 혀에서 맛을 감지하는 기관인 미뢰味蕾가 음식을 기분 좋게 느끼면 십중팔구 인간은 뚱뚱해진다.

음식이 귀해서 여분의 체지방이 생명보험처럼 여겨지던 시절에만 하더라도 단맛을 좋아하는 탐욕스러운 감각은 인간에게 도움을 주었다. 하지만 패스트푸드, 정크푸드가 넘쳐나는 현대사회는 모든 사람이 먹고도 남을 정도로 음식이 풍부하다. 과체중은 보험증서가 아니라 건강을 위협하는 요소가 되었으며 음식의 유혹을 거부하는 능력은 장수보다 훨씬 중요한 문제로 대두했다. 그런데도 지방과 당분을 갈구하는 본능이 인간의 조상에게 도움을 주었기 때문에 현대인의 뇌 역시 이런 본능을 여전히 잘 유지하고 있다. 그나마 다행스러운 점은 인간이 비교적 최근에 진화한 뇌의 자기 절제 시스템을 활용하여 지방과 당분에 대한 갈망을 누르고 사탕단지를 멀리할 줄 안다는 사실이다. 그러므로 인간은 충동에 얽매여 살면서도 충동을 통제할 능력 또한 갖춘 셈이다.

신경과학자 중에는 인간의 뇌에 두 개의 마음이 존재한다거나 심지어 두 사람이 하나의 마음 안에 산다는 극단적인 주장을 펼치는 사람들도 있다. 인간의 내면에는 충동에 따라 행동하고 지금 순간의 만족을 추구하는 자아와, 충동을 통제하고 장기적인 목표를

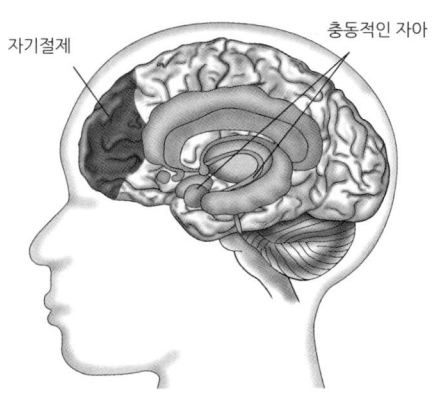

〈 두 가지 마음의 문제 〉

이루기 위해 만족을 뒤로 미루는 자아가 함께 존재한다. 두 가지 자아 모두 결국은 자신의 모습이기에 인간은 그 사이를 오가며 살아간다. 때로는 체중을 줄이고 싶은 사람이 되었다가 때로는 그저 과자를 먹고 싶은 욕망에 시달리는 사람이 되기도 하는 것이다.

이것이 바로 의지력의 도전과제를 정의해준다. 나는 한편으로는 이것을 원하면서도 다른 한편으로는 저것을 원한다. 아니, 나의 현재 자아는 이것을 원하지만, 미래 자아는 저것을 해야 더 행복할 것이다. 두 가지 자아가 서로 원하는 바가 다를 때면 한 가지 자아가 다른 자아보다 우선할 수밖에 없다. 유혹에 굴복하기를 원하는 자아가 나쁜 것이 아니라 단지 가장 중요한 일에 대한 관점이 다를 뿐이다.

> **자기 탐구 생활 》 두 가지 마음을 만나라!**
>
> 의지력의 도전과제란 한 사람 안에 도사린 두 가지 마음이 일으키는 갈등이다. 내가 정한 의지력의 도전과제에서 이렇게 갈등하는 마음이 무엇인지 설명해보자. 나의 충동적인 자아는 무엇을 원하는가? 비교적 현명한 자아는 무엇을 원하는가?
>
> 자신의 충동적인 마음에 특별한 별명을 붙이면 도움이 되기도 한다. 예를 들어 나의 자아가 언제나 눈앞의 만족만을 추구한다면 '과자귀신'으로 부르고, 매사에 불평불만 하기를 즐긴다면 '투덜이', 절대로 제시간에 일을 시작하는 법이 없으면 '게으름쟁이'라고 부르는 식이다. 이렇게 자아에 별명을 붙이면 언제

> 충동적인 자아가 마음속에서 우위를 차지하는지 알아차릴 수도 있고, 현명한 자아를 불러들여 의지력을 조금이나마 강화할 수도 있을 것이다.

: **자아의 두 가지 가치**

어쩌면 자기절제체계는 엄청나게 우월한 '자아'로 여기고 비교적 원시적인 본능은 진화의 여정이 남긴 부끄러운 흔적이라고 치부하고 싶을지도 모른다. 물론 직립보행을 못하던 원시시대에 인간이 후손에게 유전자를 온전히 물려줄 만큼 오래 생존하는 데 도움을 준 것은 이러한 본능 덕분이었을지 모른다. 하지만 지금의 본능은 그저 앞길을 방해하고, 건강에 해악을 끼치고, 통장 잔액을 거덜 내며, 불륜을 저질러 방송에 나가 대국민 사과를 하게 만들 뿐이다. 문명화된 생물인 우리 인간이 고대의 조상이 물려준 본능적 욕구에 시달리지 않는다면 얼마나 좋겠는가.

하지만 아직 성급하게 결론을 내려서는 안 된다. 비록 인간의 생존 시스템이 언제나 유익한 방향으로만 작용하는 것은 아니지만, 그렇다고 해서 원시의 자아를 완전히 억눌러야 한다고 생각하는 것은 잘못된 판단이다. 뇌 손상으로 이러한 본능을 상실한 환자들에게 실시한 의료 사례연구에 따르면 원시적인 공포와 욕구는 건강과 행복을 비롯해 심지어 자아통제에서도 대단히 중요한 역할을 담당한다고 한다. 그중에서도 가장 특이한 사례 하나를 살펴보자.

어느 젊은 여성이 뇌졸중을 치료하려고 뇌 수술을 받다가 중뇌의 일부가 손상되는 사고를 당했다. 그 후 이 여성은 공포심과 혐오감을 전혀 느끼지 못하는 사람처럼 보였다. 자제력을 발휘하도록 해주는 가장 본능적인 두 가지 원천을 강탈당한 여성은 속이 안 좋아질 정도로 폭식하는 습관이 생겼고 종종 가족들에게 성욕을 표출하기도 했다. 이쯤 되면 자기절제가 썩 뛰어난 인물이라고 말하기는 어렵지 않겠는가?

앞으로 살펴보겠지만, 욕구가 끓어오르지 않는 인간은 우울증에 빠지고 공포심을 느끼지 못하는 인간은 장차 다가올 위험으로부터 자신을 보호하지 못한다. 그러므로 의지력의 도전과제를 설정하고 이를 달성해낸다는 것은 어찌 보면 이런 원시적인 본능을 극복하는 것이 아니라, 현명하게 이용하는 방법을 찾는다는 뜻이기도 하다.

인간이 무언가 결정할 때 뇌가 담당하는 역할을 연구하는 신경경제학자들은 자기절제체계와 인간의 생존본능이 항상 갈등을 일으키는 것은 아니라고 한다. 경우에 따라서 이 둘은 상호 협동하여 인간이 올바른 결정을 하도록 돕는다. 예를 들어 내가 백화점 안을 돌아다니다가 반짝거리는 물건에 시선을 사로잡혔다고 상상해 보자. 나의 원시적인 뇌는 이렇게 소리친다. "당장 사버려!" 그러면 나는 물건에 붙은 가격표를 확인해본다. "190만 9,990원!" 터무니없이 비싼 가격을 확인하지 않았더라면 전전두엽 피질이 개입하여 소비 충동을 눌러버려야 했을 것이다. 하지만 가격을 보고 본능적으로 일어난 통각반응을 뇌가 기억한다면 어떻게 될까? 연구에 따르면 이럴 때 뇌는 고가의 가격표를 강력한 물리적 구타처럼 취급한다고 한다. 이와 같은 본능적인 충격이 전전두엽 피질의 일을 쉽게 해주므로 나는 부정 의지력을 발휘할 필요가 없어진다.

이제 의지력을 강화하겠다는 목표를 세웠으니 이를 뒷받침해주기 위해 쾌락에 대한 갈망부터 환경에 적응하려는 욕구에 이르기까지 가장 원시적인 본능을 포함하여 인간을 인간답게 규정짓는 특성을 모조리 찾아 활용할 방법을 알아보자.

의지력의 첫 번째 규칙, 너 자신을 알라

자기절제란 인류가 진화했음을 보여주는 가장 근사한 장점 중 하나이기는 하지만, 인간을 동물과 구별하는 유일한 특성은 아니다. 인간에게는 어떤 일을 하면서 자신이 무엇을 하고 있는지 인식하고 왜 그 일을 하는지 이해하는 능력인 자기인식이라는 특징도 있기 때문이다. 운이 좋으면 인간은 어떤 일을 시작하기 전에 무엇을 할 것인지 예측하여 결정을 재고할 기회도 충분히 누릴 수 있다. 이런 수준의 자기인식은 오직 인간만이 가진 특성인 듯하다. 물론 돌고래와 코끼리도 거울에 비친 자기 모습을 알아보기는 하지만, 이들이 자기이해를 위해 반성의 시간을 갖는다는 증거는 없다.

자기인식을 하지 않는다면 자기절제체계는 아무 소용이 없을 것이다. 의지력이 필요한 결정을 내리는 순간 자기인식력을 발휘하지 않는다면, 뇌는 언제나 가장 쉬운 것을 자동으로 선택해버린다. 담배를 끊고 싶어 하는 여성 흡연자가 있다고 해보자. 그녀는 담배를 피우고 싶은 욕구가 슬슬 피어오른다는 조짐을 알아차려야 하고, 그로 인해 자신이 가야 할 장소가 어디인지를, 너무 추워서 라이터도 잘 켜지지 않는 밖으로 나가야 한다는 사실을 인식해야 한다. 그리고 이때 흡연 욕구에 굴복해버리면 내일부터 다시 담배를 피울 확률이 높아진다는 것도 인식해야 한다. 다시 한 번 상상력을 발휘해보자. 이런 식으로 그녀가 계속 담배를 피운다면 결국 금연 홍보비디오 내용처럼 흡연이 유발하는 끔찍한 질병에 걸리고 말 것이다. 잔인한 운명을 피하고 싶다면 담배를 피우지 않겠다고 의식적으로 결정해야만 한다. 만일 그녀가 자기인식을 하지 않는다면 아마도 불행하게 생을 마감하게 될 것이다.

자기인식이니 의식적인 결정이니 하는 말이 듣기에는 간단할 수 있지만, 실은 그렇지 않다. 심리학자들의 연구에 따르면 우리는 결정을 하게 만드는 원인이 무엇인지 제대로 인식조차 하지 않고, 결정 때문에 어떤 결과가 올 것인지 진지하게 생각해보지도 않은 채 마음속에 존재하는 자동 조종장치에 따라 결정을 하는 경우가 많다고 한다. 설상가상으로 대부분은 자신이 선택을 하는지조차 인식하지 못한다.

예를 들어 한 연구에서는 사람들에게 하루에 몇 번이나 음식에 관한 결정을 내리는지 물었다고 한다. 만일 내가 이런 질문을 받았다면 뭐라고 대답하겠는가? 사람들은 평균적으로 14회 정도라고 추측하여 답변했다. 하지만 실제로 이들을 주의 깊게 살펴보니 하루에 평균 227회 정도 결정을 한다는 사실이 밝혀졌다. 이 수치는 사람들이 처음에 의식하지 못하고 대답한 수치에 비해 200번이나 더 많은 결과이며, 음식 관련 결정에 국한된 수치라는 점에서 더욱 놀랍다. 만약 통제해야 할 대상이 있다는 사실을 인식조차 못한다면 나 자신을 어떻게 통제할 수 있겠는가?

정신을 산란하게 하는 일과 자극적인 사건이 끊임없이 벌어지는 오늘날의 사회 분위기는 이런 상황에 전혀 도움이 되지 않는다. 스탠퍼드 경영전문대학원에서 마케팅을 가르치는 바바 시브Baba Shiv 교수가 발표한 바로는 주의가 산만한 사람들이 유혹에 굴복할 가능성이 더 높다고 한다. 예를 들어 전화번호를 기억하려고 애쓰는 학생들은 간식 코너에서 과일보다 초콜릿케이크를 선택할 가능성이 50퍼센트나 높았다. 다른 일에 정신이 팔린 쇼핑객들은 매장 내 판촉행사에 영향을 받을 확률이 더 높았고, 쇼핑 목록에 있지도 않은 물건을 구매해서 집으로 돌아갈 가능성이 더욱 컸다.[2]

정신이 다른 곳에 팔려 있으면 누구나 장기적인 목표가 아닌 충동에 이끌려 선택하기 쉽다. 혹시 커피 전문점에서 주문을 하려고 줄을 서 있다가 휴대전화로 문자메시지를 보내본 적이 있는가? 그러다 보면 원래 주문하려고 했던 아이스커피 대신 무심코 모카 밀크셰이크를 주문할지도 모른다. 마침 상황에 딱 맞는 문자메시지도 도착한다. "모카 밀크셰이크 칼로리가 얼마나 높은지 알아? 아마 모르는 게 좋을 거다." 혹시 머릿속에서 업무 고민을 떨쳐버리기 힘들 때가 있는가? 그럴 때면 휴대전화의 기능을 업그레이드하고 무제한 데이터 패키지를 신청하라는 점원의 말에 무심코 동의해버리기도 한다.

> **의지력 실험실_ 의지력이 결정한 선택을 되새겨보라**

자기절제력을 강화하기 위해서는 우선 자기인식력을 길러야만 한다. 바람직한 첫 번째 단계는 의지력의 도전과제와 관련한 어떤 결정을 내리면서 자신을 주의 깊게 살펴보는 것이다. 때로는 "퇴근 후에 피트니스 클럽에 갈까?"와 같이 비교적 분명한 결정도 있고, 때로는 나중에 결과가 완전히 나타나기 전까지는 파급력을 판단하기 어려운 결정도 있다. 예를 들어 퇴근 후에 집에 들를 필요가 없도록 운동 가방을 챙기기로 했는가? (만약 그랬다면, 영리한 선택을 한 셈이다. 나중에 이런저런 변명을 할 가능성이 줄어들 테니까.) 전화를 한 통 받고 나니 너무 배가 고파서 곧장 피트니스 클럽으로 가지 못하겠는가? (이런! 저녁을 먼저 먹기로 했다면 운동할 가능성은 별로 없겠는걸.) 적어도 하루 동안 내가 내린 결정을 가만히 되새겨보라. 일과를 마친 다음 하루를 되돌아보면서 나의 목표에 도움이 되는 결정을 내렸는지 해를 끼치는 결정을 내렸는지 분석해보기 바란다. 나의 결정을 되새겨보려고 계속 노력하다 보면 주의가 산만할 때 결정하는 횟수를 줄이는 데에도 도움을 줄 것이다. 이는 의지력을 북돋울 수 있는 확실한 방법이다.

: **어느 이메일 중독자의 이야기**

　서른한 살의 라디오 프로듀서인 미셸은 컴퓨터나 스마트폰을 열어 수시로 이메일을 확인하는 버릇이 있었다. 이런 습관 때문에 직장에서는 근무 생산성이 떨어졌고, 남자친구에게는 온전히 관심을 기울이지 않는다는 이유로 불평을 들어야만 했다.

　강좌에서 미셸은 의지력의 도전과제를 '이메일 확인 횟수 줄이기'로 하고 1시간에 한 번만 확인하겠다는 야심 찬 목표를 세웠다. 첫 주가 지난 후 그녀는 목표의 근사치에도 도달하지 못했다고 보고했다. 문제는 그녀가 스크롤바를 움직여 새로운 메시지를 후다닥 훑어보고 난 뒤에야 비로소 자신의 행동을 자각할 때가 잦았다는 점이었다. 일단 자신이 무슨 행동을 하는지 깨닫기만 했더라도 멈출 수 있었을 텐데, 어떤 충동에 이끌려 휴대전화를 들여다보았든 마우스를 클릭했든 그녀는 스스로 의식하지도 못한 사이에 이메일을 확인해버렸다. 결국 미셸은 이메일을 확인할 때 예전보다 빨리 동작을 멈추는 것으로 목표를 하향 수정했다.

　그러자 그 다음 주에는 전화기를 들여다보거나 컴퓨터로 이메일을 열면서 자신의 행동을 자각할 수 있었다. 비로소 본격적으로 이메일을 읽기 전에 행동을 멈출 기회가 온 것이다. 이에 비해 이메일을 확인하고 싶은 충동은 좀처럼 파악하기가 어려웠다. 미셸은 이메일을 확인하도록 자신을 부채질하는 원인이 무엇인지 알아차리지 못해 어려움을 겪었다.

　하지만 시간이 지나면서 마치 가려움과 흡사한 감정을 인식했고, 뇌와 몸에서 묘한 긴장감이 느껴지다가 이메일을 확인하면 그제야 비로소 안도감이 찾아든다는 것을 깨달았다. 미셸은 이러한 관찰결과가 몹시 흥미로웠다. 예전에는 이메일 확인이란 그저 정보를 알아보려고 하는 행동일 뿐이지 긴장을 완화하는 방법이라고는 생각하지 못했기 때문이다. 이메일을 확인할 때 나타나는 감정에 주의를 기울이면서 미셸은 이메일 확인이 가려움증을 해결하는 데에는 효과가 없을 뿐만 아니라 오히려 가려움증을 더 심하게 할 뿐임을 깨달았다. 이처럼 충동과 자신의 반응을 모두 인식한 후 행동을 통제하는 능력은 개선되었고, 심지어 원래의 목표를 뛰어넘어 근무시간이 아닌 때에 이메일을 확인하는 횟수도 더욱 줄어들었다.

충동에 굴복하는 과정이 어떻게 일어나는지 관찰하라. 아직은 자기 절제력을 기르기 위해서 목표를 설정할 필요는 없다. 설령 충동에 굴복했더라도 도중에 행동을 멈추는 속도가 점점 빨라지는지 살펴보고 어떤 생각, 감정, 상황에서 충동이 더 잘 나타나는지 주의해서 보자. 무엇 때문에 내가 유혹에 굴복할 가능성이 높아진다고 생각하는가?

: **의지력을 키우는 뇌 훈련**

진화를 통해 인간에게 필요한 모든 것을 처리할 수 있는 전전두엽 피질이 형성되기까지는 수백만 년의 시간이 걸렸다. 다소 욕심을 낸 질문처럼 들릴지도 모르겠지만, 앞으로 100만 년을 더 기다리지 않아도 뇌의 자기절제력이 훨씬 강해질 수 있을까? 만약 인간의 뇌가 기본적으로 자기절제력이 꽤 뛰어나다면 기본적인 뇌 상태를 개선하기 위해 지금 당장 할 수 있는 일이 있을까? 역사의 여명기부터, 적어도 연구진이 인간의 뇌를 이리저리 찔러보기 시작한 이래로 뇌의 구조는 변하지 않았다고 추정해왔다. 나의 지적 능력이 얼마만큼이든 간에 지능은 이미 정해졌으므로 더 발전할 여지는 없다. 뇌가 장차 맞이할 변화라고는 노화로 인한 퇴화뿐이다. 하지만 지난 10년 동안 신경과학자들은 학구열이 충만한 학생들처럼 뇌가 경험에 현저하게 반응한다는 사실을 발견해냈다. 내가 매일 수학을 훈련하면 뇌는 결국 수학을 잘하게 된다. 내가 걱정하는 훈련을 하면 뇌는 매사에 쉽게 걱정하게 된다. 내가 집중하는 훈련을 하면 뇌는 집중력이 좋아진다.

뇌는 이런 일들을 쉽다고 생각할 뿐만 아니라 훈련에서 얻은 경험을 기반으로 삼아 실제로 자신을 개선한다. 마치 운동을 하면 근육이 두꺼워지듯이 뇌의 일부분도 점점 조밀해지고 회백질이 점차 증가한다. 예를 들어 저글링 하는 방법을 배운 성인들은 움직이는 물체를 쫓아가는 뇌 영역의 회백질이 좀 더 발달했다. 게다가 뇌의 각 영역은 점차 서로 연결되면서 정보를 보다 빨리 공유할 수 있게 되었다. 하루에 25분씩 기억력 게임을 하는 성인들은 집중력에 중요한 뇌 영역과 기억력에 중요한 뇌 영역 사이의 연결성이 훨씬 증가했다.

하지만 뇌 훈련의 목적은 단지 저글링 연습을 하거나 안경을 놓아둔 장소를 기억하기 위한 것만이 아니다. 뇌를 훈련하면 자기절제력을 기를 수 있다는 과학적 증거가 점차 드러나고 있다. 그렇다면 의지력을 강화하는 뇌 훈련이란 어떤 것일까? 우선 집안 곳곳에 유혹의 덫을 설치해서 나의 부정 의지력에 도전해도 좋을 듯하다. 양말 서랍 안에 초콜릿 바를 숨겨두거나 실내운동용 자전거 옆에 마티니 병을 세워두거나 냉장고에 첫사랑이었던 연인의 결혼사진을 붙여두는 식이다. 아니면, 나만의 장애물 코스를 고안해서 긍정 의지력에 도전해보면 어떨까? 이를 테면 염증 치료에 도움이 되는 개밀 주스를 마시고 팔 벌려 뛰기를 20회쯤 한 다음 일찌감치 세금 신고를 해버리는 식으로 말이다.

혹시 이렇게 어렵고 복잡한 것 말고 훨씬 단순하면서도 고통스럽지 않은 방법은 없는지 궁금한가? 그렇다면 명상을 권한다. 신경과학자들은 뇌에게 명상 훈련을 시키면 단지 명상을 잘하는 데 그치지 않고 주의력, 집중력, 스트레스 조절, 충동 억제, 자기인식 등 광범위한 자기절제기술이 발전한다는 사실을 발견했다. 규칙적으로 명상을 하는 사람들은 비단 이러한 기술만 뛰어난 것이 아니었다. 시간이 흐르면서 이들의 뇌는 정교하게 조율된 의지력 기계로 변해갔다. 그뿐만 아니라 전전두엽 피질은 물론이고 자기인식을 돕는 뇌 영역에 다른 사람보다 회백질이 더 많았다.

명상을 통해 뇌구조를 변화시키려고 평생을 바칠 필요는 없다. 그렇다면 최소한 얼마나 명상을 해야 긍정적인 변화가 눈에 띄게 나타날까? 해답을 구하기 위해 일부 연구가들은 명상 경험이 전혀 없는 사람들을 피험자로 삼아 간단한 명상 기술을 가르치는 실험들을 시작했다. 여기에는 명상 자체를 의심하는 이들도 포함되었다. 이중 한 연구에서는 명상을 시작한 지 단 3시간 만에 주의력과 자제력이 개선되는 것으로 드러났다. 게다가 11시간 뒤에는 초보 명상가들의 뇌에서 변화가 관찰되었다. 집중력을 유지하고 주변 자극을 무시하며 충동을 억제하는 데 중요한 뇌 영역들 간의 신경 연결이 강화되었던 것이다.(수강생 중에 당장 히말라야로 떠나서 10년 동안 동굴에 앉아 명상을 할 사람은 별로 없었으므로 이런 연구 방법을 높이 평가했다) 다른 연구에서는 매일 8주 동안 명상을 실천하고 나니 일상생활에서 자기 인식이 강화되었으며 뇌의 해당 영역들에서 회백질이 증가했음을 알 수 있었다.

인간의 뇌가 이렇게 빠른 속도로 구조변경을 감행했다는 사실이 놀라울 수도 있지만, 역기를 들면 근육으로 가는 혈류가 증가하는 것과 마찬가지로 명상을 하면 전전두엽 피질로 가는 혈류가 증가한다. 근육과 마찬가지로 뇌도 훈련이나 연습에 적응하며 우리가 요구하는 일을 더욱 잘 해내기 위해서 더 커지고 더 빨라진다. 그러므로 뇌 훈련을 시작할 준비가 되었다면 다음의 명상법을 따라해보자. 혈액을 전전두엽 피질로 힘차게 흘러가도록 해주는 명상이야말로 진화의 속도를 증가시키는 지름길인 동시에 뇌의 잠재력을 최대한 활용하는 방법이다.

의지력 실험실 》 뇌를 훈련하는 5분법 명상

호흡에 집중하는 것은 단순한 방법이지만 뇌를 훈련하고 의지력을 길러주는 데 더할 나위 없이 효과적인 명상법이다. 스트레스를 줄여줄 뿐만 아니라 갈망, 걱정, 욕망처럼 집중력을 분산시키는 내적인 요인과 소리, 광경, 냄새처럼 외적인 유혹을 모두 다룰 수 있는 방법을 마음에 알려준다. 최근의 연구에서는 규칙적으로 명상을 하면 담배와 술을 끊고 체중을 줄이고 마약 중독에서 벗어나는 데 도움이 된다는 사실이 밝혀졌다. 긍정 의지력과 부정 의지력의 도전과제를 무엇으로 정했든 5분간의 명상은 의지력을 강화시켜주는 대단히 효과적인 뇌 훈련 연습이다.

함께 명상을 시작해보자!

1. 가만히 앉아서 움직이지 마라.

의자에 앉아 발바닥을 땅에 붙이거나 가부좌를 틀고 방석 위에 앉자. 허리를 똑바로 세우고 손을 무릎 위에 올려둬라. 명상을 하는 동안에는 꼼지락거리지 않고 가만히 자세를 유지하는 것이 중요하다. 이는 자기절제를 하기에 앞서 우선 신체적인 기반을 마련하기 위함이다. 만약 가려운 곳을 긁거나 팔의 자세를 바꾸거나 다리를 꼬았다가 풀고 싶은 본능이 꿈틀거린다면, 이를 주의 깊게 지켜보고 내가 이런 충동을 느끼면서도 거부할 수 있는지 살펴보자. 이와 같이 처음 자세를 그대로 유지하는 단순한 행동도 의지력 강화 명상 훈련에 효과적이다. 지금은 뇌와 몸이 만들어내는 충동 하나하나를 무의식적으로 따라하지 않는 법을 배우는 중이다.

2. 주의력을 호흡에 집중하라.

이제 눈을 감아보자. 잠이 들까 걱정스럽다면 눈을 뜨고 홈쇼핑 채널처럼 주의를 산만하게 하는 대상이 아닌 빈 벽처럼 평온한 공간의 한 점에 시선을 고정하라. 자신의 호흡에 주의를 기울이자. 숨을 들이마시면서 '들이쉬기', 숨을 내뿜으면서 '내쉬기'라는 말을 마음속으로 조용히 되뇌어라. 마음이 흐트러지기 쉬우므로 산만한 상태를 알아차렸다면 마음을 다시 숨쉬기에 집중시켜라. 숨쉬기에 집중하는 연습을 몇 번이고 반복하다 보면 전전두엽 피질이 활성화되어서 뇌 안에 존재하는 스트레스와 욕망의 중추를 안정시킨다.

3. 호흡할 때 감각이 어떻게 변화하는지 주목하여 지켜보고 마음이 어떻게 흐트러지는지 살펴보라.

호흡을 시작한 지 몇 분이 지나면 더 이상 '들이쉬기, 내쉬기'라는 단어를 떠올리지 마라. 그저 호흡의 감각에만 집중하려고 노력하라. 그러면 공기가 코와 입으로 들어왔다가 나가는 호흡의 감각을 순간순간 알아차릴 수 있다. 숨을 들이쉴 때 배나 가슴이 부풀어 오르고 숨을 내쉴 때 다시 가라앉는 것이 느껴질지도 모른다. 앞에서와 마찬가지로 스스로 다른 생각에 빠져 있다는 사실을 인식하거든 다시 호흡에 주의를 기울여라. 만약 호흡에 다시 집중하기가 어렵다면 들이쉬기와 내쉬기란 말을 몇 차례 반복하면서 스스로 호흡을 가다듬어라. 이런 연습을 반복하면 자기절제와 자기인식을 훈련할 수 있다.

우선 하루에 5분씩만 투자해보자. 매일 5분간 명상하는 것이 습관이 되면 하루 10분으로 시간을 늘려보자. 만약 10분간의 명상이 다소 버겁게 느껴진다면 다시 5분 명상으로 돌아가면 된다. 매일 조금씩 실천하는 규칙적인 습관이 한 번에 길게 하고 여러 날 미루는 불규칙한 행동보다 훨씬 효과적이다. '나는 아침에 일어나서 샤워하기 직전 명상을 하겠다!'는 식으로 매일 명상을 할 수 있는 시간을 구체적으로 정하는 것도 도움이 된다. 만약 시간을 정해놓고 실천하기 어렵다면, 융통성 있게 그때그때 편리한 시간에 해도 좋다.

: 명상에 소질이 없으면 좋은 점도 있다?

쉰한 살의 전기 기사인 앤드루는 명상 훈련을 시작했다가 자신은 어쩌면 이렇게도 소질이 없나 하는 자괴감에 빠졌다. 명상의 목적은 모든 잡념을 떨쳐버리고 마음을 비우는 것이라고 철석같이 믿었지만, 아무리 호흡에 집중해도 다른 생각이 스멀스멀 피어올랐다. 금세 좋아지리라는 기대와는 달리 그다지 발전의 기미가 보이지 않자 그는 호흡에 완전히 집중하지 못한다면 시간만 낭비할 뿐이라고 판단하고는 연습을 포기하기로 했다.

명상을 갓 시작한 초심자들이 대부분 이런 실수를 저지른다. 하지만 사실 명상에 '소질이 없어야' 연습이 제대로 효과를 발휘할 수 있다. 나는 앤드루를 비롯해 좌절한 다른 수강생들 모두에게 중요한 비법을 알려주었다. 명상하는 동안 집중력이 얼마나 뛰어난지 살펴보지 말고 명상하지 않을 때의 집중력과 선택에 명상이 어떤 영향을 미치는지 주의 깊게 살펴보라고 말이다.

앤드루는 아무리 마음이 흐트러진 상태로 명상을 하더라도 하지 않았을 때보다 집중력이 더 좋아진다는 사실을 알았다. 또한 명상 중에 하는 행동이야말로 실제 생활에서 반드시 해야 할 일이라는 깨달음도 얻었다. 마치 산만한 마음을 가다듬으며 호흡에 집중하듯, 목표에서 잠시 멀어진다고 느끼는 순간 다시 자신을 다독여서 목표에 매진하겠다는 다짐 말이다. 명상은 그가 점심에 짭짤하고 파삭파삭한 튀김을 주문하려는 순간 잠시 행동을 멈추고 좀 더 몸에 좋은 음식을 주문해야 할 경우를 대비한 완벽한 훈련이었다. 빈정거리는 말이 입가에 맴돌 때 잠시 한숨 돌리고 말을 속으로 삼켜야 할 경우를 대비한 좋은 훈련이었다. 또한, 직장에서 시간을 낭비하다가 다시 정상궤도로 돌아가야 할 경우를 대비한 완벽한 훈련이기도 했다.

결국 자기절제란 자신이 목표를 벗어났다는 것을 알아차리고 이내 목표로 되돌려 보내기를 온종일 반복하는 과정과 같다. 이런 사실을 깨닫고 나니 앤드루는 명상하는 10분 내내 정신이 산만해졌다가 다시 호흡에 집중하게 되더라도 걱정하지 않았다. 마음이 이리저리 흔들린다는 것을 알아차릴 줄만 안다면 명상이 '엉망이면 엉망일수록' 실생활에 대비한 훈련으로는 더 없이 효과적인 법이다.

명상이란 생각을 모조리 떨쳐버리는 것이 아니라 생각에 지나치게 빠져 목표가 무엇인지조차 잊어버려서는 안 된다는 것을 배우는 과정이다. 명상할 때 집중력이 완벽하지 못하다고 걱정하지 마라. 그저 몇 번이고 반복해서 다시 호흡에 집중하려고 연습하면 된다.

현대인의 뇌 구조 덕분에 우리의 내면에서는 생각과 감정, 행동의 자제력을 두고 여러 개의 자아가 경쟁한다. 그러므로 의지력의 도전과제 하나하나는 이런 여러 개의 자아가 서로 각축을 벌이는 대결의 장인 셈이다. 다른 자아들을 물리치고 상위 자아에게 책임을 맡기기 위해서는 자기인식과 자기절제체계를 강화해야 한다. 그렇게 할 때 우리는 비교적 어려운 일을 해내겠다는 의지력과 열정력을 발견할 수 있다.

Chapter 2

의지력은 본능이다

굳은 결심은 가장 유용한 지식이다.
— 나폴레옹 Napoléon Bonaparte, 1769~1821

　가장 먼저 짜릿한 흥분이 스쳐 간다. 머릿속에서 윙윙 소리가 들리고 심장이 요동친다. 마치 온몸에서 긍정의 메시지가 들려오는 듯하다. 그러자 곧 마음이 조마조마해진다. 폐가 바짝 죄어들고 근육이 팽팽하게 긴장한다. 머리가 약간 어지럽고 속이 조금 메스꺼워지기까지 한다. 이제는 전율이 느껴질 정도로 너무도 간절히 이것을 원한다. 하지만 안 된다. 그런데도 몹시 원한다. 그렇지만 절대 안 된다! 나는 무엇을 해야 하는지 알면서도 이 감정을 조절하지 못한 채 그대로 무너지거나 굴복해버리고 만다.
　"어서 오세요. 갈망의 세계에 오신 것을 환영합니다."
　갈망의 대상은 담배일 수도, 술일 수도, 트리플 라떼일 수도 있다. 초대박 점포정리 세일의 마지막 기회인지도, 복권인지도, 빵집 창문 너머로 보이는 도넛인지도 모른다. 그 순간 나는 결정을 내려야 한다. 갈망을 따를 것인가, 아니면 자신을 통제할 내면의 힘을 찾아낼 것인가! 온몸의 세포 하나하나가 '원한다'는 열정의 메시지를 보내는 지금이야말로 '안 한다'고 부정의 대답을 들려주어야만 할 때다.
　우리는 자신의 진짜 약점을 만나는 순간 온몸으로 이를 감지할 수 있다. 그래서 언제 의지력이 무너지는지 알고 있다. 이는 옳고 그름을 구별하는 추상적인 문제가 아니다. 마치 나의 내면에서 일어나는 전쟁, 두 가지 자아 사이의 싸움, 혹은 서로 다른 두 명의 사람이 존재하는 듯한 느낌과 흡사하다. 이 전쟁에서 갈망이 승리를 거두기도 하지만 때로는 더 현명한 자아, 또는 자신에게 더 좋은 것을 원하는 자아가 승리하기도 한다.

의지력의 도전과제와 부딪힐 때 승리하거나 실패하는 이유는 불가사의하게만 보인다. 어느 날은 유혹에 저항하는가 싶다가도 그 다음 날에는 하릴없이 굴복해버린다. 그럴 때면 이렇게 자문할지도 모른다. "대체 내가 무슨 생각을 한 거야!" 하지만 이렇게 묻는 편이 더 나을 것이다. "대체 내 몸이 무슨 짓을 한 거야?"

과학자들은 자기절제가 단지 심리적인 문제가 아닌 생리학과 관련된 문제라는 것을 밝혀내고 있다. 나에게 충동을 억누를 힘과 침착함을 주는 것은 마음과 육체의 일시적인 상태이다. 연구진은 이러한 상태가 어떻게 나타나는지, 현대사회의 복잡성이 어째서 이를 종종 방해하는지 이해하기 시작했다. 다행스럽게도 우리는 의지력이 가장 필요한 순간에 생리적 기능을 그러한 상태로 변화시키는 방법을 배울 수 있다. 게다가 그 상태를 유지하는 신체적 능력을 훈련할 수도 있으므로 강력한 유혹이 밀려와도 본능적으로 자제력을 발휘하게 된다.

몸은 본능적으로 치즈케이크를 거부한다?

자제력을 발휘할 때 몸에서 일어나는 변화를 이해하기 위해서는 먼저 중요한 사실을 구별해야 한다. 바로 검치호랑이(고생대에 살았던 고양이과의 육식동물로 긴 송곳니를 이용해서 느린 포유류 짐승들을 사냥했다―옮긴이)와 딸기 치즈케이크의 차이점을 아는 것이다. 한 가지 중요한 면에서 호랑이와 치즈케이크는 서로 비슷하다. 바로 두 가지 모두 건강하게 장수하려는 목표를 수포로 돌아가게 할 수도 있다는 것이다. 하지만 다른 면에서 보면 이들은 본질적으로 전혀 다른 위협이다. 뇌와 신체가 두 가지 대상을 처리하는 방식이 전혀 다르기 때문이다. 다행스럽게도 우리는 진화를 거친 덕분에 두 가지 위협적인 요소를 막는 데에 반드시 필요한 자원을 가지고 있다.

위험이 닥칠 때 뇌의 변화

잠시만 시간을 거슬러 올라가 사나운 검치호랑이들이 먹잇감 주변을 어슬렁어슬렁 배회하던 공간으로 이동해볼까?[3] 지금 내가 아프리카의 세렝게티 한복판에서 초기 인류가 부딪혔던 문제들을 겪는다고 상상해보자. 어쩌면 점심을 해결하려고 사바나 여기저기에 널린 동물의 시체 더미를 뒤적이고 있을지도 모른다. 일이 잘 풀리려는지 금방 숨이 끊어진 채 널브러진 영양 한 마리가 눈에 들어온다. 그런데 갑자기, 이런 젠장! 검치호랑이가 저쪽 나무 뒤에 숨어 있다. 어쩌면 영양을 애피타이저 삼아 간단히 먹은 후 두 번째 코스쯤으로 나를 집어삼킬 작정인지도 모른다. 놈은 나의 부드러운 살에 28센티미터에 육박하는 날카로운 이빨을 박아넣고 싶은 욕심에 입맛을 다시는 것 같지 않은가. 21세기형 자아를 소유한 나와는 달리 이런 포식자는 한 치의 망설임이나 거리낌 없이 갈망을 채워버린다. 그러니 녀석이 다이어트 중이어서 칼로리 과잉섭취를 염려하여 오동통한 나를 내버려둘지도 모른다는 기대는 접어둬라.

다행스럽게도 나는 이런 상황을 처음 접한 사람이 아니다. 오래전에 살았던 조상은 대부분 검치호랑이와 같은 적수들을 맞닥뜨렸으며, 나는 목숨을 구하기 위해 필연적으로 싸우거나 달아날 수밖에 없는 위협에 적절히 대처할 줄 아는 본능을 조상에게서 물려받았다. 이런 본능은 그 성격에 걸맞게 '투쟁-도피 스트레스 반응(이하, 투쟁-도피 반응)이라고 부른다. 심장이 요동치고 턱이 뻣뻣해지며 감각이 예리해지는 특유의 느낌을 나도 잘 안다. 이러한 신체 변화는 우연히 일어난 것이 아니라, 내가 온 힘을 다해 재빨리 행동할 수 있도록 뇌와 신경계가 대단히 정교한 방식으로 협력하여 조정한 결과다.

검치호랑이의 존재를 알아챈 순간 나는 다음과 같은 생리변화를 일으킨다. 눈에서 인식한 정보가 가장 먼저 도달한 곳은 뇌의 중간지점에 자리한 편도체다. 이 영역은 위협을 감지하면 신호를 보내는 일종의 인체 경보기 역할을 한다. 일단 편도체가 위협을 알아채면 중앙에 있는 중심핵이 뇌와 신체의 다른 부분으로 정보를 내보내는 출력장치 노릇을 한다. 즉, 검치호랑이가 나를 노려본다는 신호가 눈동자를 통해 전달되는 순간 인체 경보기는 뇌와 신체에 투쟁-도피 반응을 유발하는 신호를 연이어 보내기 시작한다. 그러면 부신에서는 스트레스 호르몬을 분비하고, 간에서는 지방과 당분 형태의 에너지를 혈류로 방출한다. 호흡계는 폐를 부지런히 작동시켜 신체에 여분의 산소를 공급하고, 심혈관계는 한층 추진력을 발휘하여 혈류의 에너지가 근육에 도달해 싸우거나 달아날 수 있도록 최선을 다한다. 이렇듯 나의 몸을 구성하는 세포 하나하나가 모두 한 개의 표어 아래 움직인다.

"지금이야말로 나의 역할이 무엇인지 보여줄 때다!"

육체가 생명을 지키기 위해 만반의 준비를 하는 동안 뇌 속의 경보기는 내가 육체의 움직임을 방해하지 못하게 하느라 한창 분주하다. 오로지 검치호랑이와 주변 환경에 모든 감각과 주의를 집중시켜 눈앞에 도사린 위협이 아닌 다른 일에 정신이 팔리지 않도록 단단히 단속한다. 그리고 충동조절을 담당하는 뇌 영역인 전전두엽 피질을 억제하기 위해 복잡한 화학적 변화를 일으키기도 한다. 그렇다! 투쟁-도피 반응은 나를 더 충동적인 인간으로 만들고 싶어 한다. 이성적이고 현명하며 신중한 전전두엽 피질을 효과적으로 저지하여 내가 달아나거나 탈출하는 것을 지나치게 오래 고민하지 않도록 더욱 노력한다. 탈출 이야기가 나왔으니 말이지만 이런 상황에서 가장 확실하고 안전한 방법은 냅다 달리는 것이다. 지체하지 말고 바로!

투쟁-도피 반응은 인간이 천부적으로 지닌 가장 위대한 재능 중 하나로 위급한 상황일 때 온갖 에너지를 집중시켜 목숨을 구하려는 신체와 뇌의 고유한 능력이다. 코앞에 닥친 위기를 넘기는 데 도움이 되지 않는다면 어떤 일에도 신체적으로나 정신적으로 에너지를 낭비하지 않으려고 한다. 따라서 투쟁-도피 반응이 강해지면 조금 전까지 아침밥을 소화하거나 손거스러미를 치료하는 데 집중하던 신체 에너지를 눈앞에 닥친 자기 보존의 임무에 돌연 쏟아붓는다. 저녁거리를 마련하거나 다음에 그릴 위대한 동굴벽화를 구상하는 데 집중하던 정신적 에너지는 방향을 돌려 당장 신경을 곤두세우고 신속하게 행동으로 옮겨야 할 일에만 집중한다. 다시 말해 투쟁-도피 반응은 일종의 에너지 조절 본능으로 한정된 신체 에너지와 정신 에너지를 어떻게 사용할 것인지 결정해준다.

새로운 위협으로부터 자기를 보호하다

아직도 세렝게티의 사바나를 헤매며 검치호랑이를 피해 달아나는 중인가? 이런, 미안해서 어쩌나. 과거로 떠난 여행 때문에 스트레스를 많이 받았다면 정말 미안하지만, 자기절제의 생리를 이해하기 위해서는 반드시 들러야 할 장소였다. 이제 멸종해버린 포식 동물들의 곁을 떠나 다시 현대로 돌아오자. 숨을 크게 들이쉬고 조금 느긋한 마음으로 좀 더 안전하고 즐거운 장소를 찾아가보자.

내가 사는 동네의 번화가를 느긋하게 거닐어보면 어떨까? 이렇게 한번 상상해보라. 햇빛은 밝고 바람이 간지러운 어느 화창한

날, 나뭇가지에 올라앉은 새들의 지저귐이 존 레넌의 '이매진'처럼 평화롭게 귓가를 스친다. 그러다 갑자기! 빵집 진열장 안에 지금까지 먹어본 어떤 케이크보다 맛있어 보이는 딸기치즈케이크가 얌전히 놓여 있지 않은가. 입속에 넣으면 사르르 녹아버릴 것만 같은 부드러운 크림 위로 자르르 흘러내리는 빨간 윤기라니! 조심스레 저며 올린 딸기 몇 조각이 어린 시절의 달콤한 여름날을 혀끝에 되살려주는 듯하다. "어, 잠깐만! 다이어트 중이잖아." 내가 미처 이렇게 외칠 새도 없이 발은 빵집 문으로 향하고 손은 문고리를 잡아당긴다. 이윽고 혀로 입맛을 다시고 입가에 침이 고이면서 내가 도착했음을 알리는 종소리가 가게 문 위에서 울려 퍼진다.

바로 이 순간 뇌와 신체에서는 어떤 일이 벌어질까? 한두 가지 변화가 일어난다. 우선 보상을 약속하는 목소리가 일시적으로 뇌를 지배한다. 딸기치즈케이크를 발견하자마자 중뇌에서는 도파민이라는 신경전달물질을 생성하여 주의력과 동기, 행동을 조절하는 뇌 영역으로 전달한다. 도파민을 전해주는 자그마한 전달물질들은 뇌에게 이렇게 속삭인다. '당장 치즈케이크를 먹어야만 해. 안 그러면 죽을 만큼 고통스러울걸.' 설명을 듣고 나니 발과 손이 자동으로 빵집을 향해 움직이는 이유를 어느 정도 이해할 듯하다. (대체 이게 누구 손이야? 문고리를 잡은 손이 내 거야? 아, 그렇구나. 그럼, 이 치즈케이크는 얼마예요?)

이런 일이 벌어지는 동안 혈당이 내려간다. 내가 입을 벌려 마침내 부드러운 크림을 베어 물 것이라고 예상하는 순간 뇌는 신경화학물질을 분비하여 혈류를 순환하는 모든 에너지를 흡수하라고 신체에 명령한다. 신체의 논리는 다음과 같다. 당분과 지방 함유량이 많은 치즈케이크 한 조각이 혈당을 급격히 올릴 것이다. 케이크 때문에 보기 흉하게 고혈당 혼수에 빠지거나 드물지만 사망에 이르는 경우를 막기 위해서는 당장 혈당을 낮춰야 한다. 이런 식으로 나를 보살펴주다니 신체란 얼마나 친절한 존재인가! 하지만 혈당이 떨어지면 나는 마음이 불안하고 짜증이 나면서 치즈케이크를 전보다 더 갈망하게 된다. 흠, 이제 보니 교활한 속임수였군 그래. 물론 치즈케이크 음모 이론을 주장할 생각은 전혀 없지만, 만약 다이어트를 하려는 나의 선의가 치즈케이크와 경쟁하고 있다면 아무래도 케이크가 승리를 거둘 가능성이 높을 듯하다.

잠깐! 세렝게티에서 그랬듯이 나는 지금도 비밀 무기를 가지고 있다. 다름 아닌 의지력. 어려운 순간에도 정말 중요한 것을 해내는 능력, 그 의지력을 잊은 것은 아니겠지? 지금 이 순간에 가장 중요한 문제는 입에 짝 달라붙는 치즈케이크 조각에서 찰나의 쾌락을 느끼는 것이 아니다. 나 자신도 마음 한구석으로는 더 큰 목표, 건강, 행복, 체중감소 같은 미래의 희망이 있음을 알고 있다. 치즈케이크가 장기적인 목표를 위협한다는 사실도 인식한다. 그리고 내 안에는 이런 위협을 해결하기 위해서라면 무엇이든 할 수 있는 힘이 있다. 이것이 바로 의지력 본능이다.

하지만 검치호랑이와 달리 치즈케이크는 실질적인 위협은 아니다. 이렇게 한번 생각해볼까? 케이크는 내가 포크를 들지 않는 이상 나 자신이나 건강, 허리둘레에 어떠한 위해도 가하지 않는다. 맞다! 이번에는 적이 내부에 도사리고 있다. 빵집을 피해 달아날 필요도 없고, 치즈케이크나 빵집을 반드시 무찔러야 할 필요도 없다(물론 빵집을 피해 달아나는 것도 나쁜 방법은 아니다). 하지만 내면에서 끓어오르는 갈망에 대해 어떤 조치를 할 필요는 있다. 갈망은 마음과 신체의 내부에 존재하기 때문에 엄밀히 말해 욕구를 죽일 수도 없고 뚜렷한 탈출구도 보이지도 않는다. 가장 원시적인 충동을 느끼도록 나를 밀어붙이는 투쟁-도피 반응은 지금 당장 필요 없는 것이다. 자제력을 발휘하기 위해서는 전혀 다른 방법, 즉 이처럼 새로운 종류의 위협을 해결하는 데 도움이 되는 자기보호법이 필요하다.

> **자기 탐구 생활 》 내면의 위협이란 무엇인가?**
>
> 사람들은 위험한 도넛, 사악한 담배, 유혹적인 인터넷 등 외부에 존재하는 유혹과 문제에 부딪히는 데 익숙하다. 하지만 자제력은 거울의 방향을 돌려 자신과 생각, 갈망, 감정, 충동이라는 내면세계를 들여다보게 한다. 그러므로 의지력의 도전과제를 정할 때 억제할 필요가 있는 내면의 충동을 한번 찾아보기 바란다. 하고 싶지 않은 것이 무엇이든 간에 그것을 하고 싶도록 나를 충동질하는 생각이나 감정은 무엇인가? 분명하게 떠오르는 것이 없다면 실제 상황을 관찰해보자. 다음에 유혹을 느끼거든 나의 내면을 주의 깊게 살펴봐라.

: '멈춤-계획 반응'으로 유혹에 저항하다

 켄터키 대학교의 심리학과 교수인 수잔 세거스트롬은 스트레스나 희망과 같은 마음 상태가 신체에 어떤 영향을 미치는지 연구하였다. 그 결과 스트레스가 그렇듯 자제력 역시 생리적 지표가 있다는 사실을 발견했다. 자제력이 필요한 순간 뇌와 신체는 유혹에 저항하고 자기파괴적인 충동을 억누르는 데 도움이 되는 통합적인 일련의 변화를 일으킨다. 세거스트롬은 이런 변화를 '멈춤-계획 반응'이라고 불렀으며 이는 투쟁-도피 반응과는 전혀 다른 것이다.

 세렝게티로 잠시 상상의 여행을 떠났을 때 외부의 위협을 알아차리자마자 투쟁-도피 반응이 일어났던 것을 기억하는가? 그때 뇌와 신체는 공격을 개시하거나 도피를 시도하는 자기방어체제에 돌입했다. 이에 비해 멈춤-계획 반응은 중요한 차이를 보인다. 바로 외부의 위협이 아니라 내부의 갈등을 지각한다는 점이다. 우리는 담배를 맛있게 피우거나 점심을 푸짐하게 먹거나 직장에서 개인적인 목적으로 웹서핑을 하고 싶은 마음이 굴뚝같지만 그러면 안 된다는 사실을 알고 있다. 또 세금을 내거나 프로젝트를 끝마치거나 피트니스 클럽에 가야 한다는 사실 역시 알고 있다. 하지만 '에라, 모르겠다!' 하는 심정으로 아무 일도 안 해버린다. 이런 마음의 갈등이 곧 내면의 위협이다. 본능은 나쁜 결과가 일어날지도 모르는 결정을 하도록 몰아붙인다. 이 순간 자신을 보호해야 한다. 바로 이것이 자제력의 본질이다. 이때 가장 도움이 되는 반응은 투쟁-도피 반응처럼 나를 독촉해서 결정과 행동을 가속하는 것이 아니라

진정시키는 일이다. 이것이 멈춤-계획 반응이 하는 일이다. 내면의 갈등을 지각하는 순간 뇌와 신체는 내가 속도를 늦추고 충동을 조절하는 데 도움이 되는 변화를 일으킨다.

의지력을 발휘하는 뇌와 신체

투쟁-도피 반응처럼 멈춤-계획 반응도 뇌에서 시작한다. 뇌의 경보 시스템이 내가 보고 듣고 냄새 맡는 것을 언제나 감시하는 것처럼 뇌의 다른 영역들도 내면에서 일어나는 일들을 지속해서 파악하고 있다. 그중에서도 자기감시 시스템은 뇌의 전 영역에 걸쳐 분포되어 전전두엽 피질의 자기절제 영역과 신체감각, 생각, 감정을 추적하는 뇌 영역을 연결해준다. 자기감시 시스템이 담당하는 중요한 역할 중 하나는 6개월간 지켜온 금주 다짐을 깬다거나 상사에게 소리를 지른다거나 연체된 신용카드 빚을 무시하는 등의 어리석은 실수를 저지르지 않도록 막는 일이다. 자기감시 시스템은 그저 가만히 기다리다가 언젠가 후회할 일을 저지를 참이라는 경고 신호를 생각, 감정, 감각 등의 형태로 감지한다. 뇌가 이런 경고를 알아차리면 우리의 좋은 친구인 전전두엽 피질이 급히 행동에 착수하여 올바른 결정을 하도록 돕는다. 전전두엽 피질을 돕기 위해 멈춤-계획 반응은 신체 에너지를 뇌로 전송한다. 그러므로 자제력을 발휘하기 위해 다리가 달릴 준비를 하거나 팔이 후려칠 준비를 할 필요는 없지만, 연료를 충분히 공급받은 뇌는 힘을 발휘할 준비가 되어 있어야 한다.

투쟁-도피 반응의 경우에서도 알 수 있듯 멈춤-계획 반응은 뇌에서 시작해 뇌에서 끝나는 것이 아니다. 신체가 이미 치즈케이크에 반응하기 시작했다는 사실을 잊지 마라. 뇌는 목적을 달성하기 위해 신체를 동참시키고 나의 충동에 브레이크를 걸어야 한다. 그러기 위해서 전전두엽 피질은 심박수와 혈압, 호흡 및 기타 자율 기능을 조절하는 뇌의 아랫부분에 자기절제의 필요성을 전달할 것이다. 멈춤-계획 반응은 투쟁-도피 반응과 정반대 방향으로 나를 몰아간다. 심박수가 상승하는 것이 아니라 낮아지고, 혈압은 정상 상태를 유지하며, 미친 사람처럼 숨이 가빠지는 것이 아니라 숨을 깊이 들이쉬게 된다. 근육이 긴장하면서 운동할 준비를 하는 것이 아니라 신체가 긴장을 이완한다.

멈춤-계획 반응은 신체를 좀 더 평온한 상태로 유도하지만 지나치게 활기 없게 하지는 않는다. 이 반응의 목적은 내면의 갈등을 겪는 나를 마비시키는 게 아니라 나에게 자유를 허락하는 것이다. 충동에 즉각적으로 호응하지 못하게 함으로써 보다 융통성 있고 사려 깊게 행동할 시간을 주는 것이다. 신체와 마음이 이런 상태일 때 비로소 나는 치즈케이크를 멀리하겠다 결정하고 다이어트 계획과 자존심을 동시에 지킬 수 있다.

멈춤-계획 반응은 투쟁-도피 반응과 마찬가지로 인간의 선천적인 특성이지만 치즈케이크를 먹는 일만큼이나 본능적인 행동이라고 느끼지는 못했을 것이다. 의지력 역시 본능인데 어째서 다른 본능들과는 달리 원할 때마다 항상 발휘할 수 없는 걸까? 이를 이해하기 위해서는 스트레스와 자기절제의 생리를 보다 깊이 있게 탐구해볼 필요가 있다.

신체는 의지력을 '비축한다'

의지력을 발휘하는 것이 뇌의 문제만이 아니라 생리적인 측면과도 관계가 있음을 보여주는 근거로 심작 변이도를 꼽을 수 있다. 대중적으로는 널리 알려지지 않았지만, 심작 변이도는 멈춤-계획 반응을 측정하는 일종의 생리적 지표로 신체가 스트레스를 받는지 평온한지 관찰하고 판단할 수 있는 중요한 척도다.

심박 변이도는 사람마다 조금씩 차이가 있다. 계단을 뛰어 올라가면 심박수가 급상승하는 것을 쉽게 느낄 수 있다. 건강한 사람이라면 이 글을 읽는 순간에도 심박수의 변동이 지극히 정상적으로 유지될 것이다. 여기서 말하는 심박수의 변동이란 위험한 부정맥이 아니라 그저 약간의 변화에 불과하다. 내가 숨을 들이쉴 때는 '쿵! 쿵쿵! 쿵쿵쿵!' 하며 심장박동이 조금 빨라지고, 숨을 내쉴 때는 '쿵쿵쿵! 쿵쿵! 쿵!' 하며 서서히 느려진다. 좋은 징조다. 건강하다는 뜻이니까. 이는 곧 내 심장이 자율신경계의 두 지류, 즉 신체의 활동을 활발하게 만드는 교감신경과 신체의 긴장을 이완시키고 치유력을 높여주는 부교감신경으로부터 신호를 받아들인다는 의미다.

스트레스를 받으면 교감신경은 활발해진다. 이는 내가 싸우거나 도망가도록 돕는 기본적인 생리작용의 일부다. 심박수가 올라가고 변이도가 저하된다. 심장박동은 증가하여 '줄곧' 그 상태를 유지하며 투쟁-도피 반응에 동반되는 걱정이나 분노 같은 신체적인 느낌을 유발한다. 이와 반대로 자기절제에 성공할 때에는 부교감신경이 나서서 스트레스를 진정시키고 충동적인 행동을 조절한다. 심박수는 내려가지만 변이도는 상승한다. 이런 때에는 집중력과 평온함이 찾아온다.

세거스트롬이 자기절제의 생리적 지표를 처음으로 관찰한 것은 배고픈 학생들에게 갓 구운 초콜릿 칩 쿠키를 먹지 말라고 했을 때였다. 사실 이 실험은 너무나 매정했다. 학생들은 미각 실험을 할 예정이니 금식을 하고 오라는 지시를 받은 터였다. 그런데 실험 장소에 도착하여 어떤 방으로 안내되어 들어가보니 따끈따끈한 초콜릿 칩 쿠키와 초콜릿 사탕, 당근이 먹음직스럽게 진열되어 있었다. 그리고 새로운 요구사항이 덧붙여졌다. '당근은 원하는 대로 마음껏 먹어도 좋지만, 쿠키나 사탕은 손대지 마시오.' 초콜릿 종류는 다음 참가자들을 위해 준비한 것이라나. 참가자들은 마지못해 달콤한 군것질의 유혹을 뿌리쳐야만 했고, 바로 이때 심작 변이도가 상승했다. 그러면 당근은 '거부'하고 초콜릿 쿠키와 사탕을 원하는 만큼 얼마든지 먹어도 된다는 지시를 받은 행운의 통제 조건 참가자들은 어땠을까? 심박 변이도에 전혀 변화가 없었다.

심박 변이도는 의지력을 나타내는 좋은 지표이므로 이를 이용한다면 누가 유혹을 뿌리치고 누가 유혹에 굴복할 것인지 예측할 수 있다. 예를 들어 알코올 중독에서 회복 중인 사람들 가운데 술을 보는 순간 심박 변이도가 상승하는 사람은 금주 결심을 지킬 가능성이 비교적 높다. 하지만 정반대의 결과를 보이는 사람, 즉 술을 보는 순간 심박 변이도가 하락하는 사람은 다시 술을 마실 위험성이 훨씬 높다.

이뿐만 아니라 여러 연구에 따르면 심박 변이도가 비교적 높은 사람은 정신을 산란하게 하는 대상을 무시하고 당장의 만족을 지연하며 스트레스를 유발하는 환경에 대처하는 능력이 뛰어나다. 또 어려운 일을 시도했다가 처음에 실패하거나 비판적인 반응을 들은 후에도 포기하지 않을 가능성이 높다. 이런 연구결과 때문에 심리학자들은 심박 변이도야말로 자제력의 용량을 보여주는 생리적 척도라고 설명하며 신체의 '의지력 보유량'이라고 부른다. 심박 변이도가 높은 사람은 유혹이 찾아올 때마다 다른 사람보다 발휘할 의지력이 더 많은 셈이다.

그렇다면 어떤 사람은 운이 좋아서 심박 변이도가 높은 상태로 의지력 도전과제에 직면하고, 어떤 사람은 눈에 띄게 불리한 생리적 조건에서 유혹에 직면하는 이유는 무엇일까? 의지력 보유량에 영향을 미치는 요인은 한둘이 아니다. 먹는 음식부터(식물성 원료에 가공하지 않은 음식은 유익하고 정크푸드는 해롭다) 사는 장소에 이르기까지(공기가 맑지 않으면 심박 변이도가 하락하므로 로스앤젤레스의 스모그는 중독 치료를 받는 영화배우의 비율을 증가시키는 데

한몫한다) 실로 다양하다. 신체나 마음에 스트레스를 주는 요인은 무엇이든 자기절제의 생리를 방해하고 더 나아가 의지력을 파괴한다. 걱정, 분노, 우울증, 외로움은 모두 심박 변이도를 하락시키고 자제력을 약화하는 요인들이다. 만성적인 고통과 질병 역시 신체와 뇌의 의지력 보유량을 소모시킨다. 하지만 자기절제의 생리를 향상하기 위해 내가 신체와 마음을 단련할 방법도 그만큼 많다. 앞 장에서 배운 집중력 명상도 의지력의 생리적 기반을 발달시키는 가장 쉽고 효과적인 훈련 중 하나다. 명상은 두뇌를 훈련할 뿐만 아니라 심박 변이도를 증가시킨다. 그 밖에도 스트레스를 줄이고 건강을 돌보기 위해 실천하는 일이라면 무엇이든 신체의 의지력 보유량을 증가시킬 것이다.

의지력 실험실 》 느리게 호흡하고 빠르게 자제하라

책장을 아무리 열심히 넘겨봐도 손쉬운 해결책을 많이 찾아내지는 못하겠지만 그래도 의지력을 단번에 끌어올릴 수 있는 방법이 한 가지 있기는 하다. 호흡을 길고 느리게 가다듬어 1분에 4~6회 정도만 숨을 쉬어보자. 그러면 호흡을 한 번 하는 데 10~15초 정도가 소요된다. 평상시보다는 느린 편지만 조금씩 반복해서 연습하다 보면 그리 어렵지 않은 일이다. 호흡을 느리게 하면 전전두엽 피질이 활성화되고 심박 변이도가 증가하므로 자연히 뇌와 신체가 스트레스를 받던 상태에서 자기절제체제로 변화하는 데 도움이 될 것이다. 긴 호흡을 몇 분간 계속하

면 마음이 차분해지고 자신감이 생기며 갈망이나 약점을 해결할 수 있다는 기분이 든다.[4]

치즈케이크를 빤히 쳐다보기 전에 느리게 호흡하는 연습을 먼저 해보는 것도 좋은 생각이다. 우선 평상시에 1분간 얼마나 호흡하는지 알아보기 위해 스스로 호흡 시간을 측정하라. 그런 다음 숨을 참지 않으면서 천천히 호흡해보라(숨을 참으면 스트레스만 증가할 뿐이다). 대부분 날숨을 느리게 내쉬는 것을 쉽게 잘 해내므로 날숨을 천천히 완전하게 내쉬도록 집중하라(입술을 내밀고 입에 물고 있는 빨대로 숨을 내쉰다고 상상하면 도움이 될 것이다). 날숨을 완전히 내쉬면 힘들이지 않고 들숨을 깊게 마시는 데 도움이 된다. 1분에 4회 정도 숨 쉬는 게 쉽지 않다고 해도 걱정하지 마라. 숨 쉬는 횟수가 1분당 12회 아래로 떨어지면서 심박 변이도가 점차 증가할 것이다.

조사에 따르면 이런 호흡법을 꾸준히 연습하면 스트레스를 받아도 쉽게 회복하고 의지력 보유량도 증가한다고 한다. 어떤 연구에서는 매일 20분씩 느리게 호흡하는 연습을 하자 심박 변이도가 증가했고, 약물남용과 외상 후 스트레스 장애에서 회복 중인 성인들의 갈망과 우울증이 감소했다는 사실이 밝혀졌다. 이와 비슷한 방법의 심박 변이도 훈련 프로그램 역시 세상에서 가장 스트레스가 많은 직업이라고 할 만한 경찰, 주식중개인, 고객 서비스센터 직원의 스트레스를 줄이고 자기절제력을 기르

> 기 위해 활용되었다. 겨우 1~2분 동안만 느린 속도로 호흡하면 의지력 보유량이 증가할 수 있으므로 누구든 의지력이 약해지는 순간에 능히 시도할 만한 방법이다.

: 생각을 정리하는 느린 호흡법

수강생 중 한 명인 네이선은 병원에서 내과의사 조수로 근무했다. 환자들을 직접 보살피면서 행정적인 업무도 수행해야 하는 탓에 보람이 있었지만 스트레스도 많은 직업이었다. 어느 날 그는 느리게 호흡하는 훈련을 하면 스트레스를 받는 상황에서 명료하게 생각을 정리하고 비교적 현명한 결정을 내리기가 수월해진다는 사실을 깨달았다. 느린 호흡법은 제법 효과가 좋았다. 그는 동료에게도 수련법을 알려주었다. 그의 동료들도 환자의 가족과 이야기해야 하는 힘든 상황을 앞두었거나 수면 부족과 장시간 근무로 인한 육체적 긴장감을 없애는 데 도움을 얻기 위해 느린 호흡법을 실행했다. 심지어 네이선은 느린 호흡이 불안감을 떨쳐버리거나 불쾌한 의료시술을 견디는 데 도움이 된다며 환자들에게도 권하기 시작했다. 사실 환자의 대부분은 자신에게 일어나는 일을 통제하지 못한다는 무기력한 기분에 빠져 있었다. 그러던 차에 느린 호흡법을 시도하면서 마음과 신체에 대한 자제력을 되찾고 힘겨운 상황에 대처할 용기도 얻을 수 있었다고 한다.

마음과 신체를 단련하라

자기절제의 생리를 향상시키기 위해 시도해볼 방법은 한두 가지가 아니겠지만, 투자 대비 효과가 가장 탁월한 전략을 두 가지 정도 알아보자. 두 가지 전략은 당장 효과를 발휘하고 시간이 흐르면서 여러모로 도움을 준다. 또한 우울증, 걱정, 만성 통증, 심혈관 질환, 당뇨병 등을 비롯하여 의지력을 파괴하는 광범위한 요인들을 개선해준다.

: 의지력을 강화시키는 묘약, 운동

심리학자인 메건 오튼과 생물학자 켄 청은 자기절제력을 강화하는 새로운 치료에 대한 첫 번째 연구를 막 끝마쳤다. 호주 시드니의 매쾌리 대학교에서 조사를 진행한 두 사람은 연구결과를 보고 어안이 벙벙해졌다. 긍정적인 결과를 바라기는 했지만, 치료 효과가 얼마나 지대한 영향을 미칠지는 전혀 예상하지 못했기 때문이다. 실험에는 18세에서 50세 사이의 남성 6명과 여성 18명이 참가했다. 두 달 동안 치료를 받은 후 이들은 집중력이 높아졌고 정신을 산란하게 하는 요소를 무시하는 능력이 좋아졌다. 주의 지속 시간이 30초밖에 안 되는 시대에 살면서 이런 성과를 거두었으니 충분히 자축할 만한 일이었다. 게다가 이것이 전부가 아니었다. 실험 참가자들은 어떤 지시도 받지 않았는데도 모두 흡연량, 음주량, 카페인 섭취량을 줄였다. 정크푸드 섭취를 줄이고 건강에 좋은 음식

섭취를 늘렸다. 텔레비전 시청 시간을 줄이고 공부하는 시간을 늘렸다. 돈을 저축하기 시작했고 충동구매를 줄여나갔다. 감정을 조절할 줄 안다는 자신감도 상승했고 심지어는 게으름을 피우는 습관을 줄이고 약속에 늦는 버릇도 개선하였다.

세상에, 도대체 이런 기적의 묘약은 무엇이며 어디에 가면 처방전을 구할 수 있다는 말인가?

실험에서는 약물을 쓰지 않았다. 기적처럼 의지력을 북돋운 실체는 바로 신체운동이었다. 이전에 규칙적으로 운동해본 경험이 없는 사람으로 구성한 참가자들은 연구진에게 피트니스 클럽 회원권을 공짜로 받고 마음껏 이용하라는 격려를 들었다. 이들은 첫 달에는 평균 일주일에 1회 정도 운동을 했지만, 두 번째 달이 끝나갈 무렵에는 일주일에 최대 3회 정도로 운동 횟수가 늘었다. 연구진이 참가자들에게 실생활에서 다른 변화를 시도해보라고 하지 않았는데도 운동 프로그램은 생활의 모든 면에서 새로운 힘을 주고 자제력을 발휘하도록 유도한 듯했다.

결과적으로 운동은 자기절제 연구가들이 발견한 기적의 묘약에 가장 가깝다고 밝혀졌다. 특히 초심자들은 운동을 통해 즉각적으로 의지력이 개선되는 이익을 얻을 수 있었다.

운동의 장기적인 효과는 이보다 훨씬 놀랍다. 평범한 일상의 스트레스를 완화하고 항우울제인 프로작 만큼이나 강렬한 효과를 발휘한다. 이뿐만 아니라 기준 심박 변이도를 상승시키고 뇌를 훈련함으로써 자기절제의 생리를 향상시킨다. 신경과학자들은 운동을 처음 시작한 사람들의 뇌를 살펴보았다. 그들은 신경세포로 이루어진 회백질과 신경세포가 빠르고 효과적으로 정보를 교환하도록 연결하는 신경섬유로 이루어진 백질이 모두 증가한 것을 알 수 있었다. 명상과 같은 신체운동은 뇌를 크고 빠르게 만들었고 훈련 효과가 가장 높게 나타난 영역은 전전두엽 피질이었다.

이런 연구 내용을 듣고 나면 수강생들은 가장 먼저 이렇게 질문한다. "운동을 얼마나 많이 해야 하나요?" 나는 언제나 이렇게 대답한다. "얼마나 많이 할 생각인데요?" 일주일 만에 포기할 거라면 원대하게 계획을 세워본들 무슨 의미가 있겠는가? 게다가 의지력을 기르는 데 필요한 운동의 양에 대해서는 아무런 과학적 의견도 없다. 2010년에 실시한 열 가지 연구들을 분석해보니 기분을 좋게 해주고 스트레스를 날리는 데 가장 효과적인 운동 시간은 1시간이 아니라 5분으로 밝혀졌다. 단지 5분 동안 동네 한 바퀴를 걸어 다닌다 해도 전혀 창피한 일이 아니며 멀리 내다볼 때 상당히 좋은 운동이라고 할 수 있다.

두 번째로는 으레 이런 질문이 날아든다. "어떤 운동이 제일 좋나요?" 그러면 이렇게 답하곤 한다. "어떤 운동을 할 생각인데요?" 뇌와 신체는 차별하는 습성이 없어 보이므로 기꺼이 시작하기만 한다면 무엇이든 가장 좋은 운동이다. 원예, 산책, 춤, 요가, 단체 스포츠, 수영, 아이나 강아지와 놀아주기는 물론이고 심지어 열성적으로 청소를 하거나 윈도쇼핑을 하는 것도 운동으로 볼 수 있다.

만약 운동이 자신에게 맞지 않는다고 진심으로 확신한다면 운동의 정의를 조금 넓혀서 다음 두 가지 질문에 아니라고 대답할 만큼 즐거운 일이라면 무엇이든 운동에 포함하기를 바란다. 첫째, 앉아 있거나 가만히 서 있거나 누워 있는가? 둘째, 이런 일을 하는 동안 정크푸드를 먹는가? 두 가지 질문에 '아니오!'라고 대답할 만한 일이 생각났다면, 축하한다! 이제 당신도 의지력 운동을 찾아낸 것이다.[5] 주로 앉아서 지내는 생활방식을 벗어난 일이라면 무엇이든 의지력 보유량을 증가시킬 것이다.

> **의지력 실험실 》 5분 운동으로 의지력을 충전하기**
>
> 의지력을 빨리 충전하고 싶을 때 가장 확실한 방법은 밖으로 나가는 것이다. 학자들이 주장하는 '녹색 운동'을 5분 동안만 해본다면 스트레스가 줄고 기분이 좋아지며 집중력이 강화되고 자기절제력이 향상될 것이다. 녹색 운동이란 밖으로 뛰쳐나가서 푸른 대자연 속에서 하는 모든 신체활동을 가리킨다. 가장 기쁜 소식은 녹색 운동이 신속한 해결책으로 충분하다는 점이다. 갑작스러운 짧은 활동이 오래 하는 운동보다 기분 전환에 훨씬 강력한 효과를 발휘한다. 땀을 흘리거나 지칠 때까지 자신을 밀어붙일 필요도 없다. 산책처럼 비교적 강도가 낮은 운동이 강도 높은 운동보다 더 강력하고 빠르게 효과를 나타낸다. 다음은 의지력을 충전하는 5분간의 녹색 운동으로 적절할 만한 활동들이다.
>
> ▶ 사무실을 빠져나가 가장 가까이 있는 푸른 자연으로 가라.

> ▶ MP3 플레이어에 좋아하는 음악을 담아서 근처를 걷거나 가볍게 뛰어라.
> ▶ 개를 데리고 나가서 놀아줘라. 그러고는 개가 뒤를 쫓아다니게 하라.
> ▶ 뜰이나 정원을 가꾸어라.
> ▶ 밖으로 나가 신선한 공기를 마시고 몇 가지 스트레칭 동작을 해보라.
> ▶ 아이에게 뒷마당에서 뜀박질이나 게임을 하자고 해보라.

: **억지로 시작한 운동이 마음을 변화시킨다**

장사가 잘되는 이탈리아 식당 두 곳을 운영하는 54세의 안토니오는 의사의 지시 때문에 내 강의에 참석했다. 혈압과 콜레스테롤 수치가 높은데다 허리둘레가 해마다 1인치씩 슬금슬금 늘어나는 모습을 지켜보던 의사가 생활방식을 바꾸지 않으면 파마산 치즈를 곁들인 송아지 커틀릿을 먹다가 심장마비로 쓰러질 것이라고 경고한 것이다.

안토니오는 마지못해 사무실에 러닝머신을 들여놓았지만, 그다지 자주 사용하지는 않았다. 운동이 시간낭비처럼 보였기 때문이다. 재미도 없고 생산적이지도 않은데다가 다른 사람한테 이래라저래라 명령을 들어야 한다니 얼마나 짜증스러우냐는 말이다!

어쨌거나 운동을 하면 지능이 좋아지고 의지력을 기를 수 있다니 꽤 그럴듯하게 들리기는 했다. 안토니오는 경쟁심이 강한 사람이어서 남보다 뒤처지고 싶지는 않았다. 그러더니 언젠가부터 운동을 마치 비밀 병기처럼, 어떤 승부에서든 자신을 1등 자리에 올려줄 만한 비법으로 생각하기 시작했다. 심혈관 질환을 앓는 사람들의 사망 가능성을 가늠할 수 있는 중요한 예측 인자인 심박 변이도를 운동으로 상승시킬 수 있다는 사실도 도움이 되었다.

그는 러닝머신의 칼로리 계기판 위에 '의지력'이라는 메모를 붙여서 운동기구를 의지력 발생기처럼 만들어버렸다(칼로리를 얼마나 소비했는지는 전혀 관심이 없었으므로 메모로 계기반을 가려버린 것이다. 안토니오는 잠시도 주저하지 않고 프라이팬에 버터 한 덩어리를 통째로 던져 넣고 요리를 시작하는 남자였으니까) 러닝머신에서 걸으며 전보다 더 많은 칼로리를 소모했고 '의지력' 수치도 상승했다. 튼튼해지는 기분도 들었다. 그는 힘겨운 회의와 장시간의 영업을 대비하여 매일 아침 러닝머신으로 의지력을 충전했다.

그는 의지력 발생기를 활용하여 의사가 바라던 대로 건강해졌을 뿐만 아니라 자신이 원하는 것도 얻었다. 운동하기 전과 비교했을 때 온종일 활력과 자신감이 넘쳤다. 그는 운동이 에너지를 소모하고 시간만 낭비하리라 예상했지만, 막상 시작해보니 소비하는 것보다 새로 축적되는 것이 훨씬 많았다.

만약 너무 피곤해서 운동할 시간이 없노라고 변명거리를 만드는 중이라면 지금부터라도 운동이란 에너지와 의지력을 고갈시키는 일이 아니라 다시 채워주는 활동이라고 생각하라.

: **의지력을 기르고 싶다면 당장 침대에 누워라**

하루 수면 시간이 채 6시간도 안 되는 사람이라면 의지력이 충만한 기분을 느껴본 게 언제인지 까마득할 것이다. 비록 심각하지는 않더라도 수면 부족이 만성적으로 지속되면 스트레스와 갈망, 유혹의 영향을 받기 쉽다. 또 감정을 조절하거나 주의를 집중하거나 '긍정 의지력' 도전과제를 해결할 에너지를 발휘하기가 더욱 어려워진다. (수강생 중에는 이런 주장이 얼마나 현실적인지 단번에 이해하는 집단이 항상 있다. 바로 처음 부모가 된 사람들이다.) 만성적으로 수면이 부족한 사람은 일과를 마쳤을 때 깊이 후회한다. 유혹에 왜 다시 굴복했는지, 반드시 해야 할 일을 어째서 미뤘는지 이해할 수 없어 안타까워한다. 이런 악순환이 계속되다 보면 결국에는 수치심과 죄의식에 빠지기 쉽다. 휴식을 좀 더 취해야 한다는 생각은 떠오르지 않는다.

잠이 부족하면 왜 의지력이 약해질까? 우선 잠이 부족하면 신체와 뇌가 주된 에너지원인 포도당을 제대로 활용하지 못한다. 피곤해지면 신체와 뇌를 구성하는 세포들이 혈류에서 포도당을 취하는 데 어려움을 겪는다. 결과적으로 세포에 원활하게 에너지 공급이 되지 않아서 몸이 기진맥진해지는 것이다. 뇌와 신체가 에너지를 간절히 원하면 단 음식이나 카페인을 갈망하기 시작한다. 하지만 당분이나 커피로 에너지를 재충전하려고 해도 신체와 뇌는 이런 음식을 효율적으로 활용할 수 없으므로 필요한 에너지를 얻지 못한다. 뇌에서 에너지를 가장 많이 소모하는 작업 중 하나가 자기 절제라는 것을 생각해보면 이는 정말 비관적인 소식이다.

에너지를 많이 소비하는 뇌 영역인 전전두엽 피질은 이런 에너지난의 타격을 집중적으로 받는다. 수면 연구 전문가들은 이런 현상에 '가벼운 전전두엽 기능장애'라는 별명을 붙이기도 했다. 충분히 수면을 취하지 않으면 잠에서 깨어날 때 일시적으로 피네아스 게이지 같은 뇌 장애를 일으키기도 한다. 여러 가지 연구에 따르면 잠을 충분히 자지 못한 뇌는 가볍게 술에 취했을 때와 비슷한 상태가 되어 자제력을 거의 발휘하지 못한다고 한다.

전전두엽 피질이 기능을 충분히 발휘하지 못하거나 손상되면 뇌의 다른 영역도 자제력을 잃는다. 일반적으로 전전두엽 피질은 뇌의 경보장치를 해제하여 스트레스를 조절하고 갈망을 누그러뜨리도록 돕는다. 하지만 하루만 수면이 부족해도 뇌의 두 가지 영역을 이어주는 연결고리가 끊어진다. 억제장치가 고장 나버린 경보기는 평범한 일상의 스트레스에도 과민하게 반응한다. 신체는 투쟁-도피 반응과 똑같은 생리적 상태에 빠진 나머지 부수적으로 스트레스 호르몬이 급격히 상승하고 심박 변이도가 저하된다. 결국 스트레스는 많아지고 자제력은 줄어든다.

천만다행으로 이 모든 것은 원상회복이 가능하다. 수면 부족에 시달리던 사람이 하룻밤만이라도 제대로 잠을 잔 후 뇌 사진을 찍으면 전전두엽 피질의 손상된 징후가 더는 나타나지 않았다. 휴식을 잘 취한 사람의 뇌와 똑같이 보였다.

중독을 연구한 학자들은 약물남용을 치료하기 위해 수면 실험을 시도하기도 했다. 한 연구에 따르면 중독에서 회복 중인 사람이 매일 5분간 호흡 집중 명상을 하면 잠드는 데 도움이 된다고 한다.

명상을 한 덕분에 양질의 수면 시간이 매일 1시간씩 늘면 그 덕분에 약물남용이 재발할 위험도 많이 줄어든다. 그러니 의지력을 기르고 싶다면 당장 잠자리에 들어라.

> **의지력 실험실 》 모자란 잠을 채워라**
>
> 그동안 수면 시간이 부족했다 하더라도 자제력을 재충전할 방법은 얼마든지 있다. 한 연구에 따르면 하룻밤 숙면을 취하면 뇌 기능이 바람직한 수준으로 회복된다고 한다. 그러므로 일주일 동안 늦게 자고 일찍 일어나는 생활을 했다고 하더라도 주말에 만회하면 의지력을 보충하는 데 도움을 준다. 또 다른 연구 결과는 한 주의 초반에 수면을 충분히 취해 보유량을 비축해두면 후반부의 수면 부족을 상쇄할 수 있다고 한다. 또 일부 연구에서는 계속 깨어 있는 시간이 얼마나 되는지가 가장 중요하다고도 주장한다. 정 힘이 들면 비록 전날 밤에 잠을 많이 자지 못했다 하더라도 잠깐 낮잠을 자는 것만으로도 집중력과 자기절제력을 회복할 수 있다. 세 가지 방법, 즉 주말에 몰아서 자기, 주초에 미리 자두기, 간간이 낮잠 자기 중 하나를 시도해서 수면 부족으로 인한 결과를 방지하거나 원상 회복하라.

도전! 수면 시간 늘리기

수강생이었던 29세의 사무직원인 리사는 늦게까지 깨어 있는 습관을 바꾸려고 노력 중이었다. 그녀는 결혼을 하지도 않았고 혼자 살았기 때문에 딱히 정해놓은 수면 시간이나 수면 패턴이 없었다. 리사는 매일 아침 지칠 대로 지친 몸을 일으켜 사무실로 나가서는 맡은 일을 간신히 해결했다. 카페인을 함유한 다이어트 콜라를 마시면서 하루를 겨우 버텼고 창피한 일이지만 이따금 회의 중에 꾸벅꾸벅 졸기도 했다. 오후 5시면 신경은 곤두서고 몸은 지쳐버린 상태에 빠져 버럭버럭 화를 냈고 주의가 산만해지며 미친 듯이 패스트푸드를 갈망했다. 강의 첫 주에 그녀는 평소보다 일찍 자는 것을 의지력 도전과제로 삼겠다고 선언했다.

바로 다음 주 수업에서 리사는 일찍 잠들지 못했다고 말했다. 저녁 식사를 할 무렵에는 '오늘은 꼭 일찍 자야 한다'고 다짐하지만, 밤 11시가 되면 결심은 온데간데없이 사라졌다고 한다. 나는 리사에게 일찍 잠자리에 들지 못하게 된 과정을 설명해보라고 부탁했다. 그녀는 밤이 깊을수록 점점 더 다급하게 느껴지는 일들을 구구절절 늘어놓았다. 페이스북을 훑어보고 냉장고를 청소하고 잔뜩 쌓인 스팸메일과 씨름한다. 심지어는 15분 이상 특정 정보를 설명하는 광고, 즉 인포머셜을 시청하는 등 어느 것 하나 실제로는 다급하지 않은 일인데도 이상하게 마음이 끌렸다는 것이다. 리사는 '하나만 더 해야지' 하는 생각에 사로잡혀 쓸데없는 일들을 계속하다가 잠들고는 했다. 시간이 늦어지고 몸이 피곤할수록 이런 일들이 주는 눈앞의 만족감에 저항하기가 점점 어려웠다고 한다.

이때 리사가 수면 시간 늘리기를 부정 의지력의 도전과제로 다시 정한다면 상황은 달라질 수 있다. 정말 큰 문제는 억지로 수면 시간을 늘리는 것이 아니라 잠을 달아나게 하는 일들을 멀리하는 것이다. 리사는 밤 11시면 컴퓨터와 텔레비전을 끄고 어떤 일도 시작하지 않겠다는 규칙을 정했다. 이런 규칙은 리사가 스스로 얼마나 피곤한지를 깨닫고 자정이면 잠들어야 한다고 마음먹기 위해 반드시 필요했다.

리사는 매일 7시간 동안 수면을 취한 후, 더 이상 밤마다 자신을 유혹하던 일들이 재미있어 보이지 않는다고 했다. 2주 뒤에는 새로운 의지력 도전과제를 정하고 이와 씨름할 에너지가 생겼다. 새 도전과제는 다이어트 콜라와 패스트푸드 섭취량을 줄이는 것이었다.

만약 수면 시간을 늘릴 수도 있는데 어쩐 일인지 늦게까지 깨어 있다면, 잠자리에 들지 않고 몰두하는 일이 무엇인지 생각해보자. 이런 의지력 규칙은 당신이 피하거나 미루는 일이라면 무엇에든 동일하게 적용할 수 있다. 즉 긍정 의지를 발견하기 어렵다면 부정 의지를 한번 찾아보라.

자기절제에는 엄청난 에너지가 필요하다

의지력 본능이란 참으로 놀랍다. 뇌가 열심히 작동하고 신체와 협력한 덕분에 우리는 눈앞의 만족에 대한 욕구나 공포 때문이 아니라 장기적인 목표를 염두에 두고 결정을 내릴 수 있다. 하지만 자기절제는 그리 만만하지 않다. 위기가 찾아오면 맞서 싸우거나 달아나는 데 쓰이는 에너지가 근육에 필요하듯 주의를 집중하고 엇비슷하게 중요한 목표들의 우위를 설정하고 스트레스와 갈망을 잠재우는 등의 정신 활동을 수행하기 위해서도 자신의 신체에서 진짜 물리적인 에너지를 끌어내야만 한다.

지나친 스트레스가 건강에 해롭다는 사실은 누구나 안다. 만성적으로 스트레스를 받으면 신체는 소화, 생식, 상처 치유, 질병 퇴치와 같은 장기적인 욕구에 필요한 에너지를 끌어다가 계속 이어지는 위기 상황에 대처하며 써버린다. 이런 식으로 만성 스트레스는 심혈관 질환이나 당뇨병, 만성 요통, 불임, 유행성 감기 등을 유발하기도 한다. 우리가 실제로 이런 일상적인 스트레스와 맞서 싸우거나 이를 피할 필요가 없다는 것은 논외의 문제다. 뇌가 외부의 위협을 계속 발견하는 이상 마음과 신체는 극도로 경계를 강화하거나 충동적으로 행동할 것이다.

자기절제를 위해서는 엄청난 에너지가 필요하다. 그래서 어떤 학자들은 만성적으로 스트레스를 받을 때처럼 자기절제력을 발휘한다면 면역체계에 필요한 자원을 다른 데에 써버린 탓에 질병에 걸릴 가능성이 높아진다고 추측한다. 의지력을 과도하게 기르면 건강에 해를 끼치기도 한다는 말을 처음 들었을 때 아마 이런 의문이 들었는지도 모른다. '1장에서 의지력이 건강에 얼마나 중요하냐고 운운한 내용은 죄다 무엇이란 말인가? 그래 놓고서는 이제 자기절제 때문에 병에 걸린다고?' 뭐, 맞는 말이긴 하다. 행복하고 생산적인 삶을 영위하기 위해 약간의 스트레스가 필요한 것처럼, 자기절제도 어느 정도는 필요하다. 하지만 만성 스트레스에 시달리는 삶이 건강에 나쁜 것처럼 자신의 생각과 감정, 행동을 하나부터 열까지 통제하려는 노력도 해로운 전략이다. 정상적인 생리기능을 유지하기 어려울 정도로 버거운 짐을 지우기 때문이다.

스트레스 반응과 마찬가지로 자기절제 역시 특정한 도전에 대응하는 훌륭한 전략으로 진화해왔다. 스트레스가 그렇듯 만성적으로 꾸준히 자기절제를 시도하다 보면 문제에 봉착하고 만다. 자기절제력을 발휘하고 나면 회복할 시간이 필요하다. 때로는 심적 자원과 신체적 자원을 다른 곳에 사용할 필요도 있다. 건강과 행복을 모두 유지하기 위해서는 완벽한 의지력을 기르려는 노력을 포기해야 한다. 물론 자기절제력을 강화할 수는 있겠지만, 세상 누구도 자신이 생각하고 느끼고 말하고 행동하는 것을 모두 통제할 수는 없다. 그러므로 의지력의 싸움을 현명하게 할 줄 알아야 한다.

> **의지력 실험실 》 편안한 휴식 시간 갖기**
>
> 자기절제의 부담과 일상의 스트레스에서 회복하는 최상의 방법 중 한 가지는 휴식이다. 잠시 몇 분 동안만이라도 휴식을 취하면 부교감신경계가 활성화되고 교감신경계가 억제되면서 심박 변이도가 상승한다. 또 신체가 회복되고 치유하는 상태로 변환하면서 면역기능이 강화되며 스트레스 호르몬이 감소한다.

여러 연구에 따르면 매일 휴식 시간을 취하면 건강을 지키는 동시에 의지력 보유량을 증가시킬 수도 있다고 한다. 예를 들어 규칙적으로 휴식을 취한 사람은 정신 집중 테스트와 통증견디기 테스트(약 4°C의 물이 담긴 냄비 안에 한쪽 발을 계속 담그는 실험이었는데, 가정에서는 절대 시도하지 않기를 바란다)처럼 스트레스를 많이 받는 의지력 도전과제에도 건강한 생리반응을 보였다. 심호흡을 하고 신체를 편안히 하여 휴식을 취한 운동선수는 격렬한 훈련을 받은 뒤에도 몸이 비교적 빨리 회복되어 스트레스 호르몬이 감소했고 신체의 산화 손상이 줄었다.

여기서 말하는 휴식이란 텔레비전을 보다가 잠이 든다거나 와인 한 잔과 푸짐한 식사를 곁들이는 것을 말하는 게 아니다. 의지력을 북돋우는 휴식이란 하버드 의과대학 심장전문의 허버트 벤슨이 말하는 '생리적 이완 반응'을 유발하는 신체적, 정신적인 면에서의 참다운 휴식이라고 할 수 있다. 심박수와 호흡이 느려지고 혈압이 낮아지며 긴장한 근육이 이완된다. 뇌는 미래를 계획하거나 과거를 분석하는 일을 멈춘다.

이런 이완 반응을 유발하려면 반듯하게 누워 무릎 밑에 베개를 대고 다리를 조금 올려줘라(아니면 평소에 쉴 때 취하는 가장 편안한 자세도 좋다). 눈을 감고 몇 차례 크게 심호흡을 하여 복부가 오르락내리락하도록 한다. 아직도 몸에서 긴장이 조금이라도 느껴진다면 의도적으로 근육을 꽉 쥐거나 수축시켰다가 편안히 풀어주자. 예를 들어 손과 손가락에서 긴장감을 느낀다면 주먹을 꼭 쥐었다가 힘을 풀고 손바닥을 펴주어라. 이마나 턱에서 긴장감을 느낀다면 눈과 얼굴을 안쪽으로 잔뜩 모았다가 입을 활짝 벌려 얼굴 근육을 완전히 이완시켜라. 5~10분 정도 이 상태를 유지하며 숨쉬기 말고는 할 일이 없다는 사실을 즐겨라. 잠이 들까 걱정된다면 자명종을 맞춰두면 된다.

이런 과정을 생활습관으로 삼고 스트레스가 심하거나 의지력을 많이 발휘해야 할 순간에 시도해보라. 휴식은 만성적인 스트레스나 엄청난 미친 영향에서 쉽게 회복하도록 돕는다.

스트레스로 하나 되는 나라

의지력이라는 주제를 논의할 때면 사람들은 대체로 의지력이 무엇인지부터 생각한다. 의지력이란 성격적인 특징이거나 미덕, 혹은 우리가 갖추거나 갖추지 못한 무엇일 수도 있고, 어쩌면 어려운 상황에서 발휘해야 할 일종의 폭력인지도 모른다. 하지만 과학자들은 이와는 전혀 다르게 설명한다. 의지력이란 누구나 지니고 있는 진화된 능력이며 본능적으로 뇌와 신체에서 일어나는 일을 꼼꼼하게 조율한다는 것이다.

하지만 우리는 스트레스를 받거나 우울하면 뇌와 신체가 서로 협조하지 않는다는 사실을 이미 살펴보았다. 의지력은 수면 부족이나 나쁜 식생활습관, 주로 앉아 있는 생활습관, 에너지를 약화시키거나 뇌와 신체가 만성 스트레스 반응을 일으키게 하는 여러 가지 요인들 때문에 무너지기도 한다. 의지력이란 단순히 마음먹기에 달렸다고 확신하는 모든 의사와 다이어트 전도사, 잔소리꾼인 배우자들은 이런 연구를 보며 현실을 직시해야 한다. 그렇다. 우리의 마음도 중요하지만, 우리의 신체 역시 중요하게 다루어져야 한다.

과학을 통해 알게 된 또 하나의 중요한 연구결과는 스트레스가 의지력의 장애물이란 사실이다. 흔히들 스트레스를 받아야만 일을 끝낼 수 있다고 믿는다. 그래서 스스로 동기부여를 하기 위해 마감 시간까지 기다리기도 하고 자제력 부족이나 게으르다는 이유로 자신을 나무라는 등 일부러 스트레스를 주기도 한다. 또는 동기를 유발한다는 명목으로 직장동료에게 압박감을 주고 가족을 혹독하게 다룬다. 단기적으로는 이런 행동이 효과적인 것처럼 보이기도 하지만 장기적으로는 스트레스만큼 의지력을 소모하는 것도 없다.

스트레스의 생리와 자기절제의 생리는 서로 조화를 이루지 못한다. 투쟁-도피 반응과 멈춤-계획 반응은 모두 에너지 조절과 관련이 있지만, 에너지와 주의를 전송하는 방법은 전혀 다르다. 투쟁-도피 반응은 본능적으로 행동하는 에너지를 신체에 대량으로 내보내고 현명한 결정을 하는 데 필요한 에너지를 뇌 영역에서 빼내온다. 반면 멈춤-도피 반응은 에너지를 뇌의 아무 곳에나 보내는 것이 아니라 구체적으로 자기절제를 담당하는 전전두엽 피질로 보낸다. 스트레스는 눈앞의 단기적인 목표와 결과에 집중하도록 조장하지만 자기절제력은 마음속에 거시적인 그림을 그리도록 유도한다. 스트레스를 바람직하게 조절하는 방법을 배우는 것은 의지력 개선에 가장 중요한 일 중 하나다.

최근 몇 년 동안 영향력 있는 전문가의 상당수는 미국인이 집단적으로 의지력을 상실했다고 주장해왔다. 만약 그 주장이 사실이라면 이런 현상의 원인은 미국의 핵심적인 가치 상실이라기보다 현대사회에서 스트레스와 공포가 증가한 것과 훨씬 더 관계가 깊은 듯하다. 2010년에 미국 심리학회가 전국을 대상으로 실시한 조사로는 미국에 거주하는 사람의 75퍼센트가 엄청나게 많은 스트레스를 경험했다고 한다. 각종 테러공격과 유행성 독감, 환경재난과 자연재해, 실업, 최근의 경제 붕괴에 이르기까지, 지난 10년간 벌어진 사건들을 고려한다면 이런 결과는 그다지 놀랍지 않다.

범국가적으로 찾아온 스트레스는 인체의 생리기능과 자기절제력에 커다란 피해를 줬다. 예일 대학교 의과대학 연구진은 2001년 9월 11일 이후 일주일 동안 환자들의 심박 변이도가 엄청나게 감소했음을 발견했다. 당시에는 모든 미국인이 공황에 빠졌을 때이니 9·11사건 이후 몇 달 동안 음주율, 흡연률, 약물복용률이 모두 증가한 것도 어찌 보면 당연한 일이다. 2008년과 2009년에 경제 위기가 정점에 달했을 때에도 이와 동일한 패턴이 나타났다. 연구 보고에 따르면 미국인들은 스트레스에 대항하기 위해 몸에 나쁜 음식을 평소보다 자주 섭취했으며 흡연자들은 담배를 더 피우고 금연을 포기했다고 한다.

　게다가 미국인들은 점차 잠자는 시간이 부족해졌다. 국립수면재단의 2008년 연구에 따르면 현재 미국의 성인들은 1960년에 비해 하루 수면 시간이 2시간 정도 줄었다고 한다. 이런 수면 습관 때문에 자기절제력이 부족하고 집중력이 떨어지는 현상이 만연하게 되었는지도 모른다. 일부 전문가들은 수면 부족의 부정적인 영향이 여기에서 그치지 않고 같은 기간 동안 비만율이 급상승한 데에도 한몫했다고 생각한다.

　비만율은 하루에 6시간 미만 수면을 취하는 사람들에게서 상대적으로 훨씬 높게 나타났으며, 이런 결과를 가져온 한 가지 원인은 수면 부족이 뇌와 신체의 에너지 사용 과정을 방해했기 때문이라고 한다. 이뿐만 아니라 수면 시간이 지나치게 부족하면 주의력 결핍 및 과잉 행동장애처럼 보이는 충동 조절 및 주의 장애가 생기기도 한다. 아이들은 성인보다 수면 시간이 훨씬 더 필요하다. 하지만 부모의 수면 습관을 그대로 따라 하는 경향이 있어서 이런 장애를 진단받은 어린이 환자 수도 급증하고 있다.

　만일 자신이 직면한 가장 중대한 도전과제를 해결하려고 노력할 생각이라면 스트레스를 조절하고 지금보다 건강에 주의를 기울이는 일을 훨씬 더 진지하게 받아들여야 한다. 몸이 피곤하고 스트레스가 쌓인 사람들은 엄청나게 불리한 조건에서 출발하는 셈이지만 어차피 현대인이라면 누구나 지치고 스트레스로 가득하기 마련이다. 과식이나 수면 부족 같은 나쁜 습관들은 자기절제력이 부족하다는 사실만을 반영하는 것이 아니라 더 나아가 에너지를 소비시키고 스트레스를 더 많이 만들어 우리에게서 자기절제력을 훔쳐가고 있다.

> **자기 탐구 생활 》 스트레스와 자기절제**
>
> 　신체적으로든 심리적으로든 스트레스가 자기절제의 장애물이라는 이론을 시험해보자. 걱정하거나 과로하는 행동은 내가 결정을 내리는 데에 어떻게 영향을 미치는가? 배가 고프거나 몸이 피곤하면 의지력이 고갈되는가? 신체의 통증과 질병은 어떠한가? 분노나 외로움, 슬픔 같은 감정은 또 어떤가? 스트레스가 온종일 지속되거나 일주일 내내 이어지는 때는 언제인지 지켜보자.
>
> 　그런 다음 자기절제력에 어떤 변화가 일어나는지 살펴보라. 갈망을 느끼는가? 버럭 화를 내는가? 꼭 해야 할 일인데도 미루고 마는가?

　의지력의 도전과제에 압도당해서 어쩔 줄 모를 때면, 나약하고 게으르고 의지박약한 겁쟁이라며 비난의 화살을 자신에게 돌리기 쉽다. 하지만 대부분 그저 뇌와 신체가 자기절제를 제대로 못 했을 뿐이다.

　만성적으로 스트레스를 받는 상황에서 의지력의 도전과제를 상대하는 주체는 나의 가장 충동적인 자아다. 그러므로 의지력 도전과제를 성공적으로 수행하기 위해서는 마음과 신체가 어떤 상태일 때 에너지를 자기방어가 아닌 자기절제로 보내는지 알아내야만 한다.

즉 스트레스에서 회복하기 위해 필요한 것을 스스로 마련하고 최고의 자아가 될 수 있는 에너지를 확보하라는 뜻이다.

Chapter 3

의지력과 근육은 서로 닮은 꼴이다

결단하여 해야 할 일은 실행하겠다고 결심하라.
― 프랭클린 Benjamin Franklin, 1706~1790

　전국 어느 대학 캠퍼스에서나 초췌한 얼굴의 학생들이 도서관 책상이나 노트북 컴퓨터 앞에 구부정하게 앉아 있는 모습을 흔히 볼 수 있다. 이들은 카페인과 당분을 찾아 캠퍼스 여기저기를 좀비처럼 비틀거리며 돌아다닌다. 체육관은 텅 비었고 기숙사의 침대에는 잠든 흔적이 없다.

　스탠퍼드 대학교에서는 학기가 끝날 때마다 7일 동안 진행되는 기말시험 기간을 '죽음의 주'라고 부른다. 학생들은 10주간 기숙사 파티며 프리스비 골프를 하느라 탕진한 시간을 만회하기 위해 머릿속에 온갖 지식과 공식을 한꺼번에 욱여넣고는 밤을 꼴딱 새워가면서 열심히 공부하라고 자신을 채찍질한다.

　연구결과에 따르면 이런 피나는 노력은 대가를 치른다고 한다. 밤샘 공부 때문에 배달시킨 피자나 값비싼 에스프레소 음료에 써버린 비용은 아무것도 아니다. 기말시험 동안 학생들 대부분은 공부 습관 이외의 어떤 문제에서도 자제력을 잃어버리는 듯하다. 담배도 더 자주 피우고 샐러드 대신 감자튀김을 먹어댄다. 돌발적으로 감정을 분출하고 자전거 사고를 내는 일도 잦아진다. 샤워와 면도를 건너뛰고 옷 갈아입을 생각도 하지 않는다.

듣기 불편할 수도 있지만 자기절제 분야에서 가장 확실한 연구결과 중 한 가지를 들어보겠는가? 바로 의지력을 끊임없이 사용하다 보면 의지력이 완전히 소진된 것처럼 보이기도 한다는 것이다. 24시간 동안 담배를 피우지 않은 흡연자들은 아이스크림을 과식할 가능성이 비교적 높다. 좋아하는 칵테일을 참고 마시지 않는 술꾼들은 신체 지구력과 참을성이 이전보다 약해진다. 어쩌면 가장 걱정스러운 대상은 다이어트를 하는 사람들이다. 이들은 배우자 몰래 바람을 피울 가능성이 높다. 마치 한 사람에게 할당된 의지력에 한계가 정해져 있는 것처럼 느껴진다. 탈진할 때까지 의지력을 발휘하고 나면 유혹에 무방비 상태가 되거나 최소한 유혹에 약해진다.

이런 연구결과는 의지력의 도전과제에 큰 영향을 미친다. 현대의 생활은 우리의 의지력을 소진해버릴 정도로 자기절제가 필요한 온갖 부담스러운 일들로 넘쳐난다. 연구진은 자기절제력이 아침에 가장 강하다가 저녁으로 갈수록 꾸준히 감소한다는 사실을 알아냈다. 그러다 보니 퇴근 후 피트니스 클럽 가기, 중요한 프로젝트 해결하기, 아이들이 더러워진 손가락을 소파에 문지르더라도 평정심 유지하기, 서랍 구석에 숨겨둔 비상 담배에 손대지 않기 등의 중요한 문제를 다룰 즈음이면 의지력은 이미 바닥나버리고 없다. 또한, 한 번에 너무 많은 일을 통제하거나 바꾸려다 보면 완전히 기진맥진해질 수도 있다. 하지만 이렇게 실패하는 원인은 성품 탓이 아니라 의지력 자체의 특성 때문이다.

더 이상 피곤해서 못하겠어!

처음으로 의지력의 한계를 체계적으로 관찰하고 시험한 학자는 플로리다 주립대학교의 심리학 교수 로이 바우마이스터Roy F. Baumeister이다. 이 난해한 현상을 연구하여 오랫동안 명성을 쌓은 그는 선수권 대회에 출전한 스포츠팀들이 홈경기에서 난조를 보이는 이유라든가, 잘생긴 범죄자가 배심원에게 무죄 평결을 받을 가능성이 높은 이유와 같은 문제에 몰두해왔다.[6] 심지어 악마 숭배의식에서 행하는 학대, 피학대 성욕도착증, UFO 납치처럼 학자 대부분이 기겁하며 멀리할 주제에도 손을 댔다. 무엇보다 놀라운 것은 이들을 연구한 결과 초자연적인 현상과는 관계가 없고 오히려 평범한 인간의 나약함과 관련이 있다는 점이었다.

지난 15년 동안 바우마이스터 교수는 쿠키를 거절한다거나 정신을 산란하게 하는 일을 무시해버리거나 끓어오르는 분노를 참거나 얼음물에 팔을 담그고 참는 일 등의 의지력 발휘에 관한 실험을 해왔다. 연구가 거듭될수록 그가 제시하는 과제와 관계없이 실험에 참가한 사람들의 자기절제력이 점차 약화되었다. 정신집중 과제를 수행하면서 주의력만 서서히 감퇴한 것이 아니라 체력 또한 약해졌다. 감정을 통제하면서 감정만 폭발한 것이 아니라 필요하지도 않은 일에 돈을 쓰고 싶은 마음이 간절해졌다. 식욕을 자극하는 단음식을 거부하다 보니 초콜릿을 먹고 싶은 욕망만 늘어난 것이 아니라 꾸물대는 버릇까지 생겼다. 마치 의지력과 체력의 근원이 같기라도 한 것처럼 사람들은 자기절제에 성공할 때마다 체력이 점점 약해졌다.

이런 현상을 관찰한 끝에 바우마이스터는 대단히 흥미로운 가설을 하나 세웠다. 즉 자기절제란 근육과 같아서 쓰면 쓸수록 지친다는 주장이다. 만약 근육을 쉬게 하지 않으면, 탈진할 때까지 자신을 밀어붙이는 운동선수들처럼 체력이 완전히 방전되고 만다. 이러한 초기 가설을 세운 다음 바우마이스터의 연구소와 다른 연구팀들은 의지력이 제한된 자원이라는 개념을 뒷받침하는 여러 가지 연구를 시행했다. 분노를 억제하거나 예산을 세우고 거기에 맞춰 생활하거나 한 그릇 더 먹고 싶은 욕구를 억누르려는 노력은 모두 동일한 힘의 원천에서 나온다.

또 의지력을 발휘할 때마다 의지력이 소모되기 때문에 자기절제력을 지나치게 발휘하면 결국 자제력을 잃게 된다. 직장에서 남의 험담을 하지 않고 참으면 식사 시간에 디저트를 거부하기가 어렵다. 입에서 살살 녹을 것만 같은 케이크를 참고 다시 자리로 돌아오더라도 업무에 집중하는 것은 더 힘들게 느껴진다. 그러다 퇴근을 하고 집으로 돌아오는 길에 옆 차선 운전자가 휴대전화를 들여다보느라 내 차를 거의 들이받을 뻔하면 창문을 내리고는 냅다 이렇게 고함을 친다. "멍청아! 죽기 싫으면 운전 똑바로 해!"

: **의지력을 강화하기 위한 전략**

일반적으로 의지력이 필요하다고 생각지도 못하는 일조차 용량이 정해진 '체력의 샘'에 의존하여 체력을 고갈시킨다. 데이트 상대에게 좋은 인상을 주려고 하거나 자신의 가치관과 맞지 않는 기업 문화에 적응하려고 노력하거나 스트레스가 솟구치는 출퇴근길을 참아내거나 반복되는 지루한 회의를 끝까지 버텨내는 일이 모두 여기에 해당한다. 충동을 억누르거나 잡생각을 거르거나 중요한 목표들의 우위를 가늠하거나 자신을 다독여 힘겨운 일을 해낼 때마다 의지력은 조금씩 고갈된다. 심지어 마트에 진열된 스무 종류의 세제 중 한 가지를 선택하는 사소한 결정을 할 때에도 의지력이 소모된다. 만약 뇌와 신체가 잠시 멈춰서 계획을 세울 필요가 있다면 우리는 근육을 풀듯 자기절제를 풀어줘야 한다.

이러한 근육 모형은 기운을 북돋우는 동시에 의기소침하게 만들기도 한다. 의지력을 발휘하는 데에 실패할 때 자신에게 선천적으로 부족한 면이 드러나는 게 아니라는 점을 알아두면 좋겠다. 때로는 우리가 얼마나 열심히 노력했는지를 나타내기도 하니까. 이렇게 자신이 완벽하지 않다는 사실을 알고 나면 위로가 되기도 하지만, 심각한 문제점도 함께 알 수 있다. 이 연구를 통해 드러난 것처럼 만약 의지력의 용량이 제한적이라면 우리는 결국 가장 원대한 목표를 이루지 못하고 실패할 수밖에 없는가? 게다가 끊임없이 자기절제력을 발휘해야 하는 현대사회에 사는 덕분에 의지력이 말라버린 좀비들처럼 현재의 만족만을 추구하며 세상을 떠돌아다녀야 할 운명이란 말인가?

다행스럽게도 고갈된 의지력을 회복하고 자기절제력을 증진할 수 있는 여러 가지 방법이 있다. 근육 모형은 우리가 지칠 때 실패하게 되는 이유를 파악하도록 도울 뿐만 아니라 자기절제를 훈련하는 방법 또한 알려주기도 한다. 여기서는 우선 의지력이 고갈되는 이유부터 생각해보자. 그리고 체력이 고갈될 때까지 규칙적으로 자신을 밀어붙여야 하는 지구력이 필요한 운동선수들을 통해 한 가지 교훈을 배운 후 자기절제 에너지를 더욱 강화하기 위한 훈련 전략을 세워보자.

> **자기 탐구 생활 》 의지력의 기복 극복하기**
>
> 의지력의 근육 모형은 자기절제력이 온종일 서서히 빠져나간다고 예측한다. 자신의 의지력이 가장 강할 때가 언제이고 유혹에 굴복할 가능성이 가장 높은 때가 언제인지 주의해서 살펴보라. 의지력이 충만한 채로 잠에서 깨어 서서히 의지력을 소비하는가? 아니면 하루 중에 의지력을 다시 충전하고 기운을 차리는 시간이 있는가? 이처럼 자신의 생체리듬을 자각하고 있으면 이를 활용하여 현명하게 계획을 세울 수도 있고 의지력이 가장 고갈되었다고 생각할 때 유혹을 줄일 수도 있다.

일의 우선순위를 정할 줄 알아야 한다

수잔은 오전 5시 30분에 일어나 가장 먼저 부엌 식탁에 앉아 업무 이메일을 확인했다. 커피를 마시며 여러 가지 질문에 답장을 보내고, 그날의 우선순위 업무를 확인하면서 45분이라는 시간을 알차게 보내곤 했다. 그런 다음 1시간 거리의 회사로 출근하여 대규모 화물운송회사의 경리부장으로서 매일 10시간씩 근무했다. 그녀는 여러 가지 갈등을 중재하고 자존심을 누르고 시급한 일들을 처리하는 등 힘든 업무를 처리하느라 오후 6시쯤이면 이미 녹초가 되었다. 게다가 퇴근 후에도 대부분 야근을 하거나 동료와 저녁을 먹고 술을 마셔야 한다는 책임감을 느꼈다. 수잔은 경영컨설팅회사를 차리고 싶은 꿈이 있었기에 자금을 모으고 전문적인 지식을 익히는 등 차근차근 준비해나갔다. 하지만 저녁마다 너무 지쳐버리는 바람에 사업계획은 그다지 진척을 보이지 않았고, 지금 하는 일에 영원히 얽매일 것만 같은 두려움에 시달렸다.

 수잔은 내 강의를 들으며 의지력을 소비해온 방식을 분석해본 뒤에야 자신의 하루가 회사 일로만 채워져 있다는, 새벽에 업무 이메일을 보내는 것으로 시작해서 긴 통근 시간을 소비하며 귀가하는 것으로 끝난다는 사실을 깨달았다. 식탁에 앉아 이메일을 확인하는 것은 처음 입사해서 주변의 기대치를 넘어서려고 열의에 불타던 신입시절부터 지켜온 오랜 습관이었다. 하지만 이제는 출근하기도 전에 이메일을 꼭 확인해야 할 이유가 마땅히 없었다. 결국 수잔은 하루 중 유일하게 정신적 에너지가 충만한 그 시간이 자기만의 목표를 추구하기에 알맞은 때라고 판단했다. 눈을 뜨자마자 다른 누군가의 욕구를 해결하느라 분주히 보내는 대신 1시간을 할애해 자신의 꿈인 창업 준비로 하루를 시작하는 것을 새로운 일과로 삼았다.

이번 사례에서는 목표를 달성하기 위해 의지력을 발휘해야만 했던 수잔의 현명한 처사가 돋보였을 뿐만 아니라 의지력의 중요한 규칙 한 가지가 입증되기도 했다.

만일 '긍정 의지력'의 도전과제를 달성할 만한 시간이나 에너지가 없다고 느낀다면 가장 힘이 넘치는 시간에 도전과제를 실행하겠다는 계획을 세워라.

자기절제에 한계가 있는 이유는 무엇인가?

물론 사람들이 이두박근 아래에 자기절제 근육을 숨겨두고 디저트나 지갑에 손을 뻗지 못하도록 자신을 조절하는 것은 아니다. 하지만 이와 비슷한 기능을 수행하는 무엇인가가 뇌 속에 있는 것만은 사실이다. 뇌는 근육이 아닌 기관이기는 하지만 자기절제를 반복해서 수행하다 보면 지치기 마련이다. 신경과학자들의 연구결과에 따르면 의지력을 한 번 발휘할 때마다 뇌의 자기절제 시스템의 활동성이 점차 떨어진다고 한다. 기진맥진한 달리기 선수의 다리가 후들거리듯 뇌 역시 쉼 없이 활동하다 보면 에너지가 다 빠져나가고 마는 듯하다.

로이 바우마이스터와 함께 연구를 진행한 젊은 심리학자 매슈 게일리엇은 뇌가 피곤하면 반드시 에너지에 문제가 생기는지 궁금해졌다. 자기절제는 에너지를 상당히 많이 소비하는 뇌의 활동이고 인체 내부의 에너지 공급량은 제한되어 있다. 그렇다고 정맥주사로 전전두엽 피질에 당분을 공급해줄 수도 없는 노릇이다. 게일리엇은 이렇게 자문했다. '의지력이 소진되는 게 단순히 뇌의 에너지 고갈 때문에 나타난 결과일까?'

답을 찾기 위해 그는 사람들에게 당분 형태로 에너지를 공급해주면 소진된 의지력을 다시 회복할 수 있는지 실험하기로 했다. 우선 실험 참가자들을 모아놓고 정신을 산만하게 하는 요인들을 무시하는 일부터 감정조절에 이르기까지 광범위한 과제를 제시하여 자기절제력을 시험했다. 그런데 각각의 과제를 수행하기 전후 참가자들의 혈당 수치를 측정한 결과 과제를 수행한 후에 혈당이 많이 떨어진 사람일수록 다음 과제에서 수행능력이 저조했다. 마치 자기절제가 에너지를 모두 배출해버린 것처럼 보였고, 에너지가 손실되면서 자기절제력이 약화했다.

그런 다음 게일리엇은 의지력을 소진한 참가자들에게 레모네이드를 한 잔씩 제공했다. 그중 절반에게는 혈당을 회복할 수 있도록 설탕으로 단맛을 낸 레모네이드를, 나머지 절반에게는 유용한 에너지를 전혀 공급해주지 못하며 인공적으로 단맛을 내는 위약 음료를 나누어주었다. 놀랍게도 혈당이 올라간 그룹만이 의지력을 되찾았다. 설탕을 넣은 레모네이드를 마신 참가자들은 자기절제력이 향상되었지만, 위약 레모네이드를 마신 참가자들은 지속해서 저하되었다.

실험결과 혈당 수치가 낮아지면 어려운 시험을 포기하거나 화가 났을 때 다른 사람에게 분풀이하는 식으로 여러 가지 상황에서 의지력을 발휘하는 데 실패할 것이라고 예측할 수 있었다. 현재 터키의 지르베 대학교 교수로 재직 중인 게일리엇은 혈당이 낮은 사람들이 고정관념에 의지할 가능성은 컸지만, 기부금을 내거나 남을 도울 가능성은 낮다는 사실을 밝혀냈다. 마치 에너지가 떨어지면 자신의 가장 나쁜 모습이 튀어나오는 경향이 나타나는 듯하다. 이와 반대로 혈당을 올리는 음식을 섭취한 참가자들은 자신의 가장 좋은 모습으로 되돌아가 끈기가 생기고 충동이 잦아들며 생각이 깊어지고 이기심이 줄어들었다.

위의 연구결과는 강의실에서 설명한 어떤 내용보다 수강생들에게 가장 좋은 반응을 얻었다. 연구결과에 함축된 의미는 쉽게 감이 오지 않았지만 그러면서도 어딘가 기분 좋은 구석이 있다. 당분은 우리가 새로 사귄 최고의 친구다. 초콜릿 바를 먹거나 탄산음료를 마시면 자기절제력을 발휘할 수 있다니! (아니면 적어도 자기절제력을 회복이라도 한다니!) 수강생들은 이를 몹시 반기며 스스로 가설을 시험할 수 있음을 기뻐했다. 한 수강생은 어려운 프로젝트를 해결하기 위해 알록달록한 스키틀즈를 꾸준히 먹어댔다. 다른 학생은 입 냄새 제거용 박하사탕 중에 설탕이 들어 있을 확률이 가장 낮은 알토이즈를 주머니에 항상 휴대하고는 지루한 회의시간에 동료보다 지구력을 더 발휘하기 위해 한 알씩 꺼내먹었다. 나는 과학이론을 직접 실천하려는 수강생들의 열성에 박수를 보내며 단 것을 좋아하는 성향에 깊이 공감했다. 고백하자면 나 역시 학부생들이 수업에 집중하고 페이스북을 들여다보지 않기를 바라는 마음으로 몇 년 동안이나 심리학 입문수업에 사탕을 가지고 들어갔으니까.[7]

만약 사탕이 정말로 의지력을 강화시켜주는 비법이라면 지금쯤 나는 폭발적인 인기를 끄는 베스트셀러를 내고 열성적인 기업 후원자들을 확보했을 것이다. 하지만 수강생들과 내가 의지력 보충 실험을 시도하는 동안 게일리엇을 비롯한 일부 과학자들이 영리한 질문을 몇 가지 제기하였다. 자기절제력을 발휘하는 동안 정확하게 얼마만큼의 에너지를 소비했는가? 그리고 소비한 에너지를 재충전하는 데 실제로 상당한 양의 설탕을 소비해야 했는가?

펜실베이니아 대학교의 심리학 교수인 로버트 쿠르즈반Robert Kurzban이 주장한 바로는 자기절제력을 발휘할 때 뇌가 실제로 소비하는 에너지의 양은 1분당 틱택 사탕 반 통 분량에도 못 미친다고 한다. 이는 다른 정신적인 작업을 할 때 뇌가 사용하는 에너지에 비하면 많은 편이지만, 신체 운동을 할 때 몸이 사용하는 에너지에 비하면 훨씬 적은 양이다. 그러므로 내가 쓰러지지 않고 동네 한 바퀴를 걸어 다닐 자원이 있다고 가정한다면, 아무리 자기절제력을 완전히 발휘하더라도 신체의 에너지 보유량을 전부 써버리는 것은 불가능하다. 그러므로 설탕이 듬뿍 함유되어 한 캔에 열량이 100칼로리나 되는 음료수로 연료를 재충전할 필요는 전혀 없다. 그렇다면 자기절제력을 발휘하는 동안 뇌의 에너지 소비가 증가하여 의지력이 너무나 빨리 고갈되는 듯한 이유는 무엇인가?

: **에너지 위기 대처법**

이 질문에 답하려면 2009년 미국의 금융위기를 떠올려보는 것도 도움이 될 듯하다. 2008년 금융시장이 붕괴하자 미국 정부는 은행의 채무를 해결하고 대출 업무를 정상화하려는 목적으로 자금을 투입했다. 하지만 은행들은 소기업과 개인 신청자에게 대출을 거부했다. 통화 공급량을 확신할 수 없으므로 현재 보유하고 있는 지원을 비축해두려는 심산이었다. 이런 못된 구두쇠들!

지금까지 밝혀진 바로는 우리의 뇌 역시 어느 정도는 못된 구두쇠가 되기도 한다. 인간의 뇌는 언제든 아주 소량의 에너지를 비축해두고 있다. 세포에도 에너지 일부를 저장하지만, 대부분은 신체의 혈류를 꾸준히 순환하는 포도당에 의존한다. 뇌의 일부 세포들이 포도당을 검출하는 역할을 담당하며 에너지의 가용성을 꾸준히 관찰하고 있으므로 가용 에너지가 감소하는 기미가 포착되면 뇌는 다소 예민해진다. 에너지가 바닥나면 어떻게 하느냐고? 그 순간 뇌는 은행들이 그랬던 것처럼 에너지 소비를 동결하고 현재 보유한 자원을 비축하기로 한다. 에너지 예산 긴축정책을 고수하며 보유한 에너지를 충분히 쓰지 않으려고 하는 것이다. 그렇다면 맨 처음 비용을 삭감하는 부문은 어디일까? 바로 뇌가 수행하는 업무 중에서 에너지를 가장 많이 소비하는 자기절제이다. 에너지를 절약하기 위해서 뇌는 우리가 유혹을 거부하거나 주의를 집중하거나 감정을 조절하는 데 필요한 정신적 자원을 충분히 제공하지 않으려고 할지도 모른다.

사우스다코타 대학교에서 연구진으로 근무하는 행동경제학자 X. T. 왕X. T. Wang과 심리학자 로버트 드보락Robert Dvorak은 자기절제의 '에너지 예산' 모형을 제안하면서 뇌가 에너지를 마치 돈과 같이 취급한다고 주장했다. 뇌는 자원이 풍부하며 에너지를 소비하지만, 자원이 감소하면 에너지를 저축하려는 성향이 있다는 것이다. 두 사람은 이런 개념을 시험하기 위해서 19세부터 51세까지의 성인 65명을 모집하여 의지력 실험을 하였다. 참가자들은 두 가지 보상 중 하나를 선택하라는 질문을 연이어 받았다. 예를 들어 내일 120달러를 받고 싶은지 한 달 뒤에 450달러를 받고 싶은지와 같은 것이었다. 한 가지 보상은 늘 상대적으로 적었지만 참가자들은 많은 보상을 받기보다 빨리 받는 쪽을 선택했다.

심리학자들은 피험자에게 현재의 만족과 이보다 바람직한 장기적인 결과를 비교하도록 하는 방법이야말로 자기절제를 판단하는 전형적인 실험이라고 생각했다. 실험이 끝난 후 참가자들은 각자가 선택한 보상 중 하나를 얻었고 이것이 동기부여가 되어 자신이 원하는 것을 기반으로 실질적인 결정을 내리려는 의욕이 생겼다.

다시 선택 실험을 시작하기 전에 연구진은 자제력을 발휘하는 데 쓸 가용 '자금'의 기준치를 측정하기 위해 실험 참가자들의 혈당 수치를 쟀다. 그러고 나서 참가자들은 설탕이 첨가된 보통 탄산음료(혈당 수치를 증가시키기 위한 음료)와 칼로리가 전혀 없는 다이어트 탄산음료 중 하나를 선택해서 마셨다. 연구진은 이들의 혈당 수치를 다시 측정한 뒤 계속해서 다른 보상 문제를 선택하라고 했다. 보통 탄산음료를 마신 참가자들은 혈당이 급격히 증가했으며 비교적 큰 보상을 받기 위해 만족을 지연하려는 경향이 커졌다. 이와 대조적으로 다이어트 탄산음료를 마신 참가자들은 혈당이 감소했으며[8] 적은 보상이라도 더 빨리 받기 위해 당장의 만족을 선택하려고 했다. 이때 중요한 점은 참가자가 어떤 선택을 내릴지 예측하는 데 활용한 근거가 혈당의 절대적인 수치가 아닌 변화의 방향이라는 것이다. 뇌는 이렇게 질문했을 것이다. "가용 에너지가 증가하는 중이야 감소하는 중이야?" 그러고는 에너지를 소비할지 절약할지에 대해 전략적으로 결정을 내렸다.

허기가 진다면 간식을 거절하지 마라

신체의 에너지 수치가 하락할 때 뇌가 자기절제력을 발휘하기를 꺼리는 마음 뒤에는 다른 이유가 숨어 있는지도 모른다. 뇌는 현재 우리의 환경과는 사뭇 다른 상황에서, 즉 음식 공급 시기를 예측하기 어려운 환경에서 진화해왔다(세렝게티로 떠난 상상 여행에서 죽은 영양이라도 찾아내려 뒤지고 다니던 일이 기억나는가?). 드보락과 왕이 주장한 바로는 현대 인간의 뇌는 진화하기 이전과 별 차이가 없어서, 현재 처한 환경에서 식량이 부족하다거나 풍부하다는 신호에 따라 혈당 수치를 다르게 조절하는 듯하다. 나무에 맛있는 열매가 많이 열렸을까 아니면 하나도 없을까? 저녁거리로 삼을 만한 짐승이 눈앞에서 픽 쓰러지는 행운이 찾아올까, 아니면 들판을 죽어라 하고 뛰어다니면서 뒤를 쫓아야 할까? 누구에게나 식량이 넉

넉히 돌아갈까 아니면 식량을 차지하기 위해 나보다 덩치도 크고 속도도 빠른 사람들과 겨뤄야만 할까?

인간의 뇌가 형태를 갖춰가던 원시시절로 한참 거슬러 올라가면, 혈당 수치의 감소는 에너지를 잡아먹는 하마나 다름없는 전전두엽 피질을 이용해서 쿠키를 거부하는 것보다는 식량 획득 여부와 더 깊은 관련이 있었다. 만약 한동안 음식을 먹지 못했다면 나의 혈당은 낮을 것이다. 에너지 변화를 관찰하는 뇌에게 혈당 수치란, 빨리 음식을 구하지 못하면 가까운 시일 안에 굶어 죽을 가능성이 얼마나 되는지 알려주는 지표였다.

식량 공급을 예측하기 어려웠던 시대에는 자원이 모자라면 현재의 만족을 선택하도록 유도하고 자원이 풍족하면 장기적인 투자를 선택하도록 하는 인간의 뇌야말로 진정한 자산이었다. 좀처럼 배고픔의 유혹에 넘어가지 않거나 너무 공손한 나머지 자기 몫을 얻으려고 싸우지 않는 사람들은 마지막 남은 뼈다귀마저 남들이 싹싹 긁어간 후 늘 빈손으로 돌아갈 수밖에 없었으리라.

식량이 부족한 시대에 태어난 초기 인간들은 식욕과 충동에 따라 살아갈 때 생존 가능성이 더 높아졌다. 새로운 땅을 개척하는 일부터 새로운 식량과 짝을 찾아 나서는 일에 이르기까지 큰 모험인 줄 알면서도 이를 감수하는 사람이 생존할 가능성이(아니면 적어도 그의 유전자가 생존할 가능성이라도) 가장 높았다. 현대사회에서 자제력의 상실처럼 보이는 것들은 어쩌면 전략적으로 위험을 감수하려는 뇌의 본능에 남아 있는 흔적일지도 모른다.

굶어 죽지 않기 위해서 뇌는 더 큰 위험을 각오하는 충동적인 상태로 변화한다. 몇 가지 연구에 따르면 현대의 인간들은 배가 고파지면 어떤 위험이라도 각오할 가능성이 커진다고 한다. 예를 들어 사람들은 배가 고프면 비교적 위험한 투자도 마다하지 않고, 단식을 하고 나면 '짝짓기 전략을 다양화할(배우자 몰래 바람을 피우는 행동을 진화 심리학적인 입장에서 표현한 말이다)' 마음이 커진다.

안됐지만, 현대사회에서는 이런 본능이 더는 통하지 않는다. 체내 혈당 수치의 변화는 혹시라도 겨울에 살아남지 못할 경우를 대비해서 굶주림을 표현하거나 유전자를 빨리 넘겨주고 싶은 욕구를 표시하는 일이 좀처럼 없다. 하지만 혈당이 떨어지면 뇌는 여전히 단기적으로 생각하고 충동적으로 행동하기를 선호한다. 뇌의 우선순위는 우리가 장기적인 목표에 부합하는 바람직한 결정을 내리도록 하는 것이 아니라 에너지를 더 끌어오는 것이다. 즉 주식 중개인이 점심을 먹기 전에 수익성이 좋지 않은 주식을 사들이거나, 다이어트 중인 사람이 복권을 왕창 사들일 가능성이 크며, 점심을 거른 정치인이 인턴 여직원을 매력적이라고 느낄지도 모른다는 뜻이다.

의지력 실험실 》 의지력 다이어트

물론 긴급상황에서 당분을 섭취하면 짧게나마 의지력을 끌어올릴 수 있다. 그렇지만 장기적으로 볼 때 당분을 입에 달고 사는 것은 자기절제력을 기르는 데 그리 좋은 전략이 아니다. 스트레스를 심하게 받는 시기에는 복잡한 요리법으로 만들고, 지방질이 많으며 당분 함량도 높은 '마음을 달래주는' 음식에 특히 눈을 돌리기 쉽다. 하지만 여기에 굴복하면 자기절제력은 무참히 무너져버린다. 장기적으로 볼 때 혈당이 급격히 상승하거나 하락하면 신체와 뇌의 당분 활용 능력에 문제가 생기고 결국 혈당은 높지만, 에너지는 낮은 상태에 빠질 수도 있다(제2형 당뇨병을 앓는 수백만 명의 미국인들에게 흔히 나타나는 증세다).[9] 그러므로 바람직한 방법은 신체가 당신에게 지속해서 에너지를 공급할 수 있도록 음식을 제대로 섭취하는 것이다. 심리학자와 영양학자들은 대부분 혈당을 안정적으로 유지하는 데 도움이 되는 저혈당 식단을 권장한다. 저혈당 식단이란 기름기가 적은 단백질, 견과류와 콩, 식이섬유가 많은 곡물, 과일과 채소로 구성된 기본적으로 가공을 거치지 않아 자연 상태를 유지하고 설탕, 지방, 화학 첨가물이 많이 들어가지 않은 음식이다. 식단을 이렇게 변화시키기 위해서는 약간의 자기절제력이 필요할지도 모른다. 하지만 어떤 조치를 취하든(아침을 거르지 않고 영양가 많은 건강한 식사를 한다든가 간식으로 당분 대신 견과류를 섭취하는 등) 변화를 위해 소비한 의지력보다는 더 많은 양을 돌려받을 것이다.

: **의지력 근육을 단련하라**

신체의 근육은 어느 근육이라도 훈련을 통해 강하게 단련할 수 있다. 예를 들어 역기 운동으로 이두박근을 키우거나 문자메시지 보내기를 반복해서 엄지손가락을 단련할 수도 있다. 만약 자기절제가 일종의 근육이라면(근육으로 비유하자는 말이다) 이 역시 틀림없이 단련할 수 있다. 신체 운동이 그렇듯 자기절제 근육도 사용하면 피곤함을 느끼지만, 시간을 두고 연습한다면 지금보다 강하게 만들 수 있다.

연구진은 이런 개념을 의지력 훈련요법으로 실험해보았다. 여기서 말하는 훈련요법이란 병영체험 캠프나 레몬 디톡스와 같은 것이 아니다. 좀 더 단순한 실험이다. 즉 사람들에게 평소에 참지 못하는 사소한 문제를 하나씩 골라 절제하는 연습을 시켜서 자기절제 근육의 능력을 시험해보는 것이다.

예를 들어, 어떤 의지력 단련 프로그램에서 사람들에게 스스로 마감일을 정한 다음 준수해보라고 하면 참가자들은 옷장 정리처럼 평소에 미뤘던 일 한 가지를 선택해 조건에 맞게 실행한다. 마감일은 이런 식으로 정하면 좋다. 첫째 주, 옷장 문을 열고 엉망인 옷가지들을 노려본다. 둘째 주, 무엇이든 옷걸이에 걸린 옷부터 시작한다. 셋째 주, 1980년대 이전에 산 옷은 죄다 버린다. 넷째 주, 헌옷 수납함에 넣을 만한 옷가지를 추린다. 다섯째 주, 이제 상황 파악이 끝났다. 의지력 훈련생들이 두 달 동안 이런 계획들을 제대로 실천하자 그저 옷장이 깨끗해지고 프로젝트를 완수하는 데서 그치지 않았다. 그들은 식생활습관이 좋아지고 운동도 더 많이 하며 흡연량, 음주량, 카페인 섭취량도 줄어들었다. 마치 자기절제 근육을 강화시킨 것과 마찬가지인 효과를 거둔 셈이다.

다른 연구에 따르면 자세를 바르게 개선한다거나 매일 지칠 때까지 악력기를 꼭 쥔다든가 단 음식 섭취를 줄인다거나 지출 내용을 기록하는 등 사소하더라도 지속해서 자기절제력을 발휘하는 일에 몰입하면 의지력이 전반에 걸쳐 향상된다고 한다. 이처럼 사소한 자기절제 운동이 중요하게 보이지 않을지도 모른다. 하지만 업무 집중력을 높이고 건강을 돌보고 유혹을 뿌리치고 감정을 잘 조절하는 것처럼 우리가 가장 관심이 있는 의지력 도전과제에서도 성과를 거두도록 돕는 듯하다.

심지어 노스웨스턴 대학교의 심리학 팀은 2주간의 의지력 훈련으로 애인에게 퍼붓는 폭력을 줄일 수 있는지도 실험해보았다.[10] 연구진은 연애 중인 18~45세 사이의 성인 45명을 무작위로 선택하여 세 가지 훈련 집단으로 나누었다. 한 집단에게는 평상시에 음식을 먹고 양치질을 하고 문을 열 때 쓰는 손을 사용하지 말라고 했다. 두 번째 집단에는 욕을 하지 말고 "응" 대신에 "네"라고 대답하라고 했다. 마지막 집단에는 특별한 지시사항을 주지 않았다.

2주 후 자기절제를 시도한 집단의 참가자들은 평소 물리적 폭력을 유발하는 사건(질투심이나 애인에게 무시당한다는 기분)이 발생하더라도 폭력으로 대응하려는 성향이 줄어들었다. 이와 반대로 세 번째 집단은 아무런 변화도 보이지 않았다. 비록 주먹을 휘두르는 성향 때문에 고민해본 경험이 없다고 하더라도, 냉정함을 잃고 화를 못 이겨 나중에 후회할 짓을 하는 것이 어떤 기분인지는 누구나 알 것이다.

이런 연구들에서 훈련하는 중요한 '근육' 활동은 마감일을 맞추거나 왼손으로 문을 열거나 혼자서 욕하지 않기 등과 같은 구체적인 의지력 도전과제가 아니라, 앞으로 하려는 행동을 주의 깊게 관찰하고 제일 쉬운 일 대신 비교적 어려운 일을 하겠다고 선택하는 습관이다. 이렇게 의지력 훈련을 하나씩 경험하면 우리의 뇌는 행동하기 전에 잠시 멈추는 습관이 생긴다. 그러므로 도전과제를 사소한 것으로 정하면 오히려 이런 과정에 도움을 줄 수 있다. 수행할 일이 흥미와 도전정신을 북돋아야지 감당하기 어려울 만큼 힘들어서는 안 된다.

또 자제력을 발휘하기 위해 세심하게 주의해야 하지만 그렇다고 심한 박탈감을 느끼게 해서도 안 된다. 이처럼 의지력 도전과제를 비교적 중요하지 않은 일로 선택하면 마음속 걱정거리를 떠올리느라 실패만 반복하는 일 없이 자기절제 근육을 훈련할 수 있다.

의지력 실험실 》 나만의 의지력 훈련요법 만들기

자신만의 의지력 훈련요법을 시도하고 싶다면 다음의 의지력 연습법 중 한 가지를 골라 자기절제 근육 모형을 시험해보라.

▶ '부정 의지력'을 강화하라: 욕하지 말기(또는 특정한 언어 습관 삼가기), 앉을 때 다리 꼬지 않기, 음식을 먹거나 문을 여는 일처럼 일상적인 행동에서 평소 사용하지 않던 손을 사용하기 등을 충실히 실행하라.

▶ '긍정 의지력'을 강화하라: 습관도 기르고 변명거리를 만들지 않는 연습을 하기 위해서

> 원래 했던 일이 아닌 일들을 매일 충실히 실행하라. 부모님에게 전화 걸기, 5분 동안 명상하기, 집 안에서 버리거나 재활용할 물건을 한 가지 찾아내기 등도 좋다.
>
> ▶ **자기감시를 강화하라**: 평상시 깊이 관심을 두지 않는 무언가를 정식으로 관찰하고 기록하라. 소비습관이나 식생활습관, 인터넷 사용시간이나 텔레비전 시청시간도 괜찮다. 근사한 기술을 사용할 필요도 없다. 연필과 종이면 충분하다. 하지만 영감을 얻고 싶다면 www.quantifiedself.com으로 가보라. '자아 정량화하기' 운동이 자기추적 과정을 예술과 과학으로 바꾸어 놓았음을 알게 될 것이다.

의지력 훈련을 할 때 우리가 중요하게 생각하는 의지력 도전과제와 관련 있으면서도 간단하게 실천할 수 있는 것을 선택해도 좋다. 예를 들어 돈을 저축하는 것이 목표라면 지출 습관을 기록하고, 운동을 더 자주 하는 것이 목표라면 아침에 욕실로 들어가기 전에 윗몸일으키기나 팔굽혀펴기를 10회씩 해도 좋다. 이런 실험을 자신이 세운 가장 원대한 목표와 바로 연결되지 않을지라도, 혹여 시시하고 단순한 방법일지라도 매일 의지력을 발휘하다 보면 의지력 도전과제를 모두 실행할 힘이 생길 것이다.

: 사탕 중독자, 단맛만 찾는 습관을 정복하다

38세의 프리랜서 그래픽 디자이너인 짐은 그의 말마따나 단맛에 평생 중독되어 살아와서 어떤 사탕을 먹어도 맛있게 먹었다. 그러다가 수업을 들으며 눈에 띄는 장소에 놓인 사탕을 거부하면(그리고 언제나 그 유혹을 물리친다면) 자제력이 전반적으로 강해진다는 연구결과에 흥미를 느꼈다. 짐은 재택근무를 하면서 사무실용 방과 다른 방들을 이리저리 돌아다니곤 했다. 그는 사무실 방에서 나왔다가 다시 들어갈 때 반드시 지나쳐야 하는 복도에 젤리사탕 한 병을 놓아두기로 했다.

첫날, 젤리사탕 몇 개를 한입에 털어 넣고 싶은 본능이 치밀었지만 힘겹게 자제했다. 그러다 한 주가 지나며 사탕을 참는 일이 조금씩 쉬워졌다. 짐은 사탕을 볼 때마다 부정 의지력을 기르겠다는 목표를 되새겼다. 달콤한 음식을 모두 참은 것은 아니지만, 그는 자기절제 근육을 시험하기 위해 정한 '유리병에 든 사탕은 절대 안 된다'는 규칙은 제대로 지켰다. 성공적인 결과에 깜짝 놀란 후부터는 추가 '훈련'을 실시하기 위해 전보다 더 자주 자리에서 일어나기 시작했다. 처음에는 눈에 보이는 유혹에 못 이겨 의지력을 소진하지 않을까 전전긍긍했지만, 오히려 이런 과정을 통해 힘을 얻었다. 사탕이 담긴 병의 유혹을 물리치고 자리에 돌아올 때마다 짐은 의욕이 충만해지는 기분이 들었다. 스스로 작은 도전과제를 정하고 지속해서 몰입하다 보니 예전에는 전혀 자제하지 못한다고 생각했던 일이 이렇게 빨리 변화할 수도 있다는 사실에 새삼 깜짝 놀라기도 했다.

커다란 변화를 일으키고 싶거나 오랜 습관을 바꾸려고 한다면 자기절제력을 연습해서 의지력을 강화하되 너무 버겁지 않은 간단한 방법부터 찾아보라.

자기절제력에 정말 한계가 있을까?

증거를 찾으려고 과학이론을 들춰보든 본인의 실제 생활을 떠올려보든 사람들의 의지력이 소진되는 경향이 있는 것만큼은 분명하다. 하지만 한 가지 확실하지 않은 것은 당신이 의지력에서 소모되는 대상이 '의지'인가 아니면 '력'인가 하는 문제다. 금연하려고 노력하는 흡연자가 하루에 몇 개비만 피우겠다는 결심을 지키는 것은 불가능한가? 좋아하는 음식을 먹지 않겠다고 결심하고 다이어트를 하는 사람은 정말로 너무 나약해서 불륜을 뿌리치지 못하는가? 어려운 일과 불가능한 일은 전혀 다른 것이며, 자기절제력의 한계는 둘 중 어떤 식으로도 나타날 수 있다. 이런 질문에 답하기 위해서는 자기절제라는 비유적인 근육에서 잠시 물러나 팔 근육이나 다리 근육 같은 실제 근육이 피곤해져서 포기하는 이유부터 면밀하게 살펴볼 필요가 있다.

: **마라톤 결승선을 끊어라**

서른 살인 카라는 철인 3종 경기에 처음 참여했다. 42.19킬로미터의 마라톤 코스를 반쯤 돌았을 때 그녀는 희열을 느꼈다. 3.9킬로미터의 수영 코스와 180.2킬로미터의 사이클 코스는 이미 완주했고 마라톤은 가장 좋아하는 코스였다. 게다가 예상했던 시간보다 빨리 경기를 진행한 덕에 좋은 기록을 얻으리라고 기대하던 참이었다.

카라가 마라톤 반환점을 돌았을 때 그때까지 물리적으로 차곡차곡 쌓여왔던 현실이 한꺼번에 그녀의 몸을 강타했다. 콕콕 쑤셔대는 어깨부터 물집이 잔뜩 잡힌 발까지 온몸에 아프지 않은 곳이 없었다. 다리는 천근만근 둔하게 느껴져 경기를 이어갈 기운이 남아 있지 않은 것만 같았다. 몸 안의 스위치가 탁 꺼지면서 이런 외침이 들렸다. "이제 그만!" 낙천적이던 평상시 성격은 온데간데없이 사라지고 이런 생각이 스멀스멀 고개를 쳐들었다. '시작할 때처럼 좋게 끝나지만은 않을 거야.' 너무 기진맥진한 나머지 팔다리가 따로 움직이는 듯했지만 사실 그녀는 조직적으로 움직이고 있었다. 카라는 '더는 못 하겠어'라는 생각이 들 때마다 이렇게 중얼거렸다. "너는 반드시 해낼 거야." 그러고는 계속 한 발씩 앞으로 내디뎌 결승선까지 달려갔다.

카라가 철인 3종 경기를 완주해낸 것은 피로감이 그동안 우리를 얼마나 속여왔는지 입증하는 완벽한 사례다. 예전만 해도 운동심리학자들은 몸이 포기 선언을 하면 말 그대로 활동을 계속할 수 없기 때문에 포기하는 것이라고 믿었다. 피로감이란 그야말로 근육 고장이다. 즉, 근육의 에너지 저장고가 바닥난 상태를 말한다. 근육은 보유한 에너지를 대사시킬 만큼 산소를 충분히 흡수하지 못하고, 혈액의 pH 농도는 지나치게 산성이거나 지나치게 알칼리성이 된다. 이런 설명은 모두 이론적으로는 의미가 통했지만, 운동을 하다가 속도가 느려지고 포기하게 되는 원인을 실제로 입증한 사람은 아무도 없었다.

그런데 케이프타운 대학교의 스포츠과학 교수인 티머시 녹스 Timothy Noakes가 색다른 의견을 제시했다. 녹스는 체육학 분야에서 확고하게 받아들여지는 믿음에 대해 이의를 제기하는 것으로 유명하다. (예를 들어, 그는 지구력을 가늠하는 시합에서 액체를 지나치게 많이 마시면 인체의 필수 염분이 희석되면서 운동선수가 사망할 수도 있음을 입증하는 데 기여했다.) 자신이 울트라마라톤(일반 마라톤의 거리인 42.195km보다 더 먼 거리를 정해놓고 누가 가장 빨리 달리는가를 겨루거나, 아니면 6시간, 12시간, 24시간 등 시간을 정한 다음 누가 가장 멀리 달리는지 판가름하는 스포츠—옮긴이) 선수이기도 했던 녹스는 노벨 생리학상 수상자인 아치볼드 힐이 1924년에 제안한, 그리 알려지지 않은 이론에 관심이 있었다. 힐은 운동으로 인한 피로가 근육 손상 때문이 아니라 에너지 고갈을 미리 방지하려는 뇌 감시장치의 과보호 때문에 일어난다고 했다. 몸이 열심히 움직이면서 심장에 과중한 부담을 주면(힐이 '관리자'라고 명명한) 뇌 감시장치가 개입해서 속도를 떨어뜨린다. 힐은 운동선수를 포기하게 하는 피로감을 뇌가 어떻게 생성하는지 설명하지는 않았지만, 녹스는 그의 이론이 함축하는 의미에 매료되었다. 그것은 신체적 피로란 마음이 몸을 속이는 행위라는 주장이었다. 만약 그의 이론이 사실이라면 운동선수의 신체적 한계는 몸이 보낸 첫 번째 포기 메시지에 담긴 내용을 훨씬 뛰어넘는다는 의미였다.

녹스는 동료 몇 명과 함께 지구력으로 승부를 가리는 운동선수들이 극한의 상태에 처했을 때 보이는 변화를 검토하기 시작했다.

연구결과 근육 안에서는 생리적 기능이 감퇴한다는 증거를 찾지 못했다. 그 대신 뇌가 근육에 멈추라는 신호를 보내는 것 같았다. 심박이 증가하고, 에너지 공급량이 급격히 고갈된다고 감지한 뇌는 말 그대로 몸에 제동을 걸어버렸다. 이와 동시에 운동을 지속하는 근육의 능력과는 관계없이 엄청난 피로감을 만들어냈다. 녹스는 이렇게 표현했다. "피로제는 피로를 신체적 증상이 아닌 감각이나 감정으로 생각해야 한다."

대부분 피로란 활동을 지속할 수 없다는 객관적인 지표라고 해석한다. 이런 이론에 의하면 불안감이 내가 위험한 행동을 하지 못하게 붙잡고, 역겨움이 내가 몸을 아프게 할 음식을 먹지 못하게 막는 것과 마찬가지로 어떤 행동을 멈추도록 부추기는 자극 역시 뇌가 생성한 감정일 뿐이라는 것이다. 하지만 피로는 조기 경보 시스템에 불과하므로 극한의 상황을 겪는 스포츠 선수들은 평범한 사람들이 신체의 물리적 한계로 여기는 지점을 넘어설 때까지 자신을 밀어붙인다. 이런 선수들은 피로가 밀려오더라도 결코 한계로 받아들이지 않으며 충분한 동기부여로 이를 초월할 수 있다.

그렇다면 이것이 처음 언급했던 문제, 즉 머리에는 지식을 한꺼번에 욱여넣고 입에는 정크푸드만 집어넣는 대학생들과 무슨 관계가 있을까? 또 다이어트를 하다가 배우자 몰래 바람을 피우는 사람들이나 집중력을 잃어버린 사무직 근로자와 무슨 관계가 있을까? 이제 일부 과학자들은 자기절제의 한계가 신체의 물리적 한계와 같다고 믿는다. 실제로 사람들은 의지력이 고갈되기도 전에 이미 그렇게 되었다고 느끼는 경우가 많다는 것이다. 이는 부분적으로는 뇌가 에너지를 보존하려고 하기 때문이다. 신체가 탈진할까 두려워할 때 근육에 속도를 늦추라고 명령하는 것처럼 뇌는 에너지를 엄청나게 소비하는 전전두엽 피질의 운동에도 제동을 걸지 모른다. 이런 상태라고 해서 의지력이 바닥났다는 뜻은 아니다. 다만 의지력을 발휘하기 위해 동기를 북돋을 필요가 있을 뿐이다.

자신의 능력을 믿는다면 여기서 포기할 것인지 끝까지 버틸 것인지 스스로 결정할 수 있다. 스탠퍼드 대학교 심리학자들의 연구 결과를 보면 어떤 사람들은 자기절제력을 시험하는 행동을 한 뒤 느껴지는 정신적 피로감을 사실로 받아들이지 않는다고 한다. 이런 의지력 선수들은 근육 모형의 예측과는 달리 자기절제력이 전형적으로 감소하지 않았다. 적어도 연구진의 윤리적인 실험에 참여해서 그리 힘들지 않은 의지력 도전과제를 시행하는 동안에는 절제력이 약해지지 않았다.

스탠퍼드 대학교 심리학자들은 이런 결과를 근거로 운동심리학 분야의 녹스만큼이나 논쟁적인 이론을 자기절제 연구 분야에 제시했다. 자기절제력의 한계를 입증하는 유명한 과학적 발견이 의지력에 대한 일반적 믿음에 영향을 미쳤을지는 모르지만, 신체적 한계와 정신적 한계에 영향을 미치지 않았다는 것이다.

자기절제력의 용량이 무한하다고 주장하는 사람도 없고, 이런 이론을 연구하기 시작한 지도 얼마 안 되었지만 자신이 믿는 것보다 실제 의지력이 더 클 때가 잦다는 생각은 대단히 흥미롭다. 또

한, 운동선수들이 그렇듯 의지력이 고갈되었다는 기분을 극복한다면 의지력의 도전과제에 성공할 가능성이 높아질 것이다.

> **자기 탐구 생활 》 나의 피로는 진짜인가?**
>
> 처음 피로를 느끼는 순간, 우리는 이를 구실로 삼아 운동을 건너뛰고 배우자에게 잔소리를 퍼붓는다. 그리고 조금 더 게으름을 피우고 몸에 좋은 음식을 요리하는 대신 피자를 배달시키는 경우가 다반사다. 하지만 포기하려는 충동을 처음 느꼈을 때 가늠되는 의지력보다 내가 가진 실제 의지력은 더 크고 강한지도 모른다. '너무 피곤해서' 의지력을 발휘하지 못하겠다는 생각이 들거든 처음 느낀 피로감을 극복하라고 자신을 다독여라. (체력의 한계 끝까지 밀어붙이며 훈련할 수도 있다는 사실만 명심하라. 그렇지만 녹초가 된 상태가 지속되면 자신이 정말 지치도록 심하게 일을 해왔는지 생각할 필요도 있다.)

열정이 있으면 의지도 생긴다

앞서 철인 3종 경기에 참가했던 카라는 너무 지쳐서 더는 달리지 못하겠다고 느꼈을 때 얼마나 완주하고 싶은 마음이 컸는지를 떠올렸다. 그리고 자신이 결승선을 통과할 때 환호하는 관중의 모습을 상상했다. 그러자 의지력 '근육'이 이런 올바른 영감에 넘어갔는지 인내심을 더 발휘했다.

뉴욕 주립대학교 올버니의 심리학자인 마크 무레이븐과 엘리자베타 슬레사레바는 의지력이 바닥난 학생들을 대상으로 여러 가지 동기부여 실험을 했다. 놀랄 것도 없지만, 돈은 학부생들이 의지력을 비축하는 데 효과적인 방법이었으며 조금 전만 해도 너무나 지쳐서 못하겠다던 일마저 하게 만들 기세였다(누군가 100달러를 줄 테니 걸스카우트가 내미는 쿠키를 거절하라고 제안한다면 어떨까? 그래도 쿠키가 못 견디게 먹고 싶지는 않을 것 같은데, 그렇지 않나?). 또 학생들은 온 힘을 다해준다면 알츠하이머 치료약을 만드는 데 기여할 수 있다는 설명을 듣고 자기절제력이 갑자기 강해졌다. 이는 몸을 회복하려고 달리기를 하는 지구력 종목 운동선수들과 다르지 않다.

마지막으로 연습을 거듭하면 힘든 과제를 수행하는 능력이 개선된다는 약속만으로도 학생들이 바닥난 의지력을 밀치고 나아가는 데 도움을 주었다. 이런 약속은 비록 뚜렷한 동기를 유발하지는 못하지만, 생활에서 힘겨운 변화를 계속 고수할 것인지 아니면 이대로 포기할 것인지를 결정하는 데 중요한 역할을 한다. 만약 지금부터 1년 동안 금연하는 것이 니코틴 금단증상을 느낀 첫날만큼이나 힘들 것으로 생각하고 두리번두리번 눈을 굴려 담배를 찾아내려 한다면 금연을 포기할 가능성이 훨씬 높다. 하지만 유혹을 거부하는 것이 제2의 천성이 될 날을 상상할 수 있다면 일시적인 고통을 기꺼이 견뎌낼 것이다.

> **의지력 실험실 》 나의 '열정력'은 무엇인가?**
>
> 　의지력이 점점 줄어들고 있다면 열정력을 활용하여 힘을 회복하라. 자신의 가장 원대한 의지력 도전과제를 위해서 다음과 같은 동기부여를 생각해보자.
>
> 1. 이 도전과제에 성공하면 어떤 이익이 생기는가? 나 개인이 얻는 성과는 무엇인가? 건강이나 행복, 자유, 재정적인 안정 또는 성공인가?
> 2. 내가 이 도전과제에 성공하면 누구에게 또 혜택이 돌아가는가? 나에게 의지하고 당신의 결정에 영향을 받는 사람들이 분명히 있을 것이다. 나의 행동이 가족, 친구, 동료, 직원이나 고용주, 공동체에 어떤 영향을 미치는가? 내가 성공하면 그들에게 어떤 도움을 줄 수 있나?
> 3. 지금은 어렵게 느껴지더라도 기꺼이 할 의지만 있다면, 시간이 지나면서 도전과제가 점점 쉬워질 것이라고 상상하라. 이 도전과제에서 발전을 이루며 나의 삶이 어떻게 달라질 것인지, 나에 대해서 어떻게 느낄 것인지 상상할 수 있는가? 만약 발전을 향해 나아가는 일시적인 과정에 불과하다는 사실을 알고 있다면 지금의 불편함은 견딜 가치가 있는가?

　도전과제에 직면하게 되거든 그 순간 나에게 가장 강하게 동기를 유발하는 것이 무엇인지 자문하라. 자신을 위해서는 못하더라도 다른 사람을 위해서라면 기꺼이 어려운 일을 할 의향이 있는가? 더 나은 미래를 꿈꾸거나 끔찍한 운명을 두려워하는 것만이 나의 유일한 활력소인가? 나의 가장 큰 열정력, 즉 스스로 나약하다고 느낄 때 힘을 불어넣는 원동력을 발견하거든 굴복하거나 포기하고 싶은 유혹이 커질 때마다 그 열정력을 떠올리기 바란다.

낙심한 엄마에게 열정력이 필요하다

에린은 미운 세 살 노릇을 톡톡히 하는 쌍둥이 아들을 둔 전업주부였다. 그녀는 육아에 따르는 여러 가지 벅찬 일들을 감당하느라 지쳤고, 쌍둥이들이 막 재미를 붙여 입에 달고 사는 "싫어!" 소리에 녹초가 되기 일쑤였다. 한계에 부딪힐 때까지 자신을 몰아붙이다 보면 쌍둥이 녀석들과 사소한 일로 쉴 새 없이 승강이를 벌이다가 그만 이성을 잃어버릴 때가 한두 번이 아니었다. 내 강의에서 그녀가 결정한 의지력 도전과제는 감정이 복받치는 순간 평정심을 유지하는 것이었다.

에린은 화를 참게 할 수 있는 가장 큰 동기를 곰곰이 생각한 끝에 '좋은 부모되기'가 분명한 해답이 아닐까 하는 생각이 들었다. 하지만 좌절감을 느끼는 마당에 이런 동기가 무슨 효과가 있었겠는가. 좋은 부모가 되고 싶다는 결심을 기억해낸들 좌절감만 더 심해질 뿐이었다. 그러다 문득 '좋은 부모되기'보다 훨씬 큰 동기부여는 '부모 노릇을 즐기려는 갈망'임을 깨달았다. 에린이 절망에 찬 비명을 질러댄 이유는 아이들이 하는 행동 때문이 아니라, 완벽한 엄마라면 그래야 한다는 자신의 이상을 여러모로 실행하지 못했던 탓도 있었다. 에린은 늘 자신에게 화가 나 있었다. 하지만 화풀이는 아이들에게 해왔다. 게다가 도저히 감당이 안 되는 이 일을 하기 위해 능력을 제대로 발휘하던 직장에 사표를 낸 것마저도 후회했다. 자신이 완벽한 엄마가 아니라는 사실을 떠올릴 때마다 자제력이 길러지기는커녕 기분만 더 나빠질 뿐이었다.

감정이 폭발하지 않도록 의지력을 기르기 위해서는 차분한 태도가 필요하다. 이는 아이들만큼이나 에린 자신에게도 대단히 중요한 일임을 자각해야만 했다. 에린은 꽥꽥 소리를 질러봐야 기분도 나아지지 않고 이성을 상실한 자신의 모습이 마음에 들지도 않는 것 또한 알고 있었다. 마음속 이상과 일상생활의 현실에 괴리가 생기며 좌절감도 너무나 깊어졌고, 그런 나머지 과연 자신이 엄마가 되고 싶어 했는지 의문이 들기까지 했다. 사실 에린은 진심으로 엄마가 되고 싶었다. 잠시 멈추어 숨을 고르고 스트레스를 덜 받게 대응하려는 것은 단지 아이들에게 더 좋은 엄마가 되기 위해 노력한다는 의미만은 아니었다. 아이들과 함께 지내며 즐거워하고 전업주부가 되기 위해 포기한 일을 기분 좋게 생각한다는 뜻이기도 했다. 이런 사실을 깨달은 에린은 평정심을 유지하기가 전보다 쉬워졌다. 또한 아이들에게 고함을 지르지 않는 것이 곧 자신을 나무라지 않고 엄마 노릇이라는 혼란스러운 현실에서 기쁨을 발견하는 방법이 되었다.

우리는 당연한 사실이나 마땅한 의무처럼 여기는 일을 가장 큰 동기부여라고 생각하지만 이것은 잘못된 추측일지도 모른다. 만약 다른 누군가를 즐겁게 해주거나 올바른 사람이 되기 위해서 자신의 행동을 바꾸려고 노력 중이라면 우리에게 더 큰 영향력을 미치는 또 다른 '열정'이 있지 않은가부터 살펴보라.

일상의 유혹과 문명의 붕괴

지금까지 살펴보았듯이 자기절제가 필요한 일상의 의무를 수행하느라 쿠키와 담배처럼 평범한 일상의 유혹을 뿌리칠 때 의지력이 고갈될 수 있다는 증거는 상당히 많다. 물론 좋은 소식은 아니다. 이런 유혹들은 우리의 개인적인 목표를 위협하기는 하지만 대부분의 구성원이 만성적 의지박약에 시달리는 우리 사회가 당면한 총체적인 결과와 비교한다면 하찮은 문제에 불과하다.

가장 걱정스러운 결과를 보여주는 의지력 박약 연구들 중에는 '공적 재화'에 대한 절제력을 측정하는 '삼림 게임'을 이용하여 실험의 취지를 강조한 것도 있다. 이 실험의 참가자들은 이와 같은 경제 모의실험에서 25년이라는 게임 시간 동안 목재회사의 사장 역할을 한다. 이들은 첫 해에 약 200만 제곱미터 정도의 삼림을 할당받으면서 해마다 10퍼센트씩 늘어날 것이라고 설명을 들었다. 각각의 소유주들은 한 해에 최대 40만 제곱미터까지 벌목할 수 있었고 4,000제곱미터를 벌목할 때마다 6센트씩을 받는 조건이었다.

정확하게 따져보지 않더라도 이런 계약조건에서는 환경적인 측면은 물론이고 경제성을 따져보더라도 숲이 늘어나게 내버려두어야지 나무를 베어서 재빨리 팔아치워서는 안 된다. 하지만 이런 전략을 성공시키려면 다른 참가자들과 기꺼이 협조할 줄도 알고 인내심도 필요하며 삼림 전체를 벌목해서 빨리 돈을 챙기려는 사람이 없어야 한다.

참가자 중에는 이 게임을 시작하기 전에 정신적인 유혹을 뿌리쳐야 하는 자기절제 임무를 완수한 사람들이 섞여 있었다. 말하자면 의지력을 고갈시키는 전형적인 계획을 실행한 셈이었다. 이들은 의지력이 거의 바닥난 상태로 참가한 탓에 게임을 시작하자마자 삼림을 심하게 훼손하면서 단기적인 경제적 이익을 챙겼다. 결국 모의실험 10년차에 이들의 땅은 200만 제곱미터에서 약 25만 제곱미터로 줄어들었다. 15년차에는 삼림이 완전히 파괴되는 바람에 모의실험을 중단하기에 이르렀다. 참가자들은 서로 협력하지도 않았으며 '남이 채가기 전에 기회가 왔을 때 이익을 챙겨라'를 기본 전략으로 삼았기 때문이었다.

이와 반대로 이번 실험에 앞서 유혹 뿌리치기 임무를 수행하지 않은 참가자들은 25년으로 설정한 기간을 무사히 마칠 때까지 삼림을 보유하고 있었다. 게다가 나무 몇 그루를 보존하면서 돈을 더 벌 수 있었다. 협동, 경제적 성공, 환경보호의 의무. 당신은 어떨지 모르겠지만 나는 어떤 사람에게 삼림, 사업, 국가를 책임지고 맡겨야 할지 알 것 같다.

자기절제력을 강화하는 조치가 필요하다

삼림 게임은 단지 모의실험에 불과하지만, 이스터 섬의 숲이 황폐해진 사건과 오싹하리만큼 닮았다는 사실은 누구도 부인하기 어려울 것이다. 수 세기 동안 태평양 동부 한가운데에 푸르게 우거진 수목으로 덮여 있던 이스터 섬은 문명 발달에 공헌하던 존재였다.

하지만 인구가 증가하면서 섬의 원주민들은 평평한 땅을 마련하고 목재나 땔감을 얻기 위해 나무를 자르기 시작했다. 서기 800년에는 숲이 되살아나는 속도보다 더 빨리 벌목을 하는 바람에 1500년대에 숲이 초토화되었다. 이와 더불어 원주민들이 식량으로 잡던 여러 종류의 생물체마저 멸종되었다. 결국 굶주림이 극심해지자 식인풍습이 만연해졌고, 1800년대 말에는 인구의 97퍼센트가 사망하거나 황량해진 섬을 떠나버리고 말았다.

그 뒤로 사람들은 이런 궁금증을 품게 되었다. 이스터 섬의 원주민들은 삼림과 사회를 파괴하면서 도대체 무슨 생각을 했던 걸까? 자신들의 행동이 장기적으로 어떤 결과를 가져올지 전혀 몰랐던 걸까? 사람들은 자신이 뻔히 보이는 근시안적인 결정을 내린다고 상상조차 못하지만, 사실 그렇게 확신할 수만은 없는 일이다. 사람이라면 누구나 천성적으로 눈앞의 이익에 집중하려는 경향이 있다. 그러므로 진로를 바꾸어 미래의 참사를 미리 방지하려면 사회 구성원 모두가 엄청난 훈련을 해야 한다. 단지 마음을 쓴다고 해결되지 않는다. 진정으로 변화하려면 실천이 필요한 법이다. 삼림 게임 연구의 참가자들은 모두 장기적인 이익을 보호하려는 갈망과 협동이라는 동일한 가치관을 가지고 있었다. 다만 의지력이 고갈된 참가자들이 자신의 가치관에 따라 행동하지 못했을 뿐이다.

연구를 진행한 심리학자들은 의지력이 고갈된 사람들이 사회를 위해 올바른 결정을 할 것이라고 기대해서는 안 된다고 주장한다. 우리의 의지력이 얼마나 쉽게 소진되고, 자기절제력이 필요한 사소한 일상적 결정이 얼마나 많은지 고려할 때 이 얼마나 충격적인 주장인가? 마트에서 장을 보고, 못살게 구는 직장 상사를 상대하느라 탈진해버린다면 경제성장이나 건강관리, 인권, 기후 변화 같은 국내적 혹은 국제적 위기는 어떻게 해결한다는 말인가?

우리는 개인적으로 자기절제력을 강화하는 조치를 취할 수도 있고, 그 덕분에 각자의 삶에서 적지 않은 변화를 일으킬 수도 있다. 하지만 국가적 차원에서 본다면 제한적인 자기절제력을 강화할 방법을 알아내는 것은 까다롭다. 그러므로 가장 원대한 도전과제를 성취하려는 목적으로 국가적인 차원에서 의지력을 강화하자고 희망하기보다 가능한 한 자기절제에서 벗어날 수 있도록 해야한다. 아니면 적어도 자제력을 발휘해 올바른 일을 하겠다는 의무감을 줄여주는 편이 가장 확실한 방법이다.

행동경제학자 리처드 탈러Richard Thaler와 법학자 캐스 선스타인Cass Sunstein은 사람들이 자신의 가치관과 목표에 맞는 올바른 결정을 더욱 쉽게 내릴 수 있도록 해주는 '선택설계 시스템'이라는 설득력 있는 개념을 주장했다. 예를 들어 사람들이 운전면허를 갱신하거나 선거인명부에 등록할 때 장기기증을 의뢰한다거나 건강보험회사들이 자동으로 고객의 연례 건강진단 일정을 잡게 하는 것과 같다. 이런 일들은 대부분 할 마음은 있어도 여러 가지 다른 일들로 마음이 산란하여 미루는 것들이다.

소매상인들은 우리의 소비에 영향을 주기 위해 이미 선택설계를 활용하고 있다. 비록 고상한 목적이 아니라 이윤을 내려는 목적인 경우가 대부분이지만 말이다. 만약 동기만 충분하다면 상점들은 건강에 좋거나 친환경적인 제품을 다루는 데 더 주력할지도 모른다. 계산대 주변을 사탕과 연예잡지로 늘어놓는 대신 고객들이 치실이나 콘돔, 신선한 과일을 더 쉽게 선택하도록 적절히 활용할 수도 있다. 이렇게 간단히 상품 배치를 바꾸는 것만으로도 건강에 좋은 상품의 구매가 증가한다고 알려져 있다.

사람들의 결정을 조종하기 위해 고안된 선택설계는 찬반 논란이 많은 개념이다. 어떤 사람들은 이 때문에 개인의 자유가 제한되거나 개인의 책임이 무시당한다고 생각한다. 하지만 선택의 자유를 누리는 사람들은 대부분 장기적인 이익에 어긋나는 결정을 내린다. 이를 두고 자기절제의 한계를 연구한 학자들은 사람이 선천적으로 비이성적이기 때문이 아니라 오늘을 즐기고 내일은 걱정하지 말자는 의도적인 결정을 내리는 탓이라고 말한다. 어쩌면 단지 너무 피곤한 나머지 최악의 충동을 거부하지 못하는지도 모른다. 만약 자기절제력을 강화하고 싶다면 가장 이상적인 상태의 자신이 궁지에서 벗어나게 해줄 것이라고 기대하지 말고, 가장 지친 상태의 자신을 최대한 뒷받침해줄 방법에 대해서 생각할 필요도 있다.

자기절제의 한계는 역설적이다. 우리가 모든 것을 통제할 수는 없지만, 자기절제력을 강화하기 위해서는 한계를 늘이는 방법밖에 없기 때문이다. 근육과 마찬가지로 의지력은 '용불용설用不用說'의 규칙을 준수한다. 만약 우리가 의지력 게으름뱅이가 되어 에너지를 아끼려고 한다면 이미 가지고 있던 힘마저 잃게 된다. 매일 의지력의 마라톤을 달리려고 한다면 스스로 완전히 무너지기를 자청하는 셈이다. 우리의 도전과제는 총명한 운동선수처럼 자신을 최대한 밀어붙이되 자신에게 맞는 속도를 찾아가는 훈련을 하는 것이다. 나약하다는 느낌이 들 때 자신의 동기에서 힘을 발견할 수 있는 것처럼 우리는 지친 자신을 다독여 올바르게 선택할 수 있도록 유도하는 방법도 찾아낼 수 있다.

Chapter 4

착한 일을 하면 나쁜 일에 끌린다?

우리는 얼마나 많은 시간을 허비하고 있는가!

— 간디 Mahatma Gandhi, 1869~1948

희한하게도 의지력의 과학 강좌를 할 때마다 의지력과 관련된 엄청난 스캔들이 터지는 덕분에 사람이 이성을 상실하는 이유에 관한 이론들이 저절로 입증되곤 했다. 이런 식으로 도움을 준 사람은 테드 해거드, 엘리엇 스피처, 존 에드워즈, 타이거 우즈 등이다. 이들의 이야기는 이제 한물간 사건일지도 모르지만,[11] 여전히 며칠이 지나기가 무섭게 정치인, 종교 지도자, 경찰, 교사, 운동선수와 같은 정직한 시민의 의지력이 속절없이 무너져 세상을 충격에 빠뜨렸다는 뉴스가 울려 퍼진다.

자기절제에 한계가 있다는 관점에서 이들의 이야기를 해석해보는 것은 솔깃한 일이다. 이들은 모두 직업상 힘든 일정에 따라 여러 가지 의무사항을 지킨다든가, 온종일 대외 이미지를 관리하느라 엄청난 압박에 시달렸다. 아무래도 이들의 자기절제 근육은 탈진하고 의지력은 바닥나고 혈당은 낮은데다가 전전두엽 피질마저 항의의 표시로 오그라든 모양이다. 어쩌면 이들 모두가 다이어트 중이었는지도 모를 일이고.

그렇지만 이건 지나치게 쉬운 대답일 것이다(물론 변호사라면 대배심에 나가서 이런 변론을 실제로 써먹겠지만). 자기절제력이 궤도를 벗어난다고 해서 언제나 이성을 잃지는 않는다. 때로는 의식적으로 유혹에 굴복하겠다는 선택을 하기도 한다. 그러므로 의지력이 소진되는 이유를 완전히 이해하기 위해서는 이제 생리학적인 설명이 아닌 심리학적인 설명을 들어볼 필요가 있다.

물론 당신이 전 국민이 흥분할 만한 성 추문을 일으킬 위험은 없을 테다. 하지만 비록 새해 결심을 어기고 속임수를 쓰는 일에 불과하더라도 자신의 의지력을 슬쩍 속이고 위선을 저지를 위험은 언제든지 있게 마련이다. 뉴스 헤드라인을 장식한 유명인들의 전철을 밟지 않으려면 나약함이 의지력을 무너뜨린다는 가정을 다시 생각해봐야 한다.

우리는 때에 따라서 자기절제력이 거둔 성공의 피해자가 되기도 한다. 그러므로 여기서는 발전이 어떻게 역설적으로 동기를 약화시키는지, 낙관주의가 어떻게 욕구에 굴복하려는 마음이 들게 하는지, 자신의 장점을 긍정적으로 생각하는 것이 왜 사악한 길로 빠지는 지름길인지에 대해 생각해보자.

우리는 어떤 경우에서도 굴복은 하나의 선택일 뿐 어쩔 수 없는 선택이 아니라는 사실을 살펴볼 것이다. 또 유혹에 굴복해도 괜찮다는 마음이 어떻게 생기는지 관찰하여 우리가 가야 할 길을 벗어나지 않도록 마음을 다잡는 법도 알아볼 것이다.

의지력은 선과 악의 전쟁이다

이제부터 다음의 몇 가지 진술을 읽고 찬성하는 정도에 따라 '매우 그렇지 않다', '다소 그렇지 않다', '다소 그렇다', '매우 그렇다'의 순으로 등급을 매기기 바란다. 우선 '여성들은 대부분 별로 똑똑하지 않다'는 진술이다. 그다음은 '여성들은 대부분 직장에 다니는 것보다는 집에서 자녀를 돌보는 일에 더 적합하다'는 진술이다.

당신이 프린스턴 대학교 학부생들에게 위와 같은 질문을 던졌다고 상상해보라. 운이 좋다면 바보 같은 가정으로 만든 조사 따위는 집어치우라는 여학생들의 비난을 면전에서 듣지는 않을 테다. 어쩌면 남학생들조차 이런 성차별적인 진술을 거부할지도 모른다. 만약 위의 진술을 조금 바꿔서 '일부 여성들은 별로 똑똑하지 않다'든가 '일부 여성들은 직장에 다니는 것보다 집에서 자녀를 돌보는 일에 더 적합하다'고 물어보면 어떨까? 이런 진술이라면 거부하기가 그리 쉽지 않을 듯하다. 다소 성차별주의적인 면이 있지만 '일부'라는 단어를 두고 논쟁하기란 어려운 법이니까.

위의 진술들은 심리학자 브누아 모넹과 데일 밀러가 고정관념과 의사 결정을 연구하며 실시한 조사의 일부이다. 예상하듯이 프린스턴 대학생들은 처음 두 개의 진술을 평가해달라는 부탁을 듣고는 재빨리 비난을 퍼부었다. 하지만 '일부 여성들은'이라는 단서가 붙자 비교적 중립적인 태도를 보였다.

진술을 평가한 뒤에 학생들은 가상의 고용 상황에서 결정을 해달라는 요청을 받았다. 이들이 맡은 역할은 건설이나 금융권처럼 전형적으로 남성 주도적인 산업의 고위직에 지원한 남녀 지원자들의 적합성을 평가하는 일이었다. 채용 평가는 그리 어렵지 않은 업무처럼 보였다. 게다가 방금 성차별적인 진술을 거부한 학생들에게는 특히 더 쉽게 느껴졌다. 틀림없이 이들이라면 자격이 충분한 여성을 차별하지 않을 것 같았다. 하지만 프린스턴 연구진은 정반대의 결과를 얻었다. 성차별적 진술에 강한 반감을 보였던 학생들이 성차별적 요소가 다소 적은 '일부 여성들은'이라는 진술에 마지못해 동의한 학생들보다 남자 지원자를 선호하는 경향이 높았다. 연구진은 같은 학생들에게 인종차별적인 태도에 대해서도 설문하였다. 그런 뒤 소수인종을 차별대우할 가상의 기회를 주었더니 위와 동일한 패턴을 보였다.

이런 연구결과는 많은 사람에게 충격을 주었다. 심리학자들은 우리가 어떤 태도를 표현하고 나면 그 태도에 걸맞게 행동할 가능성이 크다는 가설을 오랫동안 믿어왔기 때문이다. 어쨌거나 위선자가 되고 싶은 사람이 누가 있겠는가? 하지만 프린스턴 대학교의 심리학자들은 일관성을 지키고 싶은 일반적인 갈망에 예외가 있다는 사실을 밝혔다. 옳고 그름을 가리는 문제에서 사람들은 대부분 도덕적 완성을 추구하지 않는다. 마냥 기분이 좋아서 원하는 것은 무엇이든 해도 좋다는 마음이 생기기를 원할 뿐이다.

성차별적이거나 인종차별적인 요소가 뚜렷한 진술을 거부했던 학생들은 스스로 도덕적 자격을 갖췄다고 느꼈다. 이렇게 성차별주의자거나 인종차별주의자가 아니라고 입증했지만, 결과적으로 심리학자들이 '도덕적 허용'이라고 부르는 것에는 취약해졌다.

우리는 착한 일을 하면 스스로 만족한다. 즉, 자신의 충동을 신뢰할 가능성이 더 높아졌다는 의미이며 나쁜 일을 할 자격이 생겼다는 뜻이기도 하다. 위의 연구에서 학생들은 성차별적이고 인종차별적인 설문을 거부하고 스스로 뿌듯하게 느낀 나머지, 다소 방심한 상태에서 성차별적이거나 인종차별적인 결정을 하고 말았다. 이들은 본능적인 편견에 귀를 기울이는 경향이 높았으며 이 결정이 보다 일반적 목표인 공정성과 일치하는지는 고려하지 못했다. 이는 차별하고 싶은 마음이 있어서가 아니라 단순히 앞서 실행한 선행에 도취해 나중에 내린 결정의 해악을 보지 못했던 탓이다.

도덕적 허용이란 나쁜 일을 해도 괜찮다는 마음이 들게 할 뿐만 아니라 좋은 일을 하라는 부탁을 받아도 의무감을 느끼지 못하게 한다. 예를 들어 너그럽게 살아왔던 시절을 먼저 떠올리는 사람들은 과거의 선행을 기억하지 못하는 사람들에 비해 기부금을 60퍼센트 적게 냈다고 한다. 또 어느 사업 모의실험에서 윤리적으로 행동했던 시절을 기억해낸 제조공장의 공장장들은 비용을 투자하여 공장의 환경오염을 줄이려는 경향이 적었다.

도덕적 허용의 효과를 생각해보면 성직자나 전통적 가족관을 믿는 정치인, 부패를 척결하려는 검찰총장처럼 분명한 도덕적 자격을 갖춘 사람들이 심각한 도덕적 잘못을 정당화하는 이유를 알 수 있다. 예를 들어 결혼한 복음 전도사가 비서와 정사를 나누고, 재정 보수주의자가 공급을 유용하여 집을 수리하고, 경찰관이 저항하지도 않는 범죄자에게 극단적인 무력을 사용하는 등의 일이 그렇다. 사람들은 대부분 자신이 고결하다고 생각하거나 지위 때문에 자신의 미덕을 지속해서 떠올리는 경우 마음속에서 일어나는 충동의 사악함을 의심하지 않는다.

그렇다면 다이어트와 게으른 습관을 이야기하다 말고 갑자기 인종차별과 성 추문에 대해 말하는 이유는 무엇인가? 의지력의 도전 과제는 선과 악 사이의 전쟁과 다름없기 때문이다. 도덕적인 교훈을 얻은 일은 무엇이든 도덕적 허용의 효과를 거둘 만한 목표가 된다. 만약 운동을 할 때는 '착하다'고, 운동을 하지 않을 때는 '나쁘다'고 스스로 평가하면 오늘은 운동을 하고 내일은 거를 가능성이 크다. 중요한 프로젝트를 열심히 작업하면 '착하다'고, 게으름을 부리면 '나쁘다'고 스스로 평가하면 아침에는 진전을 보였다가도 오후에는 속도를 늦출 가능성이 높다. 간단히 말하면 이렇다. 상반되는 두 가지 갈망을 느낄 때 착한 일을 하고 나면 조금 나쁜 일을 해도 괜찮다는 자격을 스스로 부여한다는 것이다.

심리학자들이 어느 정도 허용된 욕망에 대해서 물어보면 쾌락을 누리는 사람들은 자신은 자제력을 잃지 않았고 선택을 잘 지키는 것 같다고 대답한다. 그뿐만 아니라 죄책감도 별로 느끼지 않고 보상을 받았으니 자랑스럽다고 말한다. 이들은 이런 식으로 자신을 정당화하는 것이다. "나는 아주 착한 일을 했으니까 조금쯤 대접을 받아도 괜찮아." 이런 특권 의식이 몰락의 원인인 경우도 아주 많다. 방종을 미덕에 대한 최고의 보상이라고 성급하게 판단했기 때문에 우리는 진정한 목표를 잊고 유혹에 굴복하는 것이다.

: **도덕적 허용의 모호한 논리**

엄밀히 말하면 허용의 논리는 논리적이지 않다. 왜냐하면 '착한' 행동과 '나쁜' 행동을 관련지을 필요가 없기 때문이다. 유혹하는 물건을 사지 않으려고 자신을 억누른 사람들은 집으로 돌아가 유혹적인 음식을 먹을 가능성이 더 높다. 근무시간 외에 별도의 시간을 프로젝트에 투자하는 직원들은 법인카드를 개인적으로 사용하고도 당연하다고 느낄지 모른다.

자신의 미덕을 돋보이게 하는 일은 물론이고 심지어 착한 일을 하겠다는 생각만으로도 충동에 굴복해도 괜찮다는 마음이 생길 수 있다. 한 연구는 참가자들에게 노숙자 쉼터에서 아이들을 가르치는 일과 환경을 개선하는 일 중 어느 쪽에서 자원봉사를 하고 싶은지 선택하라고 했다. 그런데 특정 봉사활동에 실제로 참여하겠다고 서명을 한 것도 아니고 그저 선호하는 봉사활동을 생각하기만 했는데도 값비싼 청바지를 사고 싶은 욕구가 증가했다.

다른 연구에서도 자선단체에 실제로 돈을 건넨 것이 아니라 단지 기부하겠다는 생각만 했는데 쇼핑몰에서 과소비하려는 갈망이 증가했다는 결과가 나왔다. 우리는 자신에게 어찌나 관대한지, 할 수 있었지만 사실은 하지 않은 일도 쉽게 공로를 인정해버린다. 피자 한 판을 먹을 수도 있었지만 고작 세 쪽밖에 먹지 않았다든가, 새

옷 한 벌을 살 수도 있었지만 새 재킷 하나로 만족했다는 식이다. 이처럼 어리석은 논리를 따라가다 보면 욕망에 따라 행동하고도 마치 자랑스러운 일을 한 양 착각할 수 있다. (신용카드 빚 때문에 죄책감이 드는가? 에이, 빚을 갚으려고 은행을 턴 것도 아닌데 뭘!)

이런 연구들이 증명한 바로는 우리의 뇌는 신중한 회계사가 없어서 지금까지 얼마나 착하게 살았고, 어떤 방종에 빠졌었는지 정확히 계산할 줄 모른다고 한다. 그 대신 자신은 착하게 살아왔고 현재의 나는 좋은 사람이라는 느낌을 신뢰해버린다. 도덕적 추론을 연구하는 심리학자들은 우리가 주로 이런 식으로 옳고 그름을 판단한다고 말한다. 사람들은 보통 직감에 따라 반응하며, 자신의 감정을 반드시 설명해야 할 때만 논리를 고려한다. 그렇다 보니 자신의 판단을 방어할 논리적인 이유를 떠올리지 못할 때조차 많다. 어쨌거나 자신의 느낌만을 고집한다.

옳고 그름의 판단 방식을 연구하기 위해 심리학자들이 사용하는 방법 하나를 예로 들어보자. 다음에 대해 어떻게 생각하는가? 두 사람이 모두 원하고 피임을 한다는 가정하에 어느 성인 남매가 성관계를 한다면 이런 일을 도덕적으로 받아들일 수 있는가? 대부분은 이런 질문을 들으면 마음속에서 즉시 혐오감이 솟구친다. 그냥 잘못된 일이니까. 그러다가 이런 행위가 비도덕적일 수밖에 없는 이유를 설명하라면 뇌를 긴장시켜야 한다.

만약 어떤 대상에 대해 생각할 때 혐오감, 살을 에는 죄책감, 찌르르한 불안감이 밀려들지 않으면 잘못된 일이라고 느끼지 않는 것이다. 좀 더 평범한 의지력 도전과제로 돌아가자. 생일 케이크를 한 쪽 더 먹는다든가 신용카드로 작은 물건 하나를 더 사는 일 같은 행위를 하더라도 본능적으로 '잘못'이라는 느낌이 들지 않는 사람은 충동에 이의를 제기하는 경향이 없는 편이라고 할 수 있다.

이런 식으로 우리는 과거의 선행을 뿌듯하게 여기는 감정에 힘입어 향후의 욕구 충족을 정당화한다. 자신을 성자처럼 느낀 뒤에는 탐욕스러운 생각이 잘못되었다고 느끼지 못하며 오히려 정당하다고 생각한다. 마치 그럴 만한 자격이 있는 것처럼 말이다. 그러므로 자기절제력을 북돋우는 동기가 좋은 사람이 되고 싶다는 갈망밖에 없는 사람은 스스로 훌륭한 사람이라고 느낄 때마다 유혹에 굴복하게 된다.

가장 큰 문제는 도덕적 허용이 어떻게 우리를 속여서 자신의 목표와 어긋나도록 행동하게 하는가이다. 도덕적 허용은 다이어트 수칙을 어기든 예산을 훌쩍 넘게 낭비하든 아니면 살금살금 담배를 다시 피우든 간에 자기파괴적인 행위가 일종의 '즐거운 보상'이라고 확신시킨다. 이는 완전히 말도 안 되는 짓으로 우리가 원하는 것을 당연히 해야 할 일로 바꿔버리는 강력한 마음의 속임수다.

문화적인 믿음과는 달리 도덕적 판단 역시 그다지 동기부여를 하지는 못한다. 우리는 대부분 고결해지고 싶은 갈망을 이상화하여 죄책감과 수치심이 가장 큰 동기부여라고 믿는다. 하지만 누구를 속이려고 드는가? 사실은 원하는 것을 얻고 원하지 않는 것을 피하는 것이 가장 큰 동기부여가 아닌가? 어떤 행동을 도덕적으로 해석하면 그 행동에 대해 이중적인 감정을 느낄 가능성이 적어지기는커녕 오히려 더 커진다. 의지력의 도전과제란 지금보다 훌륭한 사람이 되기 위해 반드시 해야 할 일이라고 정의하는 순간 그 일을 하면 안 되는 이유가 저절로 떠오를 것이다.

이처럼 다른 사람이 강요한 규칙을 나 자신을 위해 거부하는 것은 그저 인간의 본성일 뿐이다. 만약 도덕적인 자기수양의 관점에서 이런 규칙을 지키겠다고 자신을 억압한다면 얼마 지나지 않아 마음 한구석에서 통제받고 싶지 않다는 외침이 울려 퍼질 것이다. 그러므로 운동, 저축, 금연이 목표 달성에 도움을 주는 일이 아니라 도덕적으로 올바른 일이라고 스스로 되뇌는 사람은 그 일을 꾸준히 할 가능성이 별로 없다.

도덕적 허용이라는 덫에 걸리고 싶지 않다면 진정한 도덕적 딜레마와 단순히 곤란한 문제를 구별하는 것이 중요하다. 세금을 속이거나 배우자를 속이는 일은 도덕적 결함일지도 모르지만, 다이어트를 하면서 속임수를 쓰는 것은 치명적인 죄가 아니다. 그런데도 우리는 대부분 자기절제란 모두 도덕적인 시험이라고 여기는 경향이 있다. 디저트의 유혹에 넘어가고 늦잠을 자고 신용카드 대금을 제대로 지급하지 못하는 등의 행동을 기준으로 자신이 착하게 사는지 나쁘게 사는지를 결정한다는 말이다. 하지만 이런 행동 중 어느 것도 죄나 미덕의 진정한 의미를 전달하지는 못한다. 의지력의 도전과제를 도덕적인 견지에서 생각한다면 우리는 주관적인 판단 안에서 길을 잃어버릴 것이며 자신이 원하는 것을 얻는 데 도전과제가 어떤 도움을 주는지 알 수 없게 될 것이다.

> **자기 탐구 생활 》 미덕과 악덕**
>
> 　의지력을 발휘할 때 실패하거나 성공하는 일에 대해서 스스로 어떻게 생각하는지, 이에 대해 다른 사람에게 어떻게 말하는지 지켜보라.
>
> ▶ 의지력 도전과제에 성공하면 스스로 '착하다'고, 유혹이나 게으름에 굴복하면 '나쁘다'고 생각하는가?
> ▶ '착한' 행동을 구실로 삼아 '나쁜' 짓을 해도 된다고 생각하지는 않는가? 나쁜 행동은 해롭지 않은 보상인가 아니면 원대한 의지력의 목표를 파괴하는가?

: 운동을 했지만 도리어 살찐 예비 신부

　35세의 투자 자문가인 셰릴은 8개월 뒤에 결혼할 예비 신부였다. 그녀는 결혼식을 올리기 전까지 7킬로그램 정도를 감량할 계획으로 일주일에 세 번씩 피트니스 클럽에서 운동을 했다. 문제는 그녀가 스테퍼라고 불리는 계단 오르기 운동을 하면 1분에 얼마큼의 칼로리를 소모하는지 정확히 알고 있었다는 점이었다. 평소보다 많은 칼로리를 태웠으므로 먹을 권리가 생겼다는 생각에 자신도 모르게 음식을 떠올렸다. 칼로리 섭취를 줄이겠다고 계획했지만, 운동을 하는 날이면 조금쯤 더 먹어도 괜찮지 않을까 하는 마음이 생겼다. 추가로 5분 더 운동했으니 프로즌 요구르트에 초콜릿 칩을 올린다거나, 저녁을 먹으면서 와인을 한 잔 더 마셔도 괜찮겠거니 했던 것이다. 이렇게 운동량과 욕망의 허용치가 같아지자 결과적으로는 1.4킬로그램 정도가 오히려 늘었다.

운동을 음식 섭취의 기회처럼 생각한 탓에 셰릴은 살을 빼겠다는 목표를 약화시켰다. 허용이라는 덫에서 벗어나기 위해 운동은 목표에 도달하기 위한 필수 조치, 건강한 식생활은 반드시 실행해야 할 또 하나의 독자적인 조치로 여겼어야만 했다. 두 가지 '착한' 행동은 서로 교환할 수 있는 것이 아니므로 한 가지에 성공했다고 해서 다른 일을 방심할 자격이 생기는 것은 아니다.

목표에 도움을 주는 행위를 목표 자체와 혼동하지 마라. 목표에 맞는 일을 한 가지 했다고 해서 마음대로 행동해서는 안 된다. 긍정적인 행동을 했다고 뿌듯해진 나머지 실제 목표가 무엇인지 잊어버리지 않도록 지켜보라.

발전은 우리 기분에 어떤 영향을 미치나?

의지력의 도전과제를 도덕적 가치를 측정하는 척도로 바꿔버리지 않더라도, 도덕적 허용이라는 덫에 걸릴 가능성은 여전히 존재한다. 누구나 본능적으로 도덕적 해석을 들이대는 문제가 한 가지 있기 때문이다. 혹시 섹스를 떠올렸는가? 땡! 정답은 '발전'이다! 발전은 좋은 일이고 목표 달성에 발전이 있으면 기분이 좋아진다.

기분이 아주 좋은 나머지 자축하고 싶은 마음이 생긴다. "나란 사람은 정말이지, 정말 잘했어!"

잠깐, 자신에게 금메달을 걸어주기 전에 아무래도 한 번 더 생각해보는 편이 좋겠다. 사람들은 대부분 목표 달성에 한 발짝 더 다가가면 이에 고무되어 더 큰 성공을 향해 박차를 가하리라 믿는다. 하지만 심리학자들은 사람들이 발전을 이루기가 무섭게 이를 편하게 쉬어갈 변명으로 이용한다는 사실을 알고 있다.

시카고 대학교 경영대학원의 아예렛 피시바흐 교수와 예일 대학교 경영대학원의 라비 다르 교수가 발표한 바로는 목표 달성에 진전을 이루면 목표에 방해되는 행동을 하려는 동기를 느낀다고 한다. 한 연구에서 두 사람은 다이어트에 성공한 사람들에게 이상적인 체중에 도달하는 데에 얼마나 노력했는지 상기시켰다. 그런 다음 일종의 축하 선물로 사과와 초콜릿 바 중에서 하나를 선택하라고 제안했다. 자축하는 기분에 빠진 사람 중 85퍼센트는 사과가 아닌 초콜릿 바를 선택했으며, 이에 비해 자신이 얼마나 발전했는지를 떠올리지 않은 참가자들은 겨우 58퍼센트만이 초콜릿 바를 골랐다. 또 다른 연구에서는 학업 목표에서도 동일한 효과가 나타난다는 사실을 발견했다. 시험공부를 위해 노력한 시간을 자랑스럽게 느끼도록 유도당한 학생들은 저녁에 친구들과 탁구를 즐기며 맥주 마시기 게임을 할 가능성이 더 높았다.

발전은 서로 경쟁하는 두 자아 사이의 균형을 깨뜨리기 때문에 우리가 그토록 열심히 노력해온 목표를 포기하게 할 수도 있다. 의지력의 도전과제란 서로 갈등하는 두 개의 자아와 필연적으로 연결된다는 사실을 잊지 마라. 우리는 마음 한구석으로 체중감량 같은 장기적인 목표를 생각하면서도 다른 한구석으로는 초콜릿 같은 눈앞의 만족을 원한다. 유혹을 느끼는 순간에 상위 자아는 자기만족의 목소리보다 더 크게 주장을 펼쳐야만 한다. 하지만 자기절제에 성공하면 전혀 의도하지 않은 결과가 나타난다. 이런 성공이 순간적으로 상위 자아를 만족하게 한 후 억압해버린다. 그러면 여러 가지 목표에 대해 잘 알고 있는 뇌는 장기적인 목표를 추구하라고 북돋우는 정신 작용에 무관심해진다. 그런 다음 아직 충족하지 못한 목표, 곧 자기만족의 목소리로 관심을 돌려버린다. 심리학자들은 이런 현상을 '목표 해방'이라고 부른다. 자기절제력을 발휘해 지금까지 억압하던 목표가 강해지면 온갖 유혹이 마음을 더 흔들리게 한다는 것이다. 쉽게 말해 한 걸음 앞으로 나아가면 두 걸음 뒤로 물러나도 괜찮다는 마음이 든다는 뜻이다. 내가 은퇴 적금에 가입하면 저축하고 싶은 자아를 만족하게 할지는 모르지만, 그 덕분에 쇼핑하고 싶은 자아를 해방하는 셈이다. 서류를 가지런히 정리하면 일하고 싶은 자아를 만족하게 할지는 모르지만, 스포츠 경기 중계를 보고 싶은 자아를 해방하는 셈이다.

심지어는 가장 믿음직한 목표 추구 수단인 '할 일 목록'을 작성하더라도 역효과를 낳을 수 있다. 혹시 프로젝트에서 필요한 일을 모두 정리한 목록을 만든 다음 너무나 뿌듯한 나머지 프로젝트의 하루 일정을 끝냈다고 생각한 적이 한 번이라도 있는가? 그랬다고 하더라도 이런 실수를 저지른 사람이 당신 하나만은 아니다. 목록을 작성하고 나면 마음이 푹 놓이기 때문에 해야 할 일을 확인했다는 만족감을 마치 목표를 달성하기 위한 실질적인 노력이라고 착각하기 쉽다(어느 수강생은 생산성 세미나를 듣고 있노라면 자신이 진정으로 생산적인 사람이라는 기분이 들어서 그런 강좌가 정말 좋다고 고백했다. 아직 아무것도 생산하지 못했다는 걱정은 들지 않았던 모양이다).

목표 달성에 관한 일반적인 믿음을 전부 거스르는 내용이기는 하지만, 실제로 발전에만 집중하다 보면 오히려 성공으로 나아가지 못하고 방해를 받는다. 그렇다고 발전 자체가 문제라는 말은 아니다. 문제는 발전이 우리의 기분에 어떤 영향을 미치는가이다. 그리고 그때조차도 목표에 매진하는 대신 감정에 귀를 기울일 때에만 문제가 생긴다. 발전은 훌륭한 동기부여가 되기도 하며 장차 자기절제력을 불어넣어주기도 하지만, 이는 오직 자신의 행동을 목표에 지속해서 몰입하는 증거로 간주할 때에만 가능하다. 다시 말해 우리는 지금까지 기울인 노력을 자세히 살펴보고 자신의 목표에 진심으로 관심을 가져야 하며 관심이 너무나 많아서 목표에 도달하기 위해 훨씬 더 많이 노력하고 싶다는 결론을 내릴 필요가 있다. 이런 태도를 가지는 것은 그리 어렵지 않다. 다만 당신의 평소 마음가짐이 아닐 뿐이다. 대체로는 그만둘 이유를 찾는 경우가 많을 테니까.

두 가지 마음가짐 중에 어느 쪽을 선택하느냐에 따라서 결론은 사뭇 달라진다. 목표를 달성하려고 운동, 공부, 저축과 같은 바람직한 방법을 선택한 사람들은 '목표를 위해 얼마나 많이 발전한 것 같습니까?'라는 질문을 들었을 때 다음 날 운동을 빠지거나, 공부하는 대신 친구들과 어울려 놀러 가거나, 비싼 물건을 구매하는 것과 같은 목표에 상충하는 행동을 할 가능성이 높다.

이와 대조적으로 '목표를 위해 얼마나 지속해서 몰입하는 것 같습니까?'라는 질문을 들은 사람들은 목표와 상반되는 행동을 하고 싶은 충동에 굴복하지 않는다. 즉 질문의 초점을 조금만 바꾸더라도 자신의 행동을 전혀 다르게 해석하므로 '내가 해냈어. 정말 대단해! 이제는 정말로 원하는 것을 할 수 있어!'가 아니라 '정말로 원하기 때문에 그 일을 해냈어!'라고 생각한다는 것이다.

의지력 실험실 》 악행 면허증을 취소하고 이유를 떠올려라

발전이 아니라 지속적인 몰입에 어떻게 집중하는가? 홍콩 과학대학교와 시카고 대학교의 연구진은 한 가지 전략을 제시했다. 학생들에게 유혹을 뿌리쳤던 때를 기억해보라고 하자 그들은 선행을 생각하기만 해도 악행 면허증을 얻은 듯했다. 결국 학생들의 70퍼센트가 기회를 틈타 욕구를 충족시켰다. 하지만 참가자들에게 유혹을 거부한 이유를 기억해보라고 하자 면허 효과가 나타나지 않았고 69퍼센트가 유혹을 뿌리쳤다. 마치 마법과도 같이 자기절제력을 상승시키고, 목표에 맞는 선택을 내리도록 돕는 간단한 방법을 발견한 것이다. '이유'를 떠올리는

> 방법이 효과적인 까닭은 이유가 기억나면 자기만족이라는 보상을 전과 다르게 느끼기 때문이다. 소위 기분 좋은 보상은 목표를 위협하는 요소처럼 보이기 시작하고 유혹에 굴복하는 일도 그리 좋아 보이지는 않을 것이다. 그러므로 이유를 기억한다면 자신의 목표를 성취할 기회가 찾아왔을 때 이를 알아보고 행동에 옮기는 데 도움을 줄 것이다.
>
> 혹시 과거의 좋은 행동을 구실 삼아 욕구 충족을 정당화한다는 사실을 자각하게 되거든 잠시 멈춰서 이유를 떠올려보라.

내일은 오늘의 면죄부가 아니다

발전하거나 어제 유혹을 뿌리친 방법을 떠올릴 때마다, 혹은 자신을 대견스럽게 생각할 때마다 우리는 재빨리 과거의 착한 행동을 대단한 일로 평가해버린다. 문제는 악행 면허의 애매한 계산법 때문에 과거의 행동만을 고려하는 데 그치지 않는다는 것이다. 너무도 쉽게 미래를 내다보고는 실행하려고 계획만 해둔 고결한 행동까지도 자랑스럽게 생각한다. 예를 들어 나중에 운동을 하겠다고 마음먹은 사람들은 저녁 식사 때 과식할 가능성이 높다. 이런 습관 때문에 우리는 '오늘 죄를 저지르고 나중에 벌충하거나 아니면 그래도 괜찮다고 자신을 합리화하기도 한다.

: 정크 푸드를 주문하는 이유

이런 상상을 한번 해볼까? 지금은 점심시간이고 몹시 바빠서 가장 손쉽게 음식을 사올 만한 곳은 패스트푸드 식당밖에 없다. 하지만 체중관리를 해야 하고 몸을 건강하게 하려고 노력 중이므로 가장 살찌는 메뉴는 피할 작정이다. 식당에 줄을 서서 메뉴판을 쳐다보니 새로 출시된 메뉴가 몇 가지 더 있다. 이 식당은 사무실과 가깝다는 이유로 자주 오기는 했지만, 체중관리에는 도움이 되지 않았다. 하지만 이제는 죄책감을 느낄 필요가 없는 메뉴를 고를 수 있다는 생각에 흥분을 감출 수가 없다. 줄을 선 채 뭘 먹을까 고민하다가 구운 닭고기 샐러드보다 싱싱한 채소로만 만든 가든 샐러드 쪽으로 마음이 기울었다. 그러다가 마침내 주문할 차례가 되자 느닷없이 입에서 이런 외침이 튀어나와버린다. "더블 치즈버거와 프렌치프라이요." 대체 무슨 일이 일어난 걸까?

오랜 습관이 불쑥 튀어나온 것 같기도 하고 프렌치프라이의 고소한 냄새에 나의 의지가 꺾여버린 것 같기도 하다. 그런데 만일 몸에 좋은 메뉴들 때문에 내가 치즈버거와 프렌치프라이를 주문할 가능성이 높아졌다고 누군가 알려준다면 그 말을 믿을 수 있을까?

이는 뉴욕 시립대학교 바루크 대학의 마케팅 연구진이 몇 가지 연구를 통해 내린 결론이다. 연구진은 맥도날드가 비교적 몸에 좋은 메뉴를 추가하자, 빅맥의 판매지수가 급상승했다는 발표를 듣고 흥미를 느꼈다. 이유를 분석하기 위해 이들은 자체적으로 패스트푸드 메뉴를 정하고 모의 식당을 차린 다음 식사를 하러 온 손님들에게 메뉴판을 주면서 한 가지 음식을 고르라고 했다. 메뉴는 전부 프렌치프라이, 치킨 너겟, 버터와 사우어크림을 올린 통감자구이 같은 일반적인 패스트푸드 음식이었다. 이때 참가자 절반에게는 몸에 좋은 샐러드가 포함된 특별 메뉴판을 주었다. 샐러드가 메뉴에 추가되자 가장 몸에 나쁘고 살찌는 음식을 선택하는 참가자가 많아졌다. 연구진은 자동판매기 메뉴를 이용한 실험에서도 동일한 결과를 얻었다. 칼로리를 줄인 쿠키를 일반적인 정크푸드 메뉴 사이에 끼워 넣자 참가자들이 가장 몸에 나쁜 과자(이번 실험에서는 초콜릿을 바른 오레오 과자)를 선택하는 경향을 보였던 것이다.

어째서 이런 결과가 나타나는 것일까? 때때로 목표에 맞게 행동할 기회가 생겼다고 지나치게 흥분하다 보면 마치 실제로 목표를 달성해 만족하는 것처럼 착각한다. 평소와 달리 건강한 선택을 하겠다는 목표를 세웠더라도 충족되지 않은 목표, 즉 현재의 쾌락이 우선권을 차지해버린다. 건강한 음식을 주문해야 한다는 압박감은 덜 느끼고, 푸짐한 음식을 먹고 싶다는 갈망은 더 크게 느껴진다. 물론 이성적으로는 이해되지 않겠지만, 이런 현상이 누적되어 동맥경화를 일으키고 허리둘레를 늘리고 수명을 단축할 가능성이 가장 높은 음식을 주문해도 괜찮다는 마음이 생긴다. 이런 연구에 따르면 공중보건을 고려하여 학교 구내식당과 자동판매기, 식당 체인점 중에 적어도 한 가지만이라도 몸에 좋은 음식을 추가하라는 압력은 문제가 있다고 한다. 이런 변화를 보편화하고 메뉴 전체가 좀 더 몸에 좋은 음식으로 바뀌지 않는다면, 아무 조치도 취하지 않았을 때보다 더 나쁜 선택을 할 위험이 있다.

혹시 나만은 이런 효과에 영향을 받을 리 없다고 생각하는가? 이런 연구에 참가한 멍청이들보다 자기절제력이 훨씬 뛰어난 사람이니까? 만약 그렇다면 정말 큰 문제다. 특히 음식에 관해서라면 누구보다 자신이 절제력이 뛰어난 사람이라고 평가한 참가자들은 몸에 좋은 음식이 메뉴판에 포함되었을 때 몸에 나쁜 음식을 주문할 가능성이 제일 높았다. 자칭 의지력 도사 중 10퍼센트가 메뉴에 샐러드가 없을 때 가장 몸에 나쁜 음식을 선택했고, 샐러드가 메뉴에 포함되자 50퍼센트나 가장 몸에 나쁜 음식을 선택했다. 아마 이들은 자신이 몸에 좋은 음식을 주문할 것이라고 너무나 확신한 나머지 오늘은 마음 놓고 프렌치프라이를 주문해도 된다고 생각했던 모양이다.

이 실험은 우리가 미래의 선택에 대해 생각할 때 흔히 저지르는 기본적인 실수를 잘 보여준다. 우리는 내일이면 오늘과 다른 결정을 할 것이라는 잘못된 기대를 버리지 못한다. '지금 담배를 딱 한 대만 피우고 내일부터는 금연이야', '오늘은 운동을 빼먹지만, 내일은 틀림없이 할 거야', '명절이니까 선물에 돈을 쓰는 거야. 앞으로는 적어도 석 달 동안 쇼핑할 일도 없는걸', 바로 이런 낙관주의에 기대어 오늘 하루쯤은 괜찮다는 면죄부를 자신에게 발급해버린다. 머지않아 다른 선택을 할 기회가 온다는 사실을 알고 있다면 이렇게 타협할 가능성은 특히나 더 커진다. 예를 들어 예일 대학교의 연구진은 학생들에게 무지방 요구르트와 커다란 초콜릿 칩 쿠키 중 하나를 고르라고 했다. 이런 기회는 이번뿐이라는 설명을 들은 학생들의 57퍼센트가 쿠키를 고른데 비해 다음 주에도 똑같은 기회를 준다는 설명을 들은 학생들의 83퍼센트는 쿠키를 선택했다.

저속한 오락과 교양 있는 오락 중 하나를 선택하는 실험에서도 '다음 주에 교양과 지식을 쌓으면 되지'라는 생각 때문이었는지 학생들은 같은 패턴을 보였다. 적지만 당장의 재정적 보상과 많지만 나중의 재정적 보상을 선택하는 실험에서도 마찬가지였다. 다음 주에도 동일하게 선택할 기회가 있다는 설명을 들은 학생들의 67퍼센트는 다음에는 지금보다 바람직한 선택을 할 것이라고 예상했다. 하지만 연구진이 학생들을 실험실로 데려가 두 번째 기회를 주자 이들 중 겨우 36퍼센트만이 다른 결정을 내렸다. 그래도 역시 이들은 나중에 벌충할 수 있다고 생각했을 때 처음에 멋대로 내린 결정에 대해 죄책감이 훨씬 덜했다.

> **자기 탐구 생활 》 착한 일과 칭찬도 외상이 되나요?**
>
> 의지력의 도전과제와 관련된 결정을 할 때 혹시 미래에 착한 행동을 하겠다는 약속이 마음속에 떠오르는지 유심히 살펴보라. 오늘의 행동을 내일 벌충하겠다고 다짐하지는 않았는가? 이런 생각이 자제력에 어떤 영향을 미치는가? 과제를 좀 더 잘 수행하고 싶다면 내일까지 줄곧 관심의 끈을 늦추지 마라. 나는 내일 하겠다고 다짐한 일을 실제로 하는가, 아니면 '오늘 즐기

고 '내일 달라지자'는 악순환을 다시 시작하는가?

: **왜 항상 내일은 시간이 있다고 생각하지?**

미래를 낙관적으로 바라보는 태도는 나 자신의 선택에만 영향을 미치는 것이 아니라 같은 일이라도 나중에 하면 더 쉬울 것처럼 생각하게 한다. 심리학자들은 사람들이 오늘보다 내일 여유로운 시간이 훨씬 많으리라는 잘못된 예측을 한다고 말한다. 이런 마음의 속임수를 가장 잘 증명한 사람은 매디슨 주재 위스콘신 대학교의 로빈 태너 교수와 듀크 대학교의 커트 칼슨 교수이다. 마케팅을 전공한 두 사람은 소비자들이 실제로는 운동기구의 90퍼센트를 지하실에 처박아두고 먼지만 쌓이게 할 뿐인데도 자주 사용할 것처럼 잘못 예측하고 구매하는 현상에 흥미를 느꼈다. 이들은 소비자들이 역기나 복근단련 기구를 사용하는 자신의 미래 모습을 상상하면서 도대체 무슨 생각을 하는지 궁금했다. 사람들은 미래에도 현재와 마찬가지로 마감 시간이나 일정을 다투는 문제들, 마음을 산만하게 하는 일, 일상의 피로로 가득하다고 상상했을까? 아니면 지금의 현실과 조금은 다른 미래를 상상했을까?

두 명의 교수들은 소비자의 생각을 알아내기 위해서 많은 사람에게 미래를 예측하는 질문을 던져보았다. "다음 달에는 일주일에 평균 몇 번이나 운동할 겁니까?" 그런 다음 다른 집단에 중요한 한 가지 전제를 제시한 후 같은 질문을 던졌다. "이론적으로 다음 달에는 일주일에 평균 몇 번이나 운동할 겁니까?" 질문은 달라졌지만 두 집단의 예측에는 차이가 없었다. 이론상의 행동이 아니라 실제 행동을 예측해보라는 질문을 받았을 때조차 '이론적으로'라는 전제를 떠올리고 대답했던 것이다. 사람들은 미래를 내다보느라 오늘의 도전과제를 제대로 보지 못한다. 그 덕분에 오늘은 하고 싶지 않은 일이라도 내일이면 실행할 시간과 에너지가 더 많아진다고 확신한다. 일을 나중으로 미루고도 당연시하고 앞으로의 행동으로 더 많이 벌충하겠다고 확신하는 것이다.

이런 심리적 경향은 쉽게 흔들리지 않는다. 실험을 주재한 교수들은 사람들이 더욱 현실적으로 예측할 수 있도록 분명하게 지시사항을 전달했다. "이론적으로 예측하지 마시고 실제로 할 수 있는 행동을 최대한 현실적으로 예측하세요." 이런 지시를 받은 사람들은 자신의 행동을 이전보다 훨씬 더 긍정적으로 예측하고는 최고의 평가를 했다. 결국 교수들은 낙천주의자들에게 현실을 점검할 기회를 줘야겠다고 결정하고는 2주 후 사람들을 다시 불러 모아서 실제로 몇 번이나 운동을 했는지 조사했다. 놀라운 일도 아니지만, 결과 수치는 예상보다 낮았다. 예측은 이론적인 세계에서 했지만 2주간의 생활은 현실 세계에서 이뤄졌기 때문이다.

그런 다음 동일한 참가자들에게 다음 2주 동안은 몇 번이나 운동을 할지 예측해보라고 했다. 한 번 낙천주의자는 영원한 낙천주의자라던가. 이들은 처음 예측한 운동 횟수보다도 더 많을 뿐 아니라 2주 뒤에 보고할 실제 운동량보다도 훨씬 더 많을 것이라고 했다. 마치 최초에 예측한 평균 운동 횟수를 심각하게 여기고는 미래의 자신이 '유별나게 저조한' 성과를 벌충할 수 있도록 추가 운동을 할당해주는 것과 같았다. 지난 2주간의 경험이 자신들의 현실이고 최초의 예측이 비현실적이라고 받아들이기는커녕 오히려 예외 상황이라고 받아들였다.

물론 이런 낙관주의를 이해하기 어려운 것은 아니다. 만약 자신이 설정한 목표에 매번 실패하리라고 예상한다면 사람들은 미처 시작하기도 전에 포기부터 할 테니까. 하지만 긍정적인 기대감을 이용하여 현재의 나태함을 정당화한다면 차라리 처음부터 목표를 설정하지 않는 편이 낫다.

의지력 실험실 》 오늘과 다를 바 없는 내일

행동경제학자 하워드 래클린은 사람들이 변화를 항상 내일로만 미루는 문제를 극복하기 위해 흥미로운 속임수 한 가지를 제안한다. 행동을 바꾸고 싶다면 당신의 행동 자체에 초점을 두지 말고 행동의 변동성을 줄이는 것을 목표로 삼으라는 주장이다. 래클린이 입증한 바로는 매일 정한 개수 만큼의 담배를 피우라고 지시한 흡연자들은 심지어 담배를 줄이라는 요청이 분명하지 않은 경우에도 흡연량을 점차 줄여갔다고 한다. 이런 효과가 나타난 이유는 내일부터 달라지겠다는 가식적인 태도에만 늘 의존하던 흡연자들의 인식이 달라졌기 때문이다. 매일 같은 개수의 담배를 피워야 한다면 담배를 꺼낼 때마다 오늘만 한 개비 더 피우는 것이 아니라 내일도 한 개비를 더 피우는 것이고 그 다음 날도, 또 그 다음 날도 한 개비를 더 피우는 셈이었다. 이런 생각이 담배 한 개비에 새로운 의미를 부여하면서 단 한 번의 흡연이 건강에 미치는 영향을 부정하기가 훨씬 더 어려워졌다.

래클린의 충고를 의지력의 도전과제에도 적용하여 날마다 행동의 변동성을 줄여나가는 것을 목표로 삼아라. 선택할 때마다 미래에도 이 선택이 지속적으로 이어진다고 간주하라. 그러므로 '지금 이 사탕을 먹고 싶은가?'라고 자문하지 말고 '지금 내린 선택 때문에 내년에도 매일 오후 이 사탕을 먹고 싶은가?'라고 묻기 바란다. 만약 반드시 해야 할 것을 알면서도 어떤 일을 미뤄왔다면 '이 일을 오늘 하고 싶은가 아니면 내일 하고 싶은가?'라고 묻지 말고, '이 일을 항상 미루기 때문에 일어날 결과를 정말로 원하는가?'라고 자문하기 바란다.

: 마음 속 갈등을 잠재우는 규칙 세우기

네트워크 시스템 분석가로 일하는 서른 살 제프는 육식을 하면서도 마음속에 갈등이 많았다. 식품 가공업자들을 믿지 못해 생기는 공포는 말할 필요도 없고, 육식을 줄이면 건강에 유익하다는 주제의 책들도 꾸준히 읽어오던 터였다. 하지만 그런 생각도 그때뿐이었다. 스테이크 부리토, 소시지 페퍼로니 피자, 햄버거, 아침 식사에 곁들인 베이컨을 볼 때 샘솟는 기쁨은 정말이지 어쩔 도리가 없었다. 제프는 채식을 하기만 하면 윤리적인 걱정도 덜 수 있다는 사실까지 알았다. 하지만 피자 한 조각이 눈에 들어오는 순간 훌륭한 사람이 되겠다는 갈망은 김이 모락모락 나는 말캉한 치즈 속에서 그만 녹아 없어졌다.

제프는 이전에도 육식을 줄이려고 시도해본 적이 있지만, 결국 몇 가지 도덕적 면죄부만 만들고는 실패했다. 채식 음식 한 가지를 이용해서 육식 음식의 '유해함'을 상쇄하는 방법이 문득 떠올랐던 것이다. 예를 들면 스테이크 브리토를 주문했다는 죄책감을 덜어 보려고 곁들일 음식으로 야채 칠리를 주문하는 식이었다. 또 아침에 무엇을 먹었는지에 따라 그날이 '착한 하루'가 될지 '나쁜 하루'가 될지 결정하기도 했다. 만약 아침 식사로 베이컨 달걀 샌드위치를 먹었다면 그날은 어차피 나쁜 하루가 될 터이므로 점심에도 저녁에도 자유롭게 고기를 먹어도 된다고 생각했다. 그러고는 내일은 처음부터 끝까지 좋은 하루를 보낼 것이라고 다짐했다.

어떤 날은 착한 하루로, 또 어떤 날은 나쁜 하루로 정하다 보니 예상컨대 착한 날보다는 나쁜 날이 더 많았을 것이다. 제프는 이런 방식으로 하루를 보내겠다는 마음을 버리고 행동의 변동성 감소를 도전과제로 결정했다. 우선 '저녁 식사 전까지만 채식주의'라는 작전을 정했다. 오후 6시까지는 채식 습관을 지키되 저녁 식사로는 원하는 음식을 마음껏 먹었다. 이 규칙에 따라 점심에는 햄버거를 먹을 수 없었지만, 저녁으로 브로콜리만 먹어야겠다고 다짐할 필요도 없었다. 그러다 보니 아침에 먹은 시리얼을 핑계 삼아 점심에 닭 날개를 먹는 일도 없었다.

이 작전은 자신이 보상을 얻었는지를 놓고 마음속에서 끝없이 벌이던 논쟁에 종지부를 찍는 훌륭한 방법이다. 예전에 제프는 점심으로 햄 치즈 샌드위치와 채소 월남쌈 중 무엇을 먹을까 갈등했지만, 새로운 규칙을 정한 후로는 결정이 쉬워졌다. 점심은 채식으로 정했으니 왈가왈부할 필요가 없었다. 이처럼 일일 규칙을 활용하면 내일은 오늘과 전혀 다를 것이라는 생각이 환상임을 간파할 수 있다. 제프는 만약 규칙을 어기면 실험의 지시사항에 따라 그 주의 나머지 날에도 매번 규칙을 어겨야 한다는 사실을 알고 있었다. 비록 샌드위치가 맛있게 보이기는 하지만, 한 주의 목표를 포기하고 싶다는 마음은 전혀 없었다. 샌드위치가 예외적인 상황이 아니라 새로운 규칙의 시작이라고 생각하니 먹고 싶은 마음이 사라졌던 것이다.

마음속에서는 목표를 당장 포기하라고 설득하는 목소리가 들려올 것이다. 이런 논란을 잠재우는 데 효과적인, 우리가 감수할 만한 규칙이 있는가?

죄가 미덕처럼 보일 때가 있는가?

이제 면죄부의 마지막 덫이 무엇인지 살펴보고 이를 피하는 방법을 배워보자. 지금까지 살펴본 내용과는 달리 이번 덫은 우리의 고결한 행동과는 아무런 관계가 없다. 우리가 원하는 것이 그렇게 나쁘지만은 않다고 확신하는 마음속의 깊은 갈망과 관련이 있을 뿐이다. 앞으로 살펴보겠지만 우리는 열망이 너무 커서 유혹을 느끼는 대상에 스스로 면죄부를 남발하여 죄책감 없이 즐긴다.

: **후광 효과란 무엇인가?**

주말에 필요한 물건을 몇 가지 사러 슈퍼마켓에 갔다고 상상해 보라. 시리얼 진열장에서 모퉁이를 돌아 냉동식품 코너로 걸어가니 평소에는 보지 못했던 색다른 판촉행사가 한창이다. 사춘기 소년의 공상에 등장할 법한 금발 미녀보다 신성해 보이는 천사가 시식용 음식을 쟁반에 담아 들고 있는 것이 아닌가. 후광에서 뿜어져 나오는 금빛 광채가 접시에 담긴 작은 핫도그를 밝게 비추고 그녀의 피부에서는 하프 음악이 흘러나오는 듯하다. "먹어보세요." 천사가 당신에게 애원한다. 통통한 핫도그들을 바라보자 머릿속에 포화지방, 아질산염, 콜레스테롤이라는 단어들이 스쳐 간다. 핫도그가 다이어트에 좋지 않다는 사실쯤은 알고 있지만, 천사가 당신을 나쁜 길로 인도할 리 없지 않은가? 그냥 한입만 먹으면······.

축하한다! 당신은 후광 효과를 만나자마자 속아 넘어갔다. 이러한 도덕적 면죄부는 호시탐탐 "네" 하고 유혹에 넘어갈 이유만 찾는다. 욕구를 충족해도 괜찮다 여기고 싶을 때 당신은 미덕을 행할 기미만 보여도 굴복하는 것이 정당하다고 간주한다.

이런 이론을 실제로 확인해보고 싶다면 그저 저녁 식사 시간을 잘 살펴보기만 해도 된다. 몇 가지 연구에 따르면 건강한 선택이라고 광고한 음식을 메인요리로 주문하는 사람은 몸에 더 해로운 음료와 곁들임 요리, 디저트까지 주문한다. 비록 건강을 목표로 삼았지만 결국은 일반적인 식사를 주문한 사람들보다 더 많은 칼로리를 섭취하고 마는 것이다. 다이어트를 연구하는 학자들은 이런 현상을 '건강 후광 효과'라고 부른다. 몸에 좋은 음식을 주문하면 뿌듯한 기분이 생기기 때문에 그다음에는 욕구를 충족하더라도 전혀 죄책감이 들지 않는다는 것이다.[12] 게다가 경우에 따라서는 훌륭한 선택을 하면 말 그대로 욕구 충족을 무마할 수 있다고 믿는다. 한 연구결과에서 치즈버거와 샐러드를 함께 주문한 사람은 두 개를 같이 먹으면 치즈버거만 먹을 때보다 칼로리가 더 적다고 판단했다. 물론 말도 안 되는 계산법이다. 접시 위에 상추 한 장을 깔면 마법처럼 칼로리가 사라져버린다고 믿으면 몰라도. (극장이나 식당에서 음식을 주문하는 행태로 판단하건대 아무래도 사람들은 대부분 다이어트 콜라가 칼로리를 없애는 효과를 일으킨다고 믿는 모양이다.)

샐러드는 판단력을 흐리게 한다. 샐러드를 먹으면 마치 선행을 베푸는 것 같은 기분이 든다고나 할까? 양상추 이파리 몇 장이 햄버거에 빛을 비추는 건강 후광 효과를 일으키기 때문에 사람들은 햄버거가 가져올 건강 '손실'을 과소평가할 가능성이 높다. 다이어트를 하는 사람들은 이론상 음식의 칼로리 계산법을 누구보다 잘 알 것 같지만, 후광 효과에 속아 넘어갈 가능성이 가장 크다. 실제로 그들은 샐러드를 같이 먹을 때 전체 섭취 칼로리에서 100을 빼고 계산했다.

후광 효과는 욕구를 충족시켜주는 것과 좀 더 바람직한 것이 짝을 이룰 때, 장소를 불문하고 불쑥 등장한다. 예를 들어 몇몇 연구는 자선행사에서 초콜릿을 구매한 사람들이 선행에 대한 보상 심리로 초콜릿을 더 많이 먹는다고 주장한다. 이타적인 기부 행위가 초콜릿에 후광을 비춰 자선을 베푼 사람들이 아무 죄의식 없이 맛있게 먹는다는 것이다. 싼 물건만 찾는 사람들이 저렴하게 물건을 구입하면 돈을 절약한 것이 너무나 자랑스러워서 처음 마음먹은 것보다 더 많이 구매하게 된다. 그리고 선물하는 것을 좋아하는 사람들은 마음이 너그러운 나머지 자신도 선물 받을 자격이 충분하다고 결론짓는다. (아마 이런 이유 때문에 명절맞이 쇼핑 기간 초반에 여성 신발과 의류가 매출의 가장 큰 비중을 차지하는가 보다.)

속임수에 넘어가는 마법의 주문

문제는 '선'과 '악'의 개념으로 음식이나 물건을 생각하면 쾌감이 상식을 밀어내버린다는 점이다. 그 덕분에 식당들과 마케터들은 99퍼센트의 사악함에 1퍼센트의 미덕을 보태는 작전으로 우리가 장기적인 목표를 망치는 동안에도 스스로를 자랑스럽게 여기게 한다. '건강! 아니, 쾌락!' 이미 우리는 목표에 갈등을 느끼기 때문에 뻔한 속임수에도 기꺼이 넘어간다.

1992년에 크게 유행한 스낵웰즈 쿠키는 도덕적 면죄부를 가장 잘 보여주는 사례이다. 다이어트를 하는 사람들에게 과자 겉봉지에 쓰인 '무지방!'이라는 단어는 봉지 안에 담긴 달짝지근한 초콜릿 쿠키의 죄를 그저 상쇄하는 역할 정도만 한 것이 아니었다. 체중관리를 하는 사람들은 무지방이라는 후광에 눈이 멀어 설탕이 과도하게 첨가된 기분 좋은 보상을 무분별하게 상자째 입에 털어 넣었다(알겠어요. 실토할게요. 저도 그랬어요). 의학 연구진은 이 소동이 의도하지 않은 체중증가를 동반했다는 점에서 힌트를 얻어 '스낵웰즈 신드롬'이라고 별명을 붙였다. 요즘 다이어트에 도가 튼 사람들에게 '무지방'이라는 단어가 예전과 같은 효과를 주지는 않겠지만, 사람들이 모두 다 현명해진 것은 아니다.

최근의 어느 연구는 그저 낡은 마법이 새로운 마법으로 대체되었을 뿐이라고 주장한다. 예를 들어 사람들은 '유기농'이라는 문구를 삽입한 오레오 쿠키가 일반 오레오 쿠키보다 칼로리가 더 적다고 판단하여 매일 먹기에 훨씬 적합하다고 생각한다는 것이다. 유기농을 먹으면 건강에 좋을 뿐만 아니라 지구를 살리는 올바른 선택이라는 생각에 현혹되는 현상을 '녹색 후광'이라고 부른다. 그 덕분에 쿠키의 친환경적 요소가 영양 과다라는 죄를 상쇄해버린다. 친환경적 성향이 강한 사람일수록 유기농 쿠키의 칼로리를 과소평가하여 매일 먹어도 괜찮다고 여길 가능성이 높다. 이는 마치 다이어트를 하는 사람들이 햄버거에 샐러드를 같이 먹는 건강 후광 효과에 가장 잘 속는 것과 마찬가지이다. 특정한 미덕에 관심이 많으면 많을수록 '도덕적인' 욕구 충족이 자신의 장기 목표를 어떻게 위협하는지 무시해버리기 쉽다.

> **자기 탐구 생활 »** 혹시 무언가에 후광을 불어넣고 있지는 않은가?
>
> 무언가의 가장 도덕적인 특성만 집중적으로 보고 그것을 실컷 즐겨도 괜찮다고 생각하지는 않는가? '하나를 사면 하나가 공짜', '천연 원료', '저지방', '공정무역', '유기농', '공익을 위해' 등등 실컷 즐겨도 괜찮다고 마음을 놓게 하는 마법의 주문이 있는가? 목표를 약화시키는 무언가에 자신이 후광을 불어넣는지 잘 살펴보아라.

절약이라는 문구에 홀리면 지출만 늘어날 뿐이다

약사로 일하다가 최근에 퇴직한 마거릿은 창고형 할인마트에 중독되었다. 할인의 폭이 클수록 쾌락은 커져만 갔고, 진열대 사이로 카트를 밀고 다니며 선반에서 대용량 묶음 상품을 집을 때마다 한 건 올렸다는 만족감에 뿌듯해졌다. 화장실 휴지, 시리얼, 포장지 등 싸기만 하다면 무엇이든 상관없었다. 눈에 띄게 싼 가격, 지극히 실용적인 상품, 마트의 특징 하나하나가 이렇게 소리치는 것만 같았다. "여기서 돈을 절약하는 당신은 진정한 쇼핑 고수!"

그러던 어느 날 마거릿은 일주일에 한 번씩 창고형 할인마트에 다녀올 때마다 받아온 영수증을 냉정하고 꼼꼼하게 들여다보았다. 그제야 여태껏 일반마트에서 썼던 액수보다 훨씬 많은 돈을 지출했다는 사실을 깨달았다. 영수증 끝에 적힌 "○○원을 절약하셨습니다!"라는 항목만 집중해서 보느라 쇼핑에 지불한 총액이 얼마인지는 무시했던 것이다. 그녀는 할인마트에 발을 들여놓는 순간부터 후광 효과의 영향을 받았다. 그 때문에 홀가분한 마음으로 죄책감 없이 돈을 내며 이런 욕구 충족을 기꺼이 즐길 수 있었다.

마거릿은 후광 효과의 덫에서 벗어나기 위해 절약의 의미부터 다시 정의했다. 물건을 싸게 사는 것만으로는 충분하지 않았다. 그녀는 미리 정해둔 지출 한도 내에서 싼 물건을 사기로 했다. 마거릿은 여전히 절약할 때 기분이 좋아진다. 하지만 절약의 후광에 눈이 멀어 매주 흥청망청 돈을 쓰는 일은 절대 없다.

후광 효과가 의지력의 도전과제에 방해가 된다면 나의 선택이 목표에 알맞은지를 판단할 가장 실제적인 측정법(예를 들어 칼로리, 비용, 소비한 시간 등)을 찾아보아라.

친환경 생활에 숨어 있는 위험

혹시 전구를 바꾼다거나 장바구니를 들고 다니는 등의 사소한 행동으로 지구를 살리자는 이야기를 들어보았는가? 어쩌면 배출한 이산화탄소의 양만큼 온실가스 감축활동을 하거나 환경기금에 투자하는 '탄소 상쇄'에 참여하라고 부탁받았을지도 모르겠다. 쉽게 말해 탄소 상쇄란 에너지를 사용하고 과잉 소비한 만큼 돈으로 참회하라는 것이다. 이는 비행기 여행이 환경에 미치는 영향에 죄책감을 느끼는 일등석 여행자들이 항공사가 남아메리카에 나무를 심을 수 있도록 추가 비용을 내는 것과 같다.

물론 이러한 행동들 자체는 모두 환경에 도움이 된다. 하지만 이런 행동 때문에 우리가 스스로를 전과 다르게 생각한다면 어떻게 될까? 자신이 지구에 관심이 있다고 확신하며 기회가 될 때마다 환경에 도움이 되는 일을 하고 싶은 의욕이 솟을까? 아니면 도덕적인 선택을 내린 뒤부터 자신의 녹색 자격을 끊임없이 떠올리느라 오히려 환경에 해를 끼칠까?

충전용 건전지와 유기농 요구르트와 같은 친환경 제품을 파는 웹사이트를 둘러보기만 해도 사람들은 왠지 모르게 뿌듯해한다. 하지만 친환경 생활이 항상 도덕적으로 올바른 행동으로 이어지지는 않는다. 연구에 따르면 정답을 맞힐 때마다 상금을 받는 시험에서 친환경 제품을 구매한 사람들이 부정행위를 한 비율이 높았다. 게다가 시험에서 획득한 상금을 알아서 가져가라고 돈 봉투를 주면 자기 몫보다 돈을 더 훔쳐가는 경향도 컸다. 어쩐 일인지 친환경 쇼핑의 미덕이 거짓말과 도둑질이라는 죄를 정당화해준 듯했다.

물론 누구도 친환경 차량의 최강자인 도요타의 프리우스를 운전한다고 해서 곧 거짓말쟁이가 될 것으로 생각하지는 않겠지만[13] 그래도 이런 연구결과를 들으면 여전히 심기가 불편해진다. 예일 대학교 경제학 교수 매슈 코첸은 사소한 친환경적 행동이 소비자와 기업의 죄의식을 덜어주어 환경에 해로운 행동을 해도 괜찮다는 면허증을 발급할 수 있다고 우려했다.

누구나 환경을 걱정할 수는 있지만 생활방식을 크게 바꾸는 일은 생각만큼 쉽지 않다. 기후변화와 에너지 절약의 중요성을 생각하고 환경 재난을 막으려면 어떤 조치를 취해야 하는지 고민하는 일은 버겁게 느껴지기도 한다. 그러다 보니 우리는 자신의 역할을 다 했으니 더 고민하지 않아도 된다는 기분만 들게 해준다면 무엇이든 기꺼이 응할 참이다. 일단 죄책감과 걱정이 사라지면 평소처럼 자원을 낭비하는 생활방식으로 돌아갈 것이다. 그러므로 장바구니는 과소비의 면죄부이자 면허증이요, 나무 심기는 잦은 여행의 면죄부이자 면허증이며, 전구 교체는 에너지 낭비가 많은 큰 집 생활에 대한 면죄부이자 면허증이 되는 셈이다.

물론 좋은 소식도 있다. 친환경 행동이라고 해서 모두 과시적인 소비와 죄의식 없는 탄소 과잉 사용을 조장하지는 않는다. 멜버른 대학교의 경제학자들은 사람들이 나쁜 행동에 대해 '속죄'할 때 면죄부 효과가 일어날 가능성이 가장 크다고 주장했다. 예를 들어 나무 심기 비용으로 낸 2달러 50센트의 추가 비용이 가정용 전기 사용으로 인한 탄소 배출을 보상한다. 이러면 환경오염에 대한 죄책감이 어느 정도 완화되며 소비자들은 더 많은 에너지를 사용해도 괜찮다고 생각할 가능성이 높아진다. 이와 비슷한 효과는 좋은 의도로 기획한 벌금 정책에서도 발견되었다. 예를 들어 탁아소에서 아이를 늦게 데려가는 부모에게 벌금을 매기면 아이를 늦게 데려가는 경우가 오히려 증가했다. 부모들은 늦어도 된다는 권리를 돈으로 살 수 있으므로 죄의식을 까맣게 지워버린 것이다. 사람들은 대부분 가장 쉬운 선택을 하고 차라리 돈을 좀 더 내려는 경향이 있기 때문에 탁아소의 벌금 정책은 부모들이 다른 사람에게 책임을 전가할 면죄부만 발급해준 셈이다.

하지만 전기요금을 10퍼센트 더 내면 친환경 에너지원을 사용할 수 있다는, 환경 위해 행위를 친환경 행위로 바꿔주는 무언가를 돈으로 살 수 있다면 이런 면허 효과는 전혀 나타나지 않는다. 왜 그럴까? 경제학자들은 이렇게 추측했다. 이런 식의 친환경 행위는 환경에 대한 책임감을 강화해주기 때문에 죄책감을 그다지 줄여주지 않는다. 사람들은 풍력 에너지나 태양력 에너지를 사용하기 위해 추가로 돈을 내면서 이렇게 생각한다. '난 지구를 위해서 좋은 일을 하는 사람이야!' 그러고는 이런 정체성을 유지하며 자신의 가치관에 맞게 살면서 목적을 달성하기 위한 방법을 찾으려고 더 애쓴다. 만약 다른 사람에게 친환경적 실천을 하라고 격려하고 싶다면 '환경을 생각하는 사람'이라는 정체성을 강화하는 데 더욱 집중하고 만년설을 녹일 권리를 돈으로 살 기회는 되도록 주지 않는 편이 현명하다.

우리는 올바른 일을 하고 싶은 사람이라고 스스로 느껴야 한다. 면죄부나 방종 면허의 근본적인 원인은 정체성의 위기 때문이라고 밝혀졌다. 아직도 우리의 진정한 자아가 나쁜 행동을 원한다고 믿는다면 그때는 착한 일을 했다고 스스로 보상해줘도 좋다. 이런 관점에서 보면 자기절제 행위는 모두 처벌이고 방종만이 보상이다. 하지만 어째서 자신을 이런 식으로 생각해야만 하는가? 도덕적 면죄부라는 덫을 뛰어넘으려면 진정한 자아는 자신에게 최선인 것을 원한다는, 가치관에 맞게 살고 싶어 한다는 사실을 깨달아야만 한다. 이런 깨달음을 얻으면 충동, 게으름, 유혹에 쉽게 굴복하는 자아를 '진정한' 자신이라고 생각하지 않을 것이며 뇌물, 속임수, 강압에 속아서 목적을 추구하고는 그 노력한 대가를 어떻게든 보상받으려 하는 사람처럼 행동하지 않을 것이다.

> **자기 탐구 생활 》 나는 어떤 사람이라고 생각하는가?**
>
> 나의 어떤 모습이 더 '진짜' 자신처럼 느껴지는가? 목적을 추구하고 싶은 자아인가 아니면 통제가 필요한 자아인가? 충동과 욕망에 더 동질감을 느끼는가, 아니면 장기적인 목표와 가치관에 더 동질감을 느끼는가? 의지력의 도전과제를 생각했을 때 자신을 성공 자질이 충분한 사람이라고 느끼는가, 아니면 지금의 모습을 근본적으로 억압하거나 개선하거나 변화할 필요가 있다고 느끼는가?

자기절제를 추구하면서 의지력의 도전과제를 하나하나 도덕적인 관점에서 따져보는 것은 실수다. 우리는 착한 일을 하거나, 단지 생각만 하고는 자신의 도덕성을 칭찬하며 유혹에 굴복해도 괜찮다고 능숙하게 정당화한다. 정말로 원하는 것을 기억하지 못하고 '옳고 그름'이라는 관점에서만 생각하다 보면 목표와 어긋나는 충동을 유발하게 된다. 그리고는 자기파괴적인 행동을 해도 괜찮다는 면허를 발급해버린다. 목표에 매진하는 사람으로 변화하기 위해서는 착한 일을 통해 얻는 후광이 아니라 목표 자체에 동질감을 느껴야만 한다.

Chapter 5

뇌는 종종
새빨간
거짓말을
한다

인간에게 있어 가장 아름다운 진실은
마음가짐을 바꾸면 현실을 바꿀 수 있다는 점이다.

― 플라톤 Platon, BC 427~347

　1953년, 몬트리올 맥길 대학교의 젊은 과학자 제임스 올즈James Olds와 피터 밀너Peter Milner는 대단히 당황스럽게 행동하는 쥐 한 마리를 이해하려고 애썼다. 그들은 쥐의 뇌에 전기충격을 줄 수 있도록 전극을 심어두고는, 다른 과학자들이 쥐에게 공포 반응을 일으킨다고 밝혀낸 뇌 영역을 활성화하려고 노력했다. 이전에 발표된 연구보고에서는 실험실의 쥐들이 전기충격을 너무나 싫어해서 뇌가 흥분한 순간을 연상시키는 것이면 무엇이든 피하려는 경향을 보였다고 한다. 반면 올즈와 밀너의 쥐는 전기충격을 받았던 우리의 구석으로 계속해서 되돌아왔다. 마치 이번 쥐는 충격을 더 받고 싶어 안달이 난 것만 같았다.

　호기심을 자극하는 쥐의 행동에 당황한 두 사람은 쥐가 충격을 받고 싶어 한다는 가설을 실험해보기로 했다. 쥐가 조금 오른쪽으로 움직여 처음에 전기충격을 받았던 곳에서 멀어질 때마다 일종의 보상으로 부드러운 충격을 가했다. 쥐는 상황을 재빨리 파악하더니 채 몇 분이 지나지 않아 내내 반대편 구석에 머물렀다. 올즈와 밀너는 쥐가 전기충격을 받을 수 있다면 어느 방향으로든 움직이려 한다는 사실을 알아냈다. 금세 이들은 쥐를 조이스틱처럼 조정할 수 있게 되었다.

그렇다면 이전의 다른 연구진은 뇌의 중심 부분을 자극하는 효과에 대해서 잘못 알았던 것일까? 아니면 올즈와 밀너가 어쩌다 보니 학대를 즐기는 괴상한 쥐를 만났던 것일까?

사실 두 사람은 일을 서툴게 한 덕분에 우연히 뇌의 미개척 영역을 알아내게 되었다. 신경과학이 아닌 사회심리학을 공부했던 올즈는 실험 기술이 능숙하지 못한 편이었다. 그 덕에 뇌의 엉뚱한 영역에 전극을 심어버렸던 것이다. 결국 두 사람은 실수 덕분에 자극을 받으면 엄청난 쾌락을 유발하는 뇌 영역을 발견했다. 그렇지 않다면 쥐가 전기충격을 한 번 더 받으려고 어느 쪽으로든 움직였던 이유를 달리 어떻게 설명할 수 있겠는가? 올즈와 밀너는 이 실험으로 발견한 영역을 뇌의 '쾌락 중추'라고 불렀다.

하지만 올즈와 밀너는 자신들이 어디에 발을 담갔는지 제대로 이해하지 못했다. 두 사람의 생각과 달리 실제로 쥐가 경험한 것은 기쁨이 아닌 욕구였다. 올즈와 밀너의 쥐 실험을 토대로 후대의 신경과학자들은 마침내 우리가 경험하는 갈망, 유혹, 중독을 들여다볼 수 있는 매혹적인 창구를 제공했다. 이제 그 창구를 자세히 살펴보면서 뇌가 행복의 올바른 방향만을 알려주는 믿음직한 존재가 아니라는 사실을 이해해보자. 또 신경마케팅이라는 새로운 분야가 우리의 뇌를 어떻게 조종하고 욕구를 만들어내는지, 이를 거부하려면 어떻게 해야 하는지 자세히 알아보자.

욕망을 행복으로 착각하는 이유가 뭘까?

올즈와 밀너는 쥐의 뇌에서 쾌락 중추를 발견한 후 이 영역을 자극하면 얼마나 행복해지는지 입증하는 작업에 착수했다. 우선 24시간 동안 쥐를 굶긴 다음 짧은 터널의 양쪽 끝에 음식을 두고 터널 한가운데 쥐를 놓았다. 평상시에 쥐는 터널의 끝으로 달려가서 음식을 먹어치웠다. 그런데 음식이 있는 곳에 도달하기 전 전기충격을 받으면 그 자리에 멈춰 서서 절대 움직이려고 하지 않았다. 확실하게 보장된 음식보다 전기충격의 기회를 한 번 더 기다리는 듯했다.

이들은 만일 쥐에게 기회를 주면 스스로 전기충격을 유발할 것인지도 실험해보았다. 레버를 설치해서 쥐가 그걸 누르면 전기가 쾌락 중추를 자극하도록 한 것이다. 이를 파악한 쥐는 5초마다 레버를 눌러서 전기충격을 받기 시작했다. 하지만 스스로 자극을 받은 쥐들은 만족해하는 징후를 보이지 않았고, 지쳐서 탈진할 때까지 레버를 눌러댔다. 심지어 쥐들은 자극을 주기만 한다면 자기를 고문해도 괜찮다고 생각하는 듯 했다. 올즈는 전기 석쇠의 양쪽 끝에 레버를 설치하여 쥐가 레버를 한 번 건드릴 때마다 전기충격을 한 번씩 받을 수 있도록 설정했다. 쥐들은 발에 화상을 입어 도저히 움직일 수 없을 때까지 기꺼이 전기 석쇠의 양쪽 끝을 건너다녔다. 이를 본 올즈는 이런 행동을 유발하는 유일한 원동력이 기쁨이라고 더욱 확신하였다.

얼마 지나지 않아 정신과 의사들은 이 실험이 꽤 훌륭하다고 판단하였고, 인간에게 적용해도 무리가 없으리라 생각했다.[14] 툴레인 대학교의 로버트 히스는 환자들의 뇌에 전극을 심고 쾌락 중추를 스스로 자극할 수 있도록 조종장치를 건넸다. 히스의 환자들은 올즈와 밀너의 쥐와 놀라울 정도로 비슷하게 행동했다. 원하는 만큼 얼마든지 자극을 해도 좋다고 허락을 받은 환자들은 평균 1분에 40번씩 전기충격 버튼을 눌렀다. 음식을 주며 잠시 자극을 멈추라고 했지만, 이들은 배가 고프다고 인정하면서도 음식 때문에 자극을 멈추려고 하지는 않았다. 한 환자는 연구진이 실험을 끝내고 전극을 분리하려고 하자 강하게 반발했다. 다른 환자는 전기 공급이 끊어진 뒤에도 200번 이상이나 버튼을 눌러댔다. 그는 연구진의 말을 듣고 나서야 동작을 멈췄다.[15] 어쩐 일인지 히스는 이런 결과를 보고 뇌의 자기 자극이 광범위한 정신질환의 실용적인 치료 기술이 될 것이라고 확신했다. 그래서 환자들의 뇌에 심었던 전극을 제거하지 않고 휴대용 소형 자극장치를 벨트에 달아주어서 환자가 원할 때마다 언제든 사용하도록 하는 것이 좋겠다고 판단했다.

이쯤에서 이 연구의 전후 배경을 고려해보는 게 좋겠다. 당시의 지배적인 과학 패러다임은 행동주의였다. 행동주의 심리학자들은 동물이나 사람에게서 측정할 가치가 있는 대상은 행동뿐이라고 믿었다. 사상은? 감정은 어떠냐고? 그야 시간 낭비일 뿐! 그들은 객관적인 관찰자가 볼 수 없다면 과학도 아니고 중요하지도 않았고 여겨졌다.

이런 이유로 히스가 초기에 발표한 연구 보고서에는 환자들이 직접 자기 자극이 어떤 느낌이었는지 자세히 설명한 부분이 없었다. 올즈나 밀너와 마찬가지로 히스는 피험자들이 자극을 계속 시도했고, 전기충격을 멈추지 않으려고 음식조차 거부했으므로 극도의 쾌락으로 '보상' 받고 있는 셈이라고 추정했다. 물론 환자들이 전기충격을 받으면 기분이 좋아진다고 말한 것도 사실이다. 하지만 끊임없이 자극을 시도하고 전기를 차단할까 걱정했다는 사실을 조합한다면 이들이 느낀 감정은 만족감이 아닌 다른 무엇이었다고 생각된다. 얼핏 행복해 보이는 경험에 숨겨진 다른 측면을 드러내준다. 항상 깨어 있을 수 있도록 휴대용 자극장치를 받은 기면 발작 환자는 자기 자극을 하면 극심한 좌절감을 느낀다고 묘사했다. 또한 '자주, 때로는 광적으로 버튼을 눌러'대도 금방이라도 느낄 것만 같은 만족감을 실제로 느껴본 적은 없다고 말했다. 자기 자극은 그에게 행복이 아니라 갈망을 채우지 못한다는 불안감을 안겨주었다. 그리고 그의 행동은 쾌락의 경험이라기보다는 강박에 가까워 보였다.

만약 올즈와 밀너의 쥐가 지칠 때까지 자극을 시도한 이유가 기분이 매우 좋아서 멈추기 싫었던 게 아니라면? 만약 두 사람이 자극한 뇌 영역이 전해준 감정이 엄청난 쾌락이 아닌 단순히 쾌락에 대한 약속일뿐이라면? 쥐가 끊임없이 스스로 자극한 이유가 레버를 한 번만 더 누르면 무언가 놀라운 일이 곧 일어날 것이라고 뇌가 계속 알려주었기 때문이라면?

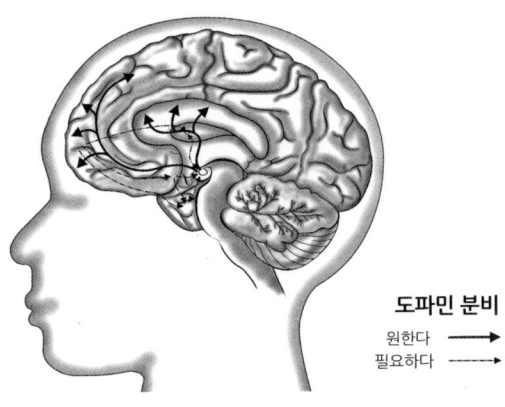

〈 중뇌의 '보상 약속' 체계 〉

 사실 올즈와 밀너가 발견한 것은 쾌락 중추가 아닌 현대의 신경과학자들이 말하는 '보상체계'였다. 그들이 자극했던 영역은 뇌의 가장 원시적인 동기부여 체계의 일부로 차츰 진화하며 인간이 행동하고 소비하도록 몰아가는 곳이었다. 바로 그런 이유로 올즈와 밀너의 첫 번째 쥐가 처음 자극을 받았던 곳의 주위를 계속 배회했고, 그런 이유로 쥐들이 기꺼이 음식까지 포기하고 발에 감전을 당하면서까지 한 번이라도 더 전기충격을 받으려 했던 것이다. 이 영역이 활성화될 때마다 쥐의 뇌는 이렇게 말했다. "한 번 더! 그러면 기분이 좋아질 거야!" 매번 가해지는 자극은 쥐에게 더 많은 자극을 원하도록 부추겼지만, 자극 자체는 결코 만족을 주지 않았다.

 이제 알게 되겠지만 이런 체계를 유발하는 것은 뇌에 심어놓은 전극만이 아니다. 식당 메뉴와 쇼핑 카탈로그부터 복권과 텔레비전 광고에 이르기까지 세상에는 당신을 충동질하여 행복의 약속을 추구하던 올즈와 밀너의 쥐 같은 존재로 돌변하게 만드는 자극이 가득하다. 그런 상황이 닥치면 뇌는 점차 무언가를 원한다는 '욕망'에 사로잡혀 싫다고 '부정'하는 말을 하기가 점점 어려워진다.

: **욕망의 신경생물학**

보상체계는 우리를 어떤 식으로 자극하여 행동하게 하는가? 뇌는 보상의 기회를 인식하면 도파민이라는 신경전달물질을 분비한다. 도파민은 어디에 주의를 기울여야 하는지, 어디에 탐욕스러운 손을 올려두어야 하는지 알려준다. 도파민이 급격히 증가하더라도 행복 자체를 만들어내지 못하며 흥분에 가까운 감정을 유발할 뿐이다. 정신이 초롱초롱해지고 잠이 달아나며 넋을 빼앗긴 기분이랄까? 이렇게 기분이 좋아질 가능성을 인식하고 나면 그 감정을 얻으려고 기꺼이 노력하게 된다.

지난 몇 년 동안 신경과학자들은 도파민 분비의 효과에 추구, 갈구, 갈망, 욕구, 욕망 등 여러 가지 이름을 붙였다. 하지만 한 가지 분명한 것은 이런 경험이 결코 좋아함, 만족, 쾌락, 실질적인 보상은 아니라는 점이다. 연구에 따르면 쥐의 뇌에서 도파민 체계를 완전히 없애버린 후 설탕을 먹여도 여전히 얼굴에 바보 같은 미소가 떠오른다고 한다. 다만 쥐는 기분 좋은 보상을 얻으려고 더 노력하지는 않을 것이다. 그냥 설탕을 좋아할 뿐이며 설탕을 먹기 전에는 설탕을 원하지도 않는다.

2001년에 스탠퍼드 대학교의 신경과학자 브라이언 넛슨은 거의 완벽한 실험을 통해 보상의 경험이 아닌 보상을 예측할 때 도파민의 역할을 입증했다. 그는 행동심리학자 이반 파블로프가 고전적인 조건부여 실험에서 사용한 유명한 연구방법을 빌려왔다. 1927년에 파블로프가 관찰한 결과로는 개에게 먹이를 주기 전에 종을 울리면 나중에 먹이가 보이지 않아도 종소리를 듣는 순간 개가 침을 흘렸다. 학습을 통해 종소리를 들으면 바로 먹이를 연상하게 되었기 때문이다. 넛슨은 뇌도 보상을 기대할 때 자기만의 방식으로 침을 흘린다고 어렴풋이 짐작했다. 이때 무엇보다 중요했던 것은 뇌의 이런 반응이 보상을 받을 때 보이는 반응과 동일하지 않을 거라는 추측이었다.

이번 연구에서 넛슨은 피험자들에게 뇌 영상 장치를 연결한 다음 눈앞의 화면에 등장하는 특정한 상징을 발견하면 상금을 받을 수 있다고 기대하도록 훈련했다. 돈을 받으려면 피험자들은 버튼을 눌러야만 했다. 상징이 화면에 나타나자마자 뇌의 도파민 분비 보상 중추가 빛나면서 참가자들이 보상을 받으려고 버튼을 눌렀다. 하지만 실제로 상금을 받자 뇌의 이 영역은 조용해졌다. 상금을 탔다는 기쁨은 뇌의 다른 영역에서 나타났다. 이로써 도파민은 행복이 아닌 행동에 관여한다는 사실이 밝혀졌다. 보상이 약속되자 참가자들은 행동을 하지 못해서 보상을 놓치는 일이 없도록 최선을 다했다. 이처럼 보상체계가 환히 빛날 때 느끼는 감정은 쾌락이 아니라 기대였다.

먹음직한 음식이 보이고, 커피 내리는 냄새가 풍겨오고, 50퍼센트 세일이라는 문구가 상점 진열장에 내걸리고, 매력적인 낯선 사람이 미소를 보내고, 인포머셜이 부자로 만들어주겠다고 약속하는 등 나를 기분 좋게 해주리라는 생각을 불러일으키는 것은 무엇이든 보상체계를 작동시킨다. 도파민이 급격하게 분비되는 것은 이 새로운 욕구의 대상이 나의 생존에 중요한 역할을 한다는 표시이다. 도파민 때문에 주의력이 사라지면 마음은 무엇이 이 상황을 유발했든 이것을 획득하거나 반복하는 데 집착한다. 이런 본능의 속임수는 내가 산딸기를 따고 싶지 않다는 이유로 굶주리지 않게, 잠재적인 짝을 유혹하는 일이 너무 번잡스럽다는 이유로 인류 멸종을 촉진하지 않게 한다. 진화는 행복 자체에 아무 관심도 없지만, 행복의 약속을 이용하여 우리가 계속 살아남을 수 있게 노력하도록 할 것이다. 이와 같은 행복의 약속은 내가 계속 사냥을 하고 채집하고 일하고 구애하도록 만들려는 뇌의 작전이다.

물론 원시적인 본능들이 대부분 그렇듯 지금 우리는 인간의 뇌가 진화하던 때와는 사뭇 다른 환경에 놓여 있다. 예를 들어 지방이나 당분 함유량이 많은 음식을 보거나 냄새를 맡거나 맛볼 때면 도파민이 분출한다. 도파민이 분비되면 나는 틀림없이 배를 음식으로 꽉꽉 채우고 싶어질 것이다. 만약 음식이 귀한 환경에 살고 있다면 이런 본능은 상당히 도움을 줄 것이다. 하지만 어디에서나 음식을 구할 수 있고 도파민을 최고조로 끌어올리려고 유난히 노력하는 세상에 살고 있으니 도파민이 분출될 때마다 장단을 맞추다 보면 비만으로 가는 고속도로를 타고 말 것이다.

이번엔 성적인 이미지가 보상체계에 어떤 영향을 미치는지 생각해보자. 인류의 역사를 돌이켜 보건대 섹스할 기회를 주지 않는 이상 벌거벗고 유혹하는 자세를 취하는 사람을 구경할 일이 없었다. 몇백 년 전으로만 거슬러 올라가더라도 언제든 인터넷 포르노를 볼 수 있는 세상이 아니었고 광고와 연예 프로그램을 통해 성적인 이미지에 지속해서 노출되는 일도 없었다. 하지만 우리는 성적인 '기회'가 생길 때마다 이를 추구하려는 본능이 있기 때문에 성인 전용 웹사이트에 중독되고 데오도런트든 유명 브랜드의 청바지든 무엇이든 간에 성을 이용해서 판매하려는 광고의 희생양으로 전락한다.

도파민은 손에 잡히지 않는 보상을 원한다

원시적인 동기부여 체계에 당장 만족을 주는 현대적 기술을 더하면 우리는 도저히 잠재우기 어려운 도파민 배달장치를 손에 넣을 수 있다. 나이가 좀 있는 사람이라면 새로운 메시지를 확인하려고 자동응답기 단추를 누를 때의 전율을 기억할지도 모른다. 또 컴퓨터가 '메일이 왔어요!'라고 말해주기를 바라며 인터넷 모뎀에 접속하던 기대감을 기억하겠지. 글쎄, 이제는 페이스북, 트위터, 이메일, 문자메시지 같은 현대 기술이 심리학자 로버트 히스가 고안한 자기 자극장치를 대신해준다.

새로운 메시지가 올 가능성을 알기 때문에, 혹은 바로 이다음 유튜브 동영상이 깨알 같은 웃음을 전해줄지도 모르기 때문에 우리는 새로고침 버튼을 계속 누르고 다음 화면을 클릭하고 강박적으로 통신기기를 확인한다. 마치 휴대전화, 스마트폰, 노트북 컴퓨터가 우리의 뇌로 향하는 직항로를 개설하기라도 한 것처럼 지속해서 도파민을 자극한다. 아마도 현대 기술만큼 뇌에 강한 중독성을 발휘하는 것을 이제껏 경험해본 적이 없을 것이다. 이런 식으로 우리는 통신기기의 포로가 되어 무언가를 더 갈구하며 항상 기계로 눈을 돌린다. 이 시대 최고의 행위인 인터넷 사용은 보상의 약속을 완벽한 비유로 표현한다. 나는 웹서치를 한다. 그리고 웹서치를 한다. 조금 더 웹서치를 하면서 마치 '전기충격'을 갈구하는 실험실의 쥐처럼 마우스를 클릭한다. 그렇게 마침내 충분히 느껴질 보상, 손에 잡히지 않는 보상을 찾아다닌다.

휴대전화, 인터넷, 여타 소셜미디어가 나의 보상체계를 어쩌다가 이용하게 되었는지 모르겠지만, 컴퓨터게임과 비디오게임을 고안한 사람들은 의도적으로 보상체계를 조종해서 플레이어들이 발을 빼지 못하게 한다. 금방이라도 다음 단계로 올라서거나 큰 승리를 거둘 것이라는 약속 때문에 게임은 너무도 저항하기 어려운 존재가 되어버린다. 게임을 중간에 그만두기 어려운 이유도 바로 이 때문이다. 예측이 불가능하므로 도파민은 계속 분출하고 우리는 의자에서 엉덩이를 떼지 못한다. 한 연구는 비디오게임을 하면 암페타민을 복용할 때와 동일하게 도파민이 증가하며, 이런 도파민 분출 때문에 두 가지 모두 중독성이 아주 높다고 밝혔다.

나의 관점에서 보면 게임의 이런 특성은 오락거리 역할을 할 때든 플레이어를 비윤리적으로 착취할 때든 여러모로 유용하다. 엑스박스 컨트롤러를 집어든 사람 모두가 병적으로 빠져들지는 않지만, 이런 자극에 약한 사람들에게 게임이란 마약만큼이나 중독성이 강하다. 2005년 한국에서는 스물여덟 살의 보일러 수리공이었던 이승섭이 스타크래프트 게임을 50시간 연속으로 하다가 심혈관 부전으로 사망한 사건이 있었다. 그는 먹지도 자지도 않고 오로지 게임만 계속하고 싶어 했다. 이런 이야기를 들으면 지칠 때까지 레버를 눌러대던 올즈와 밀너의 쥐를 생각할 수밖에 없을 것이다.

> **자기 탐구 생활 》 무엇이 도파민 신경세포를 흥분시키는가?**
>
> 도파민을 유발하는 것이 무엇인지 아는가? 음식? 술? 쇼핑? 페이스북? 아니면, 다른 무언가? 나의 집중력을 사로잡는 것이 무엇인지 살펴보라. 보상의 약속을 해방시켜서 내가 만족을 찾아다니게 하는 것은 무엇인가? 나를 파블로프의 개처럼 침을 흘리거나 올즈와 밀너의 쥐처럼 강박에 시달리게 하는 것은 무엇인가?

: **중독을 고치는 치료법이 있을까?**

아마도 도파민이 중독에 관여한다는 가장 뚜렷한 증거는 파킨슨병 치료를 받는 환자들에게서 찾을 수 있을 것이다. 파킨슨병은 뇌에서 도파민을 생성하는 신경세포의 감소로 발병하는 대표적인 신경 퇴행성 질환이다. 이 병의 주요 증상은 움직임이 느려지거나 손상되고 우울증을 느끼고 간헐적으로 긴장증이 일어나는 것이다.

파킨슨병의 표준치료에는 뇌가 도파민을 만들도록 돕는 L-도파, 뇌 속의 도파민 수용기관을 자극하여 도파민의 작용을 흉내 내는 도파민 촉진제, 이 두 가지 약물이 이용된다. 약물치료를 시작하면 환자의 뇌는 지금까지보다 훨씬 많은 양의 도파민으로 가득 찬다. 이런 약물은 질병의 주요 증상들을 완화해주지만 예상하지 못했던 새로운 문제를 일으키기도 했다.

의학 잡지를 펼치면 도파민 강화 약물의 예상하지 못했던 부작용을 기록한 사례 연구가 넘쳐난다. 54세의 한 여성은 쿠키, 크래커, 파스타에 대한 갈망이 엄청나게 커지는 바람에 늦게까지 자지 않고 밤마다 폭식을 일삼게 되었다. 52세 남성은 매일 도박을 하는 버릇이 생겨서 36시간 동안 줄곧 카지노에 앉아 평생 모은 돈을 죄다 날려버렸다.[16] 49세 남성은 갑자기 식욕이 솟구쳤고 술을 마시기 시작했을 뿐 아니라 아내의 말로는 '과도한 성적 충동'을 보이는 바람에 경찰이 접근금지 명령을 내릴 정도였다. 이런 일들은 모두 환자들이 약물을 끊자 완전히 해결되었다. 하지만 많은 경우 혼란을 느낀 가족들과 의사들은 환자에게 정신과 치료를 받게 하고 알코올이나 게임 중독자 모임에 나가도록 조처했다. 이들은 새롭게 나타난 중독 증세가 심리 상담이나 정신 상담을 받아야 하는 뿌리 깊은 정서적 문제가 아닌 뇌의 작은 결함 때문이라는 것을 몰랐다.

물론 극단적이기는 하지만, 이런 사례들은 우리가 보상의 약속에서 헤어나지 못할 때마다 뇌에서 일어나는 일과 크게 다르지 않다. 파킨슨병 환자들이 복용한 약물은 음식, 섹스, 술, 도박, 노동 같은 것이 보상체계에 미치는 자연스러운 영향을 단지 과장했을 뿐이다. 도파민이 우리에게 보상을 추구하는 임무를 맡기면 자아는 위험을 잘 감수하고 충동적이며 통제 불가능한 모습으로 바뀌어버린다.

무엇보다 실제로 보상이 절대 일어나지 않는다 해도 보상의 약속을 멈춘다고 생각할 때마다 불안감은 커지고 지속해서 우리의 발을 묶어버린다. 실험실의 쥐라면 지쳐 쓰러지거나 굶주려 죽을 때까지 반복해서 레버를 눌러댈 것이다. 사람이라면 잘해야 지갑이 얇아지고 배가 불룩해지는 정도일 테지만, 최악의 경우라면 집착과 강박의 세계에 풍덩 빠져들고 말 것이다.

신경마케팅의 등장

한 가지 보상을 약속받아 도파민이 분비되면 다른 온갖 종류의 유혹에 굴복할 가능성도 높아진다. 예를 들어 성욕을 자극하는 이미지를 본 남자들은 재정적 위험을 감수할 가능성이 커지고, 복권에 당첨되는 환상을 꿈꾸는 사람들은 결국 과식하게 된다. 얻을 수 없는 보상을 꿈꾸며 공상에 잠기면 문제만 생기는 법이다. 도파민 수치가 상승하면 당장 얻을 수 있는 만족의 유혹이 증폭하는 반면 장기적인 목표의 결과에 대한 걱정은 줄어든다.

누가 이런 현상을 알아냈는지 알고 있는가? 바로 우리의 지갑을 노리는 사람들이다! 우리의 도파민 신경세포를 미치게 하려고 포장지에 설탕, 소금, 지방을 적절히 조합한 레시피를 써넣는 거대 식품회사부터 거액의 상금을 타면 몇백만 달러로 무엇을 할까 상상하게 만드는 로또 광고에 이르기까지, 소매시장의 각종 요소들은 언제나 무언가를 좀 더 원하도록 하기 위해 고안되었다.

슈퍼마켓 역시 바보가 아니다. 이들은 우리가 도파민이 최대로 치솟은 상태에서 쇼핑하고 싶어 한다는 것을 안다. 그래서 가장 유혹할 만한 상품을 맨 앞 한가운데에 진열한다. 근처 마트에 갈 때마다 내가 가장 먼저 부딪히는 것은 제과 코너에서 나눠주는 시식용 빵과 과자다. 이것은 결코 우연이 아니다. 스탠퍼드 대학교의 마케팅 연구진이 발표한 바로는 시식용 음식과 음료가 손님들을 더 배고프고 목마르게 하여서 보상을 추구하는 마음 상태로 몰아넣는다고 한다. 왜냐고? 시식용 음식은 가장 큰 보상의 약속 두 가지가 조합된 결정판이니까. 공짜 그리고 음식! (만약 매력적인 판매원이 시식용 음식을 나눠준다면 세 번째 유혹까지 가담하여 정말 큰 문제에 처할 것이다.)

한 연구에 따르면 단 음식을 시식한 참가자들은 세일 중인 품목 외에도 스테이크나 케이크 같은 욕구 해소 음식을 추가로 구매하는 경향이 컸다. 시식용 음식과 음료는 보상체계를 가동시키는 상품의 매력을 훨씬 증폭시켰다(예산을 염두에 둔 주부의 보상 약속을 유발할 때는 돈을 절약할 기회라는 문구보다 더 좋은 것이 없다!). 하지만 오트밀 시식이나 식기세척기 세제와 같은 실용적인 품목에는 아무 효과가 없었다. 도파민이 분출하더라도 소비자들은 두루마리 휴지에 마음이 끌려서 충동구매를 하지 않는다는 사실이 증명된 것이다. (뽀삐야, 안 됐다.)[17] 그러나 새로 출시한 계피 맛 슈트루델 과자를 한입 베어 물고 나서 문득 정신을 차려보면 애초의 계획보다 좀 더 많은 물건을 샀을지도 모른다. 비록 시식용 음식의 유혹을 거부했더라도 도파민의 분비로 이미 흥분한 뇌는 보상의 약속을 충족시킬 무언가를 찾아 헤맬 것이다.

이 연구를 진행한 스탠퍼드 대학교의 연구진은 식품영양학 전문가 21명에게 결과를 예측해달라고 요청했다. 놀랍게도 전문가의 81퍼센트가 정반대의 결과, 즉 시식을 하면 쇼핑하는 사람들의 배고픔과 갈증이 어느 정도 해소되어 보상 추구가 충족될 것이라고 믿었다. 이런 결과는 전문가를 비롯해 사람들 대부분이 내면의 욕구와 행동에 영향을 미치는 환경적인 요인에 얼마나 무지한지 잘 보여준다. 예를 들어 텔레비전에서 간식 광고를 본다면, 특히 다이어트 중이어서 과자 섭취를 줄이려고 노력하는 사람이 광고를 본다면 냉장고를 뒤질 가능성이 높다는 증거는 상당히 많다. 그런데도 사람들은 자신이 광고에 영향을 받지 않는다고 믿는다.

: 도파민이 분비되면 뇌는 이렇게 된다

뇌의 보상체계는 새로움과 다양함에도 반응했다. 도파민 신경세포는 매일 마시는 모카라떼든 오랫동안 먹어온 점심특선이든 아무리 좋아하던 것이라고 해도 친숙한 보상에 대해서는 반응이 점차 줄어든다. 스타벅스와 롯데리아 같은 곳에서 일반적인 메뉴를 새롭게 변형한 신메뉴를 끊임없이 출시하고 의류회사에서 기본 의상의 색상을 새롭게 바꿔 출시하는 것은 결코 우연이 아니다. 아메리카노 레귤러 사이즈? 마셔 봤고 이미 질렸다. 아, 그런데 메뉴에 이건 뭐지, 화이트 초콜릿 라떼? 전율이 되돌아왔다! 좋아하는 의류 카탈로그에서 올이 굵은 스웨터를 봤다고? 지루하군. 그런데 잠깐, 소금 캐러멜 빛 브라운 색상에 녹은 버터 빛이 도는 노란색이 출시됐다고? 도파민이 팍팍 솟구치는 날이 돌아왔구나!

또한 뇌의 원시적인 부분을 유도하여 모자라는 자원을 축적하고 싶게 만드는 가격 속임수도 있다. '하나를 사면 하나가 공짜'라는 문구부터 "60퍼센트 할인!"이라는 외침에 이르기까지 물건을 싸게 산다는 기분이 들게 하는 것은 무엇이든 도파민의 홍수를 일으킨다. 말도 안 되게 비싼 '권장 소매가격' 바로 옆에 그보다 싼 판매가격을 나란히 붙이는 할인상점의 가격표는 특히 강력한 효과를 발휘한다. 아마존닷컴이 이를 알아차리고는 무자비하게 활용하는 것처럼 우리의 뇌 역시 할인 액수를 재빨리 계산하고는(비논리적으로) 절약한 차액만큼 기분 좋은 보상을 얻는다. 999달러짜리 물건을 44달러 99센트에 판다고? 완전 횡재로구나! 어디에 쓰는 물건인지 모르겠지만 당장 카트에 담아야지! 어떤 식으로든 시간적인 압박이나 물량이 부족할 것 같은 느낌을 받으면(정오에 끝나는 폭탄 세일, 단 하루 세일, 왠지 불길하게만 들리는 "물량이 있을 때까지만"이라는 외침 등) 우리는 마치 식량이 점점 줄어드는 사바나에서 마지막 음식을 발견한 것처럼 물건들을 사냥하고 채집한다.

　기업들 역시 향기를 이용해서 전혀 없었던 욕망을 만들어낸다. 식욕을 돋우는 향은 보상의 약속을 유발하는 가장 빠른 방법 중 하나다. 좋은 향이 나는 분자들이 우리의 후각 수용기관에 도착하자마자 뇌는 냄새의 근원지를 찾아 나서기 시작한다. 패스트푸드 음식점을 지나가다가 햄버거와 프렌치프라이 냄새의 유혹을 받을 때에는 신중하게 제조된 '식욕 자극 향기'가 전용 환기구를 통해 인도 쪽으로 흘러나오고 있는 것이 틀림없다.

　향기마케팅 분야의 선두주자인 센트에어 사의 홈페이지에 가보면[18] 향기가 어떻게 고객들을 유인해서 호텔 지하에 있는 아이스크림 가게로 데려가는지 자랑한다. 전략적으로 배치한 향기 분출 시스템이 설탕 쿠키 냄새를 계단 위로 뿜어내고 와플 콘 냄새를 계단 바닥으로 보낸다. 근처를 지나던 나는 기분을 좋게 해주는 달콤한 보상의 믿음직한 향기를 들이마신다고 생각할 테다. 하지만 실은 도파민 신경세포의 분출을 극한으로 증가시켜 나와 나의 지갑을 계단 아래로 유인하기 위해 고안된 강력한 화학약품을 빨아들인 것뿐이다.[19]

　미국의 유명한 백화점 체인인 블루밍데일스는 매장별로 향기를 달리하는 차별화 전략을 활용한다. 임신, 출산용품 매장에는 베이비파우더 향으로 따뜻하고 포근한 감성을 불러일으키고, 수영복 매장에서 나는 코코넛 향은 해변에서 칵테일을 마시는 환상을 심어준다. 실내복과 잠옷 매장의 '마음을 달래주는 라일락 향'은 아마도 드레스룸의 삼면거울 앞에서 형광등 조명을 받으며 나체로 서 있는 여성들의 마음을 차분하게 해줄 것이다. 우리가 비록 의식을 못하더라도 이런 향기들은 우리의 뇌와 쇼핑에 영향을 줄 수 있다.

물론 과학은 유익하고 선한 의도로 활용되기도 한다. 공정하게 말해서 향기마케팅 분야는 아이스크림과 비키니를 파는 사업보다는 세상에 도움되는 일을 더 많이 했다. 플로리다에 있는 어느 병원의 MRI과는 대기실에 코코넛 비치 향과 바다 냄새가 퍼지게 하는 방법으로 예약시간 직전의 촬영 취소 비율을 줄였다. 이처럼 약간의 보상 약속은 불안을 해소하는 데에 효과적이어서 사람들이 피하고 싶어 하는 일에 접근할 수 있도록 돕는다. 다른 산업들과 서비스업자들 역시 비슷한 전략으로 이익을 얻는 듯하다. 어쩌면 치과의사가 진료실에 할로윈 사탕 냄새를 뿌리거나 세무사가 독한 마티니 향을 선택할지도 모른다.

도파민 탐정이 되어라

강의에서 이런 신경마케팅과 판매 속임수들을 소개하면 대체로 수강생들은 증거를 찾으려고 혈안이 된다. 이들은 어디에나 존재하는 도파민 유발제 때문에 자신들의 의지력이 더 빨리 무너진 사례가 얼마나 되는지 찾기 시작한다. 그리고는 다음 강의 때 이야기를 한 보따리 안고 나타나서 단골가게가 자신들을 어떻게 조종했는지 설명한다. 조리기구 가게에서 피우는 향초부터 쇼핑몰에서 고객들에게 나눠주는 즉석 할인카드에 이르기까지 방법은 다양하다. 이들은 의류 상점의 벽에 왜 벌거벗은 모델 사진이 붙어 있는지, 경매인들이 왜 할인 가격으로 입찰을 시작하는지 알아차린다. 일단 주변을 살펴보기 시작하면 나를, 나의 도파민 신경세포를, 나의 돈을 유혹하려고 놓은 수많은 덫을 못 보고 지나칠 수 없다.

보편적으로 수강생들은 이런 증거들을 관찰하면서 자신의 권한이나 능력이 향상된다고 느낀다. 이런 속임수들을 간파해내는 일은 즐거울 뿐만 아니라, 가게에서는 너무나 매력적으로 보이던 물건이 판단력을 흐리는 도파민에서 멀어져 집으로 돌아오면 실망스러울 수밖에 없는 이유와 같은 쇼핑의 수수께끼도 이해하게 해준다.

한 여성은 심심할 때마다 맛있는 음식을 파는 가게로 달려가는 이유를 마침내 알았다. 뇌가 그녀에게 도파민을 치솟게 할 믿을 만한 유발제를 찾아 가라고 지시하기 때문이었다. 쇼핑 카탈로그를 받아보던 어느 수강생은 이 우편물이 본질적으로 도파민 배달에 지나지 않으며 화려한 색상의 페이지마다 오직 해당 기업의 제품이 아니면 채울 수 없는 욕망을 생산한다는 사실을 알고는 구독을 취소했다. 라스베이거스에서 열린 컨퍼런스에 참석한 한 학생은 나체에 가까운 차림의 쇼걸들, 양껏 먹을 수 있는 뷔페, 승리를 알리는 불빛과 부저 소리 등 자신의 도파민 신경세포를 분출시키려는 카지노의 전략을 알아차린 덕분에 지갑을 열지 않고 버텨냈다.

비록 무언가를 원하지 않고는 못 견디게 하는 세상에 산다고 해도 단지 주의를 기울이기만 하면 그런 속임수의 일부라도 꿰뚫어 볼 수 있다. 세상 돌아가는 이치를 안다는 것은 우리가 원하는 것이 전부 없어진다는 뜻이 아니다. 적어도 '부정 의지력'을 발휘할 약간의 가능성이라도 생긴다는 의미다.

> **자기 탐구 생활 》 누가 도파민 신경세포를 조종하는가?**
>
> 소매상들과 마케터들이 어떤 식으로 보상의 약속을 유발하려고 시도하는지 살펴보라. 슈퍼마켓에 가거나 광고를 볼 때 일종의 게임을 해보자. 어떤 냄새가 나는가? 무엇이 보이는가? 무슨 소리가 들리는가? 어떤 신호든 나를 유혹하기 위해 신중히 선택됐다는 사실을 알면 그 목적을 알아차리고 저항하는 데 도움이 된다.

도파민을 움직여라

신경마케팅에 관해 이야기하다 보면 수강생 중 꼭 한 명쯤은 특정 광고나 비밀에 부쳐진 소매가격 조작이 불법이라는 사실을 밝혀내자고 제안한다. 이런 충동은 이해할 만하지만 거의 실현 불가능하다. '안전한' 시장 환경을 조성하기 위해서 시행해야 할 수많은 규정은 그럴듯하지도 않고 대다수 사람들에게 호소력도 없다. 좋든 나쁘든 누구나 자신의 욕망을 느끼고 싶어 하며 꿈꾸는 것을 지속해서 보여주는 세상을 한껏 즐긴다. 바로 그런 이유로 사람들은 윈도쇼핑, 호화로운 잡지 보기, 주택 전시장에 찾아가기를 좋아한다.

이런 상황에서 도파민 신경세포를 전혀 자극하지 않는 세상이란 상상하기 어렵다. 심지어 도파민 자극제로부터 '보호'받는다면 오히려 욕망을 자극해줄 무언가를 직접 찾아 나설 가능성이 높다.

보상의 약속을 사회에서 금지할 가능성은 전혀 없다. 차라리 우리가 이를 잘 활용하는 편이 낫다. 신경마케팅 전문가들을 교훈으로 삼아서 가장 내키지 않는 임무에 '도파민 살포'를 시작하라. 보상이라는 개념을 불어넣으면 재미없는 허드렛일도 훨씬 더 매력적으로 바뀔 수 있다. 행동의 보상이 너무 먼 미래에 기다린다면 언젠가 받게 될 성과를 상상하면서(그렇다고 로또 광고 같은 상상은 금물!) 신경세포에서 도파민을 조금만 더 쥐어짜내면 된다.

심지어 어떤 경제학자들은 은퇴를 대비한 저축이나 기한을 준수해야 하는 세금 납부처럼 '지루한' 일들에 도파민을 살포하라고 제안했다. 보통예금 계좌에 돈을 넣어두었다고 상상해보자. 우리는 원할 때면 언제든지 돈을 찾아 쓸 수 있다. 하지만 이렇게 보장된 저금리를 포기하고는 엄청난 상금을 노리며 복권에 빠진다. 복권을 사면서 은행에 한 푼도 저축하지 않는 사람들에게 만약 돈을 입금할 때마다 10만 달러에 당첨될 가능성이 생긴다고 하면 저축하는 데 훨씬 더 열의를 보일지도 모른다. 아니면 세금을 제때 내고 수입과 공제액을 정직하게 보고하면 1년 치 세금 전부를 돌려받을 기회가 생긴다고 상상해보라. 여기에 고무되어 마감일보다 일찍 납부할 마음이 생기지 않겠는가? 국세청은 이런 제안을 시행하지 못하고 꾸물거릴지도 모르지만 회사에서는 경비보고서를 제때 제출할 동기를 주기 위해서 시행할 만한 제도다.

: 약물중독자를 치료하는 보상의 약속

보상의 약속은 심지어 중독을 극복하는 데에도 활용되어왔다. 알코올과 약물에서 회복하는 가장 효과적인 전략 중 소위 '어항'이라고 불리는 방법이 있다. 약물검사에 통과한 환자들은 항아리에서 종이쪽지 하나를 꺼낼 수 있다. 쪽지 중 절반은 1달러에서 20달러 사이의 금액을 표기한 상금 교환권이다. 그리고 딱 한 장에만 100달러라는 큰 상금이 적혀 있다. 나머지 절반의 쪽지에는 상금이 없는 대신에 '지금처럼 계속 파이팅!'이라는 말이 쓰여 있다. 즉 어항에 손을 집어넣으면 확률상 1달러에 당첨되거나 칭찬 몇 마디만 들을 가능성이 가장 높다. 이 정도로 동기부여가 될 리 없을 것 같지만 실제로는 가능했다.

연구에 따르면 어항 보상을 받을 수 있었던 환자들의 83퍼센트는 12주 동안 빠짐없이 치료를 받았다. 이에 비해 보상의 약속 없이 표준치료만 받은 환자 중 끝까지 치료를 받은 사람은 20퍼센트에 불과했다. 어항 보상을 받은 환자들의 80퍼센트는 약물검사에 통과했지만, 표준치료만 받은 환자들은 40퍼센트밖에 통과하지 못했다. 또 이후 보상 약속을 지속하지 않았는데도 어항 보상을 받은 환자들은 표준치료만 받은 환자들에 비해 다시 중독에 빠진 사례가 훨씬 적었다.

환자들의 약물검사 통과 비율을 놓고 보면 이 방법은 직접 돈을 주는 것보다 훨씬 효과적으로 보인다. 더욱 놀라운 것은 보장된 액수에 비해 실제로 어항에서 받는 '보상'이 훨씬 적은 금액인데도 이러한 결과가 나온다는 점이다. 이 실험은 예상하지 못한 보상이 얼마나 강력한 힘을 발휘하는지 강조한다. 보상체계는 이미 보장된 작은 것보다 커다란 상금을 얻을 가능성이 있을 때 더욱 흥분하며, 여기에 고무되어 승리할 가능성을 높여주는 일이라면 무엇이든 시도하려 한다. 그런 이유로 보장된 2퍼센트의 저축 이자를 받기보다 복권을 사고 싶어 하며, 그런 이유로 회사의 말단직원도 언젠가 CEO가 될 수 있다고 믿게 해야 한다.

의지력 실험실 ≫ '긍정 의지력'에 도파민을 살포하라

한 가지 비법을 알려주자면 내 수강생들은 평소에 늘 미루던 일을 하는 데 도움을 얻기 위해 음악, 패션잡지, 텔레비전을 활용해서 도파민을 살포했다. 예를 들어 걱정만 하며 미루던 서류 작업을 좋아하는 카페에 가져가서 뜨거운 초콜릿 한 잔을 마시며 끝내버렸다. 또는 즉석 복권 한 다발을 사서 집으로 가져와 미루고 있는 여러 가지 일 주변에 늘어놓는 정말 창조적인 수법을 발휘하기도 했다. 어떤 수강생들은 힘든 일을 하면 얻을 수 있는 최상의 결과를 떠올려서 멀게만 보이는 보상을 현실적으로 느껴지도록 했다. 만약 재미없다는 이유로 미루고만 있는 일이 있다면, 그 따분한 일에 도파민 신경세포를 자극하는 무언가를 연결해서 스스로 동기부여를 할 수 있을까?

게으름뱅이에게 필요한 유쾌한 도파민

막내아들이 대학을 졸업한 지 10년이나 흘렀건만 낸시는 텅 빈 둥지 때문에 골치가 아팠다. 비어야 할 둥지가 비지 않은 탓이다. 아들이 쓰던 방을 '손님용 예비 침실'로 꾸몄지만, 시간이 지나면서 방은 점점 고물상처럼 변해갔다. 보관하기 애매한 물건들이 생길 때마다 손님방으로 들고 갔기 때문이다. 낸시는 방을 싹 치워서 손님에게 숨겨야 할 방이 아닌 손님이 머물 방으로 꾸미고 싶었다. 하지만 방문을 열어볼 때마다 정리할 일이 너무도 버겁게 느껴졌다. 결국은 강좌를 들으며 자신에게 알맞은 보상 약속을 생각해낸 다음에야 방 치우기를 의지력의 도전과제로 삼았다.

낸시는 쇼핑객들의 즐거움과 욕망을 배가하여 상점에 좀 더 오래 머물게 하려고 크리스마스 음악과 명절을 연상시키는 향기를 활용했던 연구에서 영감을 얻었다. 사람들 대부분은 신선한 전나무 냄새에 캐럴 음악을 살짝 가미해주면 자신의 경험 중 최고로 근사했던 '보상 약속', 즉 크리스마스 아침에 일어나 수북이 쌓인 선물을 발견했던 기억을 떠올린다.

낸시는 크리스마스 음악과 초를 꺼내서(방에 잔뜩 쌓여 있어서 전혀 어렵지 않았다) 청소 임무를 완수하기로 했다. 지금까지는 어떻게 해야 하나 걱정만 했지만, 실제로 해보니 소량의 도파민으로도 방을 청소하는 일이 즐거워졌다. 사실 정말 큰 문제는 청소 과정이 아닌 청소를 해야 한다는 압박감이었다. 크리스마스 분위기에 젖은 유쾌한 도파민의 도움으로 낸시는 청소할 동기를 발견할 수 있었다.

도파민의 어두운 얼굴

도파민은 엄청난 동기부여를 할 줄 안다. 하지만 세심히 관찰하지 않으면 좀처럼 알아차리기 어려운 어두운 면이 도사리고 있다. 무언가를 원한다고 느낄 때 잠시 멈춰서 뇌와 신체에서 어떤 일이 벌어지는지 그 실상을 알아차린다면, 보상의 약속이 즐거움을 주는 만큼 스트레스도 준다는 사실을 깨닫게 된다. 물론 욕구가 있다고 항상 기분이 좋은 것은 아니지만, 가끔은 욕구 때문에 마음이 천근만근 무거워지기도 한다. 이는 도파민의 주요 기능이 우리를 행복하게 하는 것이 아니라 행복을 추구하게 하는 것이기 때문이다.

우리에게 갈망의 대상을 추구하라고 부추기기 위해서 보상체계는 당근과 채찍이라는 두 가지 무기를 사용한다. 물론 첫 번째 무기는 보상의 약속이다. 이것은 도파민을 분비하는 신경세포가 쾌락을 기대하고 행동을 계획하는 뇌의 영역에서 만들어낸 느낌이다. 이런 뇌 영역이 도파민을 듬뿍 받으면 결과적으로 욕구, 즉 말을 앞으로 더 달리게 하는 당근을 만든다. 하지만 보상체계는 일종의 채찍질 기능을 할 수 있는 두 번째 무기도 있다. 우리의 보상체계는 도파민을 분비하면서 스트레스 중추에도 메시지를 보낸다. 뇌의 이 영역에서 도파민은 스트레스 호르몬 분비를 유발한다. 결과적으로 우리는 욕망의 대상에 기대할수록 불안함을 느끼고, 원하는 것을 얻고 싶은 욕구는 생사를 다투는 응급상황, 생존의 문제처럼 느끼기 시작한다.

연구진의 관찰에 따르면 초콜릿을 갈망하는 여성들은 욕망과 스트레스를 복합적으로 경험했다고 한다. 이들은 초콜릿의 이미지를 볼 때 깜짝 놀라는 반응을 보였다. 이는 마치 야생의 자연에서 맹수를 발견했을 때의 놀람, 흥분과 관련 있는 생리적 반사 신호와 같았다. 이때 기분을 물었더니 여성들은 쾌락과 불안감을 모두 느꼈으며 자제력을 잃어버린 느낌마저 들었다고 설명했다. 우리는 이들과 비슷한 기분을 느낄 때 쾌락은 욕망의 대상이 유발했다고 생각하면서도 스트레스는 욕망의 대상을 가지지 못해서 느낀다고 생각한다. 즉 예상한 쾌락과 예상하지 못한 스트레스를 동일한 욕망의 대상이 유발한다는 점을 인식하지 못하는 것이다.

> **자기 탐구 생활 》 욕망의 스트레스**
>
> 사람들은 대부분 도파민의 작용으로 욕망이 생기면서 느끼는 나쁜 기분보다 기분이 좋아진다는 약속에 훨씬 더 주의를 기울인다. 무언가를 원하는 감정이 스트레스와 불안감을 촉발시킨다는 것을 알아차릴 수 있는지 지켜보라. 만약 유혹에 굴복한다면 당신은 보상의 약속에 반응할 것 같은가? 아니면 불안을 없애려고 노력할 것 같은가?

: 물건을 사지 않아도 만족감을 느낄 수 있다

이본느는 기분 전환을 하고 싶을 때마다 쇼핑몰로 달려갔다. 따분하거나 혼란스러울 때면 제일 하고 싶은 일이 쇼핑이기 때문에 쇼핑을 하면 기분이 좋아진다고 확신했다. 쇼핑할 때 차츰 생기는 복합적인 감정을 눈치챈 적은 한 번도 없었지만 전보다 주의 깊게 살펴보라는 강의 과제를 실천해보기로 했다.

그러다 문득 이본느는 자신에게 가장 행복한 순간이 쇼핑몰로 향하는 때임을 깨달았다. 운전을 하고 가는 동안은 들뜨고 흥분되었다. 도착하여 쇼핑몰 한복판에서 윈도쇼핑을 하는 동안에도 여전히 기분이 좋았다. 하지만 가게에 들어서는 순간 기분이 달라졌다. 긴장감을 느꼈고 가게에 사람이 붐비면 이는 더욱 심해졌다. 쇼핑몰에 입점한 가게를 하나씩 다 둘러봐야 한다는 충동이 생겼고 시간이 부족하다는 압박감도 느꼈다. 물건을 계산하려고 줄을 서서 기다릴 때에는 조급증이 나타나고 불안감이 엄습했다. 바로 앞의 손님이 물건을 너무 많이 들고 있거나 환불을 받으려고 할 때면 심지어 화가 나기도 했다.

그러다 직원에게 신용카드를 건네면 물건을 사기 전에 느꼈던 행복감이 아니라 일종의 안도감이 찾아왔다. 이본느는 쇼핑몰로 오는 동안 느꼈던 희망과 흥분이 자신을 그리로 보내는 당근임을 깨달았다. 이에 비해 불안과 분노는 채찍이었다. 당연히 차를 타고 집으로 돌아오는 시간은 쇼핑몰에 갈 때 느꼈던 것만큼 즐겁지 않았다.

대부분은 이런 식의 깨달음을 얻고 나면 더는 만족감을 주지 않는 보상에서 고개를 돌려버린다. 감자 칩 중독자는 전에 없이 의심의 눈초리로 감자 칩 봉투를 노려보고, 텔레비전 중독자는 전원 버튼을 눌러버린다. 하지만 이본느는 전략을 수정해서 최대의 행복을 얻기 위해 윈도쇼핑만 하기로 했다. 쇼핑몰에 가서 돌아다닐 때의 기분은 자신이 가장 좋아하는 감정이었지만, 돈을 쓰는 일은 스트레스가 많았기 때문이다. 놀랍게도 그녀는 아무것도 사지 않겠다는 마음으로 신용카드를 집에 두고 간 덕에 쇼핑몰에서 돈을 쓸 수가 없었다. 결과적으로는 돈을 많이 썼을 때보다 훨씬 더 행복한 기분으로 집에 돌아왔다.

소위 보상이라는 것이 어떤 기분을 주는지 제대로 이해한다면 우리는 자신에게 '보상'을 줄 것인지, 준다면 어떻게 줄 것인지 어느 때보다 현명하게 결정할 수 있을 것이다.

보상의 약속을 행복이라고 착각하지 마라

실험실의 쥐들이 음식을 거부하고 전기 석쇠 위를 건너다니는 모습을 관찰하며 올즈와 밀너가 저지른 실수는 도파민이 유발한 행동을 해석할 때 우리가 저지르는 실수와 조금도 다르지 않다. 우리는 치열하게 집중하고, 갈망하는 대상을 꾸준히 추구한다. 욕망의 대상이 자신을 행복하게 해준다는 사실을 입증하기 위해 원하는 것을 얻으려고 기꺼이 노력하거나 심지어 고통까지 감수한다. 사탕을, 새로운 주방기구를, 술 한 잔을 위해 돈을 지불하며 새로운 애인을, 더 좋은 직업을, 가장 높은 주식 수익률을 쫓아다니느라 지친다. 우리는 이렇게 무언가를 원하는 경험을 행복의 보장으로 착각한다. 그러니 올즈와 밀너가 지칠 때까지 스스로 전기충격을 받는 쥐들을 보며 행복해한다고 추정했던 것도 놀랄 일은 아니다.

보상의 약속이 엄청난 영향력을 발휘하는 탓에 우리는 행복을 주지 않는 것을 계속해서 추구하고, 만족감보다 비참함을 주는 것들을 더 많이 먹고 마신다. 도파민은 보상을 추구하는 것이 주된 목표이기 때문에 경험이 약속에 부응하지 못할 때조차도 절대 '멈춤' 신호를 보내지 않는다.

코넬 대학교의 식품 및 브랜드 연구소 소장인 브라이언 원싱크 Brain Wansink는 이런 현상을 입증하기 위해 필라델피아 극장의 관객들에게 한 가지 속임수를 썼다. 극장 매점에서 팝콘을 보이고 냄새를 맡게 하는 것은 관객들의 도파민 신경세포를 자극하는 확실한 방법이다. 팝콘을 사려고 줄을 선 관객들은 파블로프의 개와 다를 바 없이 팝콘을 한입 가득 먹을 생각에 혀를 날름거리며 침을 흘린다. 원싱크는 만든 지 14일이 지난 팝콘을 관객들에게 판매하도록 했다. 관객들이 극장 팝콘은 언제나 맛있다는 뇌의 믿음에 귀를 기울이고 계속 먹을 것인지, 아니면 기분 좋은 보상으로 주어진 팝콘의 실제 맛을 알아차리고는 먹지 않을 것이지 확인하고 싶었기 때문이다.

영화가 끝난 후 관객들은 2주 전에 만든 팝콘이 신선하기는커녕 눅눅하고 메스꺼울 정도로 고약한 음식임을 분명히 알았다. 그러면 이들은 매점으로 달려가 환불해달라고 했을까? 아니, 그냥 먹어버렸다. 심지어는 신선한 팝콘을 먹을 때 양의 60퍼센트를 먹어치웠다. 이들은 맛을 느끼는 미뢰가 아닌 도파민 신경세포를 신뢰했던 것이다.

왜 이런 상황이 일어나는지 알 수 없어 머리를 긁적이며 고개를 갸우뚱거릴지도 모른다. 사실 이런 일에 익숙한 사람은 거의 없다. 부정 의지력의 도전과제 중 우리가 가장 버겁게 느끼는 것을 생각해보라. 아마도 그 도전과제에 성공하면 행복을 가져다줄 거라고 믿을 것이다. 하지만 실제 경험과 결과를 자세히 분석해보면 정반대의 사실이 밝혀지는 경우도 많다. 기껏해야 보상의 약속이 만들어낸 걱정이 사라지고 욕망의 대상을 더욱 원하게 된다. 궁극적으로 우리는 좌절하거나 불만스럽거나 실망하거나 창피하거나 지치거나 아프거나 아니면 단순히 처음보다 더 행복하지 않다. 거짓 보상의 경험을 주의 깊게 살펴본다면 마법의 주문이 차츰 사라져버린다는 증거를 찾을 수 있다. 만약 행복, 기쁨, 만족, 슬픔이나 스트레스를 끝내는 것 등 보상으로 기대하는 것과 실제로 경험하는 것을 일치시키라고 강요한다면 뇌는 결국 기대를 조절할 것이다.

예를 들어 과식하는 습관이 있는 사람들에 대해 생각해보자. 볼이 미어지고 배가 불룩할 때에도 이들의 뇌에서는 음식을 더 달라는 간절한 신호가 나온다. 음식을 더 먹을수록 갈망은 늘어갈 뿐이다. 때로는 너무 정신없이 음식을 집어 삼키는 바람에 그렇게 많이 먹으면서도 맛조차 느끼지 못한다. 게다가 음식을 먹기 전보다 먹고 난 뒤에 몸과 마음도 상하기 마련이다. 처음에는 이런 느낌이 불편했을지 모르지만 결국 음식이 행복의 원천이라고 진심으로 믿게 되었다.

하지만 연구에 따르면 주의를 기울이는 것만으로도 이런 악순환을 개선할 수 있다고 한다. 평소에 너무 먹고 싶었다가 결국 폭식하게 되는 음식이 눈앞에 있더라도 느긋한 마음으로 음미한다면 음식의 맛이 모양이나 냄새만 못하다는 사실을 보통 알아차린다. 이렇게 마음을 챙기면서 음식 먹는 훈련을 한 사람들은 음식에 대한 자제력을 기를 수 있으며 폭식하는 사태도 훨씬 줄어든다는 것이다. 이들은 시간이 흐르면서 체중만 감소한 것이 아니라 스트레스, 불안감, 우울증도 훨씬 줄었다. 이처럼 거짓된 보상의 약속으로부터 자유로워지면 행복을 얻을 거라고 생각했던 것이 불행의 주된 원천이었음을 종종 발견하게 된다.

의지력 실험실 》 보상의 약속을 시험해보라

행복해질 것이라는 뇌의 말만 믿고 내가 정기적으로 탐닉하는 유혹들을 통해 보상의 약속을 시험해보라. 수강생들이 일반적으로 제일 많이 선택했던 유혹은 간식, 쇼핑, 텔레비전, 이메일이나 포커 같은 낭비 거리이다. 마음을 챙기면서 탐닉하되 경험하는 것을 서두르지 마라. 보상의 약속이 어떤 느낌인지 세심히 살펴라. 기대감, 희망, 흥분, 걱정, 군침 흘리기 등 나의 뇌와 신체에 스쳐 가는 변화라면 무엇이든 놓치지 마라. 그런 다음 유혹에 굴복해도 된다고 마음먹어라. 경험과 기대가 어떻게 다른가? 보상 약속의 느낌이 사라지기는 하는가? 아니면 계속 더 먹으라고 더 쓰라고 더 오래 머물라고 충동질하는가? 만약 만족감을 느낀다면 그때는 언제인가? 혹은 배부르거나 지치거나 좌절감을 느끼거나 시간이 없다거나 '보상'이 다 떨어졌기 때문에 더는 계속할 수 없는 지점에 도달했기 때문인가?

이런 훈련을 시도하는 사람들은 보통 두 가지 중 한 가지 결과를 얻는다. 어떤 사람들은 욕구 충족을 경험할 때 실제 만족감을 느끼는 데 필요한 양이 예상했던 것보다 훨씬 적다는 사실을 발견한다. 어떤 사람들은 이런 경험이 전혀 만족스럽지 않으며 보상 약속과 실제 경험은 엄청난 차이가 있다고 생각한다. 관찰을 통해서 어떤 결과를 발견하든 이런 실험을 통해 전혀 통제할 수 없는 행동처럼 느껴왔던 대상을 전보다 잘 조절할 수 있게 된다.

욕망은 뇌의 행동 전략이다

지금까지 도파민의 나쁜 점을 계속 들었으니 의사에게 찾아가 도파민 억제 약물을 처방받고 싶은 마음이 들 법도 하다. 하지만 그 전에 보상 약속의 긍정적인 측면을 곰곰이 생각해보기를 바란다. 무언가 원하는 감정을 행복이라고 착각하면 곤경에 빠지기는 하지만, 그렇다고 원하는 감정을 없애는 것이 해결책은 아니다. 원하는 것 하나 없는 삶이라면 자기절제도 그다지 필요 없을 테지만 그런 삶이 살아갈 가치가 있겠는가?

: **갈망을 잃어버린 중독자**

아담은 자제력이 뛰어난 사람이 아니었다. 서른세 살이나 먹었지만 허구한 날 술을 들이켜고 크랙 코카인을 피웠으며 가끔은 여기에 엑스터시도 추가로 복용하곤 했다. 그가 약물남용을 시작한 지는 꽤 오래되었다. 아홉 살에는 술, 열세 살에는 코카인, 성인이 되었을 무렵에는 마리화나, 코카인, 아편, 엑스터시에 빠져 헤어나오지 못했다.

그러던 어느 날 파티를 하다가 결국 응급실로 실려 가면서 모든 것이 달라졌다. 아담은 응급실에 도착하자마자 불법 약물 소지죄로 체포되지 않으려고 가지고 있던 약을 죄다 입에 털어 넣었다(영리한 행동은 아니었지만, 어쨌거나 그는 제정신이 아니었으니까). 그렇게 코카인, 엑스터시, 옥시코돈, 메타돈 같은 위험한 약물을 섞어 먹는 바람에 혈압이 치명적인 수준으로 떨어졌고 뇌로 보내는 산소가 줄어들었다.

아담은 다시 깨어나 집중치료실을 벗어나기는 했지만, 일시적인 산소 부족으로 인한 심각한 후유증을 겪어야 했다. 그 후유증은 약물과 술에 대한 갈망을 모두 잃은 것이었다. 향후 6개월 동안 시행한 약물검사를 통해 확인된 것처럼 그는 매일 복용하던 약도 완전히 끊었다. 이런 기적 같은 변화는 영적인 계시 때문도 아니었고, 죽음의 문턱까지 가는 바람에 얻은 깨달음 때문도 아니었다. 아담은 그저 술이나 약을 먹고 싶은 욕망이 없을 뿐이라고 말했다.

이런 증상은 긍정적인 전환처럼 들릴 수도 있다. 하지만 문제는 코카인과 술에 대한 욕망만 없어진 것이 아니라는 데에 있다. 단정적으로 말해 아담은 욕망을 잃어버렸다. 무언가가 자신을 행복하게 해주리라고 상상조차 하지 못했다. 신체 에너지와 집중력도 사라졌으며 점차 사람들에게서 멀어져만 갔다. 쾌락을 기대하는 능력이 없어지자 희망을 잃은 채 심각한 우울증에 빠졌다.

그렇다면 그의 욕망을 앗아간 것은 무엇인가? 아담을 치료한 컬럼비아 대학교의 정신과 의사들은 뇌 사진에서 정답을 발견했다. 약물 과다복용으로 인한 산소 부족이 뇌의 보상체계에 상처를 주었던 것이다.

〈미국 정신의학저널 The American Journal of Psychiatry〉에 보고된 대로 아담의 증상은 중독이었다가 욕망을 완전히 상실한 상태로 급격히 변화했다는 점에서 보기 드문 사례였다. 물론 욕망을 잃고 행복을 기대하는 능력이 사라진 사례는 이 밖에도 많았다. 심리학자들은 이런 현상을 무쾌감증, 말 그대로 '쾌락을 경험하지 못하는' 증세라고 부른다. 무쾌감증인 사람들은 삶이란 만족을 전혀 기대하지 않는 습관의 연속이라고 설명한다. 이들은 음식을 먹고 쇼핑을 하고 사람들과 어울리고 섹스도 하지만 이런 행위에서 쾌락을 기대하지 않는다. 쾌락을 느낄 가능성이 없으므로 동기도 생기지 않는다. 무슨 일을 해도 기분 좋아질 일이 없다고 상상한다면 침대에서 기어 나오기조차 어려워지는 법이다. 욕망과 완전히 단절되면 희망도 말라버리고 대부분 삶의 의지도 잃어버린다.

보상체계가 멈춰버리면 결과적으로 남는 것은 완전한 평온이 아니라 무감정이다. 이런 이유로 뇌에서 도파민을 충분히 생성하지 못하는 파킨슨병 환자들은 대부분 평화롭다기보다 우울하다. 최근에 신경과학자들은 활동성이 비정상적으로 부족한 보상체계가 우울증의 생물학적 원인을 제공하는 것으로 추측한다. 우울증 환자의 뇌 활동을 관찰한 결과, 심지어 눈앞에 만족을 둔 상태에서도 이들의 보상체계가 지속적으로 작동하지 못한다는 사실을 발견한 것이다. 보상체계가 활동하는 순간이 잠시나마 있었지만 '욕망'을 느끼므로 '그것을 얻기 위해 기꺼이 노력하겠다'는 충만한 감정을 유발하기에는 부족했다. 보상체계가 활동하지 않으면 우울증을 앓는 사람들이 대부분 경험하는 것처럼 욕망과 동기부여가 생기지 않는다.

: **보상의 역설**

대부분의 수강생과 다르지 않다면 여기까지 읽고 난 후 여러 가지 내용이 뒤섞이면서 아마도 혼란스러울 것이다. 첫째, 보상을 약속한다고 해서 행복이 보장되지는 않지만 보상을 약속하지 않으면 불행이 보장된다. 둘째, 보상의 약속에 귀 기울이다 보면 유혹에 굴복하게 된다. 반면, 보상의 약속이 없으면 동기부여가 일어나지 않는다.

이런 딜레마에 쉬운 해답이란 없다. 다만 삶에 흥미를 느끼고 계속 몰두하기 위해서는 보상의 약속이 필요하다는 것만은 분명하다. 우리는 기술의 세상, 광고의 세상, 늘 갈증만 주고 만족은 거의 주지 않는 기회가 24시간 제공되는 세상에 살고 있다. 만약 자기절제력을 조금이라도 기르고 싶다면 삶에 의미를 심어주는 진정한 보상과 주의를 산만하게 하고 어딘가에 중독되게 하는 거짓 보상을 구분해야만 한다. 이런 구분법을 배우는 것이 아마도 우리가 할 수 있는 최선이리라. 이렇게 구분하기가 항상 쉽지만은 않겠지만 뇌에서 일어나는 일을 이해한다면 조금은 쉬워질 것이다. 만약 올즈와 밀너의 쥐가 레버를 누르던 실험을 기억할 수 있다면 유혹이 찾아오는 순간 뇌의 새빨간 거짓말을 믿지 않을 만큼의 명쾌함은 발견할 수 있을 것이다.

욕망은 뇌의 행동 전략이다. 이미 살펴보았듯이 욕망이란 자기절제력의 위협인 동시에 의지력의 원천이기도 하다. 도파민이 유혹으로 인도할 때 무언가를 원하는 감정과 행복을 구분할 줄 알아야 한다. 더불어 도파민과 보상의 약속을 설득하여 자신과 다른 사람에게 동기부여를 할 줄도 알아야 한다. 결국 욕망은 좋지도 나쁘지도 않은 감정이다. 중요한 것은 욕망이 나를 어디로 인도할 것인가, 그리고 언제 욕망을 따라야 하는가를 판단하는 지혜가 내게 있는가이다.

Chapter 6

기분이
나빠지면
유혹에
넘어간다

실수를 해보지 않은 사람은
한번도 새로운 일을 시도해보지 않았던 사람이다.
— 아인슈타인 Albert Einstein, 1879~1955

    마음이 울적해질 때 기분 전환으로 무엇을 하는가? 보통 사람들과 그리 다르지 않다면, 그럴 때 보상의 약속에 의지하면 된다. 미국 심리학회는 스트레스를 해소하기 위해 가장 흔히 쓰는 전략이 음식을 먹고 술을 마시고 쇼핑을 하고 텔레비전을 보고 인터넷 서핑을 하고 비디오게임을 하는 등 뇌의 보상체계를 활성화시키는 것이라고 했다. 뭐, 안 될 이유도 없지 않을까? 도파민은 기분이 좋아질 것이라고 약속해주니, 기분이 나아지고 싶을 때 최강의 도파민 분비제에 기대는 것은 지극히 당연한 일이다. 그러니 이것을 기분 전환의 약속이라고 불러도 좋겠다.

    기분이 더 좋아지고 싶은 욕망은 위험에서 달아나고 싶은 본능만큼이나 인간 본성에 태생적으로 존재하는 건강한 생존작용이다. 하지만 기분 전환을 위해 무엇에 기대는가는 중요한 문제이다. 이미 살펴보았듯이 보상의 약속과 기분이 정말로 좋아진다는 것이 항상 일치하는 것은 아니다. 기분 전환을 위해 기댄 것이 결국 우리를 공격하는 경우가 더 많다. 미국 심리학회가 실시한 스트레스 연구에 따르면 앞서 말했던 가장 흔하게 사용하는 전략들이 가장 효과가 없었다고 한다. 스트레스를 줄이기 위해 음식을 먹은 사람

중 겨우 16퍼센트만이 효과를 보았다고 대답했다. 다른 연구에서는 여성들이 불안하거나 우울할 때 초콜릿을 먹는 경향이 가장 큰데, 이런 처방으로 확실하게 달라진 점은 죄책감이 늘었다는 사실뿐이라고 했다. 죄책감은 우리가 기분을 달래주는 최고의 음식에 손을 뻗을 때 기대하는 결과가 아니다.

스트레스, 불안, 죄책감이 자기절제에 미치는 영향을 연구하다 보면 기분이 나쁠 때 종종 놀라운 방식으로 유혹에 굴복한다는 사실을 알게 된다. 담뱃갑에 적힌 무시무시한 경고문구가 흡연자들의 흡연 욕구를 부채질하기도 하고, 경제 위기가 쇼핑을 부추기기도 하며, 심야 뉴스가 비만을 유도하기도 한다. 이런 상황은 전혀 논리적이지는 않지만 인간적이기는 하다. 스트레스 때문에 의지력의 실패를 경험하고 싶지 않다면 유혹에 의지하지 않고도 기분이 더 좋아질 수 있는 방법을 찾아야 한다. 그리고 기분을 저조하게 하는 죄책감이나 자기비판 같은 자기절제 전략을 포기할 필요도 있다.

스트레스를 받으면 왜 욕망이 솟구칠까

지금까지 밝혀진 바로는 기분이 나쁘면 뇌는 특히 유혹에 쉽게 영향을 받는다고 한다. 과학자들은 여러 가지 실험으로 피험자들에게 스트레스를 줄 교묘한 방법들을 생각해냈으며 결과는 언제나 같았다. 흡연자들은 치과에 가는 상상을 하자 흡연에 대한 갈망이 엄청나게 커졌고, 폭식하는 사람들에게 대중 앞에서 연설해야 한다고 하자 지방과 당분 함량이 높은 음식을 원하기 시작했다.

실험실 쥐에게 예측 불가능한 전기충격으로 (뇌의 보상 중추가 아니라 몸에) 스트레스를 주자 쥐들은 설탕, 술, 헤로인, 혹은 연구진이 우리 안에 넣어둔 보상이라면 무엇이든 그걸 얻으려고 달려간다. 실험실 밖으로 나와 보면 현실세계의 스트레스는 흡연자들, 알코올 중독에서 회복 중인 사람들, 마약 중독자들, 다이어트를 하는 사람들의 재발 위험성을 증가시킨다.

스트레스를 받으면 왜 갈망이 생기는가? 이는 뇌가 담당한 임무의 일환 때문이다. 앞에서는 스트레스가 투쟁-도피 반응, 즉 위험에서 자신을 지키기 위해 어떻게 통합적인 신체 변화를 일으키는지 살펴보았다. 하지만 뇌는 생명뿐만 아니라 감정도 보호하고 싶어 한다. 그래서 스트레스를 받을 때마다 뇌는 행복하게 해줄 수 있다고 생각하는 것이라면 무엇에든 우리를 데려가려고 한다.

신경과학자들이 입증한 바로는 분노, 슬픔, 회의, 불안 같은 부정적인 감정을 비롯해 각종 스트레스가 뇌를 변화시켜 보상을 갈구하는 상태로 만든다. 결국, 뇌가 보상 약속과 결부시키는 것이라면 어떠한 물질이든 행동이든 그것을 갈구하면서 '보상'이 기분을 좋게 만드는 유일한 방법이라고 확신하게 된다. 예를 들어 코카인 중독자들이 가족과의 싸움이나 직장에서 받은 비판을 떠올리면 뇌의 보상체계가 활동을 개시하여 코카인을 몹시도 원하게 하는 것과 같다.

투쟁-도피 반응이 일어나는 동안 분비된 스트레스 호르몬 역시 도파민 신경세포의 흥분을 증가시킨다. 즉 우리가 스트레스를 받을 때 유혹에 부딪히면 그것이 무엇이든 상관없이 훨씬 유혹적으로 느낀다는 뜻이다. 어느 연구에서는 실험 참가자들이 개인적 실패를 떠올리면서 자신을 부정적으로 생각하기 이전과 이후를 비교해서 언제 초콜릿케이크의 유혹을 더 강하게 느끼는지 살펴보았다. 참가자 모두 기분이 나쁠 때 케이크가 더 먹음직스럽다고 느꼈으며, 초콜릿케이크를 전혀 좋아하지 않는다고 대답한 사람들조차 케이크를 먹으면 행복해질 것이라는 기대감을 느닷없이 드러냈다.

누구나 스트레스에서 멀어지면 음식이 정말로 기분을 좋게 해주지 않는다는 것을 알겠지만, 스트레스를 받으면 이런 명쾌한 생각은 멀리 날아가고 뇌의 보상체계는 이렇게 소리를 질러댄다. "냉동실에 배스킨라빈스 아이스크림이 한 통 있어!" 스트레스가 잘못된 방향으로 안내해주면 우리는 냉철한 이성에서 멀어져 가장 도움이 안 되는 본능을 향해 달려간다. 그것이 바로 스트레스와 도파민의 효과적이고 민첩한 행동이 발산하는 힘이다. 우리는 효과도 없는 대처 전략으로 자꾸만 다시 끌려가지만, 원시의 뇌가 지속해서 믿는 것은 더없는 기쁨으로 가는 입구뿐이다.

보상의 약속이 기분 전환의 약속과 결합하면 온갖 비논리적인 행동들이 다 튀어나온다. 한 경제 조사에서는 자금 사정을 걱정하는 여성들이 불안감과 우울증을 없애기 위해 쇼핑을 한다는 사실을 알아냈다. 아니, 잘못 읽지 않았다. 분명 쇼핑이라고 했다. 물론 이성에는 어긋나는 행동이다. 쇼핑은 신용카드 빚을 보태줄 테고 결과적으로 미래에 이들을 더 부담스럽게 할 테니까. 하지만 쇼핑은 지금 당장 기분이 좋아지기만을 바라는 뇌에게는 완벽하게 이치에 맞는 행동이다. 만약 물건을 사면 기분이 나아진다는 생각을 조금이라도 믿는다면 빚 때문에 받는 스트레스를 완화하기 위해 쇼핑을 할 것이다. 몸무게를 창피하게 느끼면서도 음식 앞에서 자제력을 잃고 폭식을 일삼는 사람들은 기분을 전환하기 위해 음식을 더 찾는다. 프로젝트 일정이 자꾸 늦어져서 스트레스를 받는 게으름뱅이들은 늦어진 일정을 생각하지 않으려고 피하다가 일을 점점 더 미룬다. 이상은 기분이 나아지고 싶다는 목표가 자기절제라는 목표를 꺾어버린 사례들이다.

자기 탐구 생활 》 기분 전환의 약속

스트레스, 불안감, 울적함을 느낄 때 어디에 의지하는가? 기분이 상하면 유혹에 더 약해지는 편인가? 그럴 때면 정신이 산란해지거나 일을 미루는 경향이 더 심해지는가? 나쁜 기분이 의지력 도전과제에 어떤 영향을 미치는가?

의지력 실험실 》 자신에게 맞는 스트레스 완화 전략을 시도하라

대중적인 스트레스 완화 전략들은 대부분 기분을 나아지게 하지 못하지만 어떤 전략들은 효과가 있다. 미국 심리학회는 체조나 운동, 기도나 종교 활동, 독서, 음악 감상, 친구나 가족과 시간 보내기, 마사지 받기, 산책하러 나가기, 명상이나 요가, 창조적인 취미 활동 등이 가장 효과가 뛰어난 스트레스 완화 전략이라고 했다(반면에 가장 효과가 없는 전략은 도박, 쇼핑, 흡연, 음주, 음식 먹기, 비디오게임, 인터넷 서핑, 2시간 이상 텔레비전이나 영화 보기라고 한다).

효과가 좋은 전략과 그렇지 않은 전략의 중요한 차이는 무엇인가? 진정한 스트레스 완화제는 도파민을 분비하고 보상의 약속에 의존하는 것이 아니라, 기분을 좋게 해주는 호르몬인 옥시토신은 물론이고 세로토닌과 감마아미노낙산과 같은 뇌 화학물질들을 북돋운다. 좋은 전략들은 뇌의 스트레스 반응을 정지시키고 신체의 스트레스 호르몬을 줄이며 치유 이완반응을 유도하는 데에도 도움을 준다.

이런 전략들은 도파민 분비제처럼 신이 나지 않기 때문에 과소평가되는 경향이 있다. 종종 이런 전략을 잊어버리곤 하는 것은 효과가 없기 때문이 아니라 스트레스를 받으면 뇌가 행복하게 해줄 전략을 늘 잘못 예측하기 때문이다. 다시 말해 정말로 기분을 좋게 해줄 올바른 전략을 시행하라고 자신에게 자주 말해줘야 한다는 의미이기도 하다.

스트레스를 받아서 기분 전환의 약속을 찾으려고 하거든 그 대신 더욱 효과적인 스트레스 완화 작전을 시도해보라.

: **효과적인 전략을 자꾸 잊는다고? 머리를 써라!**

첨단 벤처회사에서 새로운 프로젝트 개발 업무를 담당하는 드니즈는 직장에서 힘든 하루를 보낸 후 일종의 보상으로 와인 한 병을 마시며 가장 좋아하는 부동산 사이트를 들여다보곤 했다. 그녀는 마우스를 눌러가며 정신이 멍해지도록 멋진 거실과 부엌, 뒤뜰 사진을 한없이 넘겨보았다. 구경하는 장소를 자신의 현 거주지로 한정하지 않았기 때문에 심지어 멀리 떨어진 도시 이름도 타이핑을 해가면서 포틀랜드, 롤리, 마이애미에 나온 물건들까지도 훑어보았다. 하지만 1시간 정도 사이트를 구경하고 나면 기분이 편안해지기는커녕 도리어 멍해지는 느낌이었다(지금 사는 좁아터진 집을 보고 약간 우울해진 것은 말할 필요도 없다).

몇 년 전만 해도 지금처럼 어려운 업무를 맡고 있지 않았던 그녀는 퇴근 후 요가를 하러 다녔다. 요가를 하고 나면 마음이 편안하고 상쾌해졌다. 와인을 마시며 부동산 관음증에 빠져 지내는 것보다 요가가 기분을 좋게 한다는 사실을 그녀도 알고 있었지만, 요가 수업에 가려고 생각할 때마다 너무 귀찮게만 느껴졌다. 그냥 곧장 집으로 가서 와인 마개를 따는 편이 훨씬 더 매력적이었다.

강의를 들으며 드니즈는 적어도 일주일에 한 번은 요가 수업에 참석하기로 했다. 그런데 놀랍게도 막상 요가를 해보니 자신이 기억했던 것보다 훨씬 더 기분이 좋아졌다. 거의 3년 동안이나 요리조리 핑계를 대며 요가를 피해왔다는 사실이 믿기지 않을 정도였다. 하지만 이대로 가면 얼마 지나지 않아 좋았던 기분은 잊어버리고 옛날 습관으로 되돌아갈 것임을 알고 있었기에 그녀는 어느 날 저녁 요가 수업을 마친 뒤 휴대전화의 음성메모에 요가를 하면 기분이 얼마나 좋은지 녹음해두었다. 그 후로 요가 수업을 빠지고 싶은 마음이 들 때마다 음성메모를 들으며 스스로 기억을 떠올렸다. 스트레스를 받을 때에는 충동을 믿으면 안 된다는 사실을 알고 있었기 때문이다.

스트레스를 잔뜩 받았을 때 기분을 좋게 해주는 것이 무엇인지 나 자신에게 알려주는 방법이 있는가? 스트레스를 받기 전에 자신을 격려할 수 있는 방안을 준비해둘 수 있는가?

깊이 생각할수록 빠져드는 유혹의 덫

지난밤 나는 실수로 심야 뉴스를 시청하고 말았다. 첫 소식은 어느 테러리스트가 미국에서 폭탄 공격 음모를 꾸미다가 실패했다는 내용이었다. 뒤이어서 외국의 미사일 공격 소식과 어느 청년이 헤어진 여자친구를 살해했다는 소식이 흘러나왔다. 중간 광고 시간으로 넘어가기 전에 뉴스 앵커가 나를 보며 이렇게 약속했다. "잠시 후 놀라운 소식을 전해 드립니다. 매일 드시는 음식이 암을 유발할지도 모른다고 합니다." 그러더니 화면은 바로 자동차 광고로 바뀌었다.

예전에는 이런 상황이 당황스러웠다. 아니, 이렇게 사람을 우울하게 만드는 프로그램 중간에 기업들이 광고를 해대는 이유가 뭘까? 시청자들이 그 상품을 볼 때마다 심야 뉴스를 가득 채운 무시무시한 이야기가 떠오르기를 원하는 걸까? 그리고 대체 누가 끔찍한 살인이나 테러 공격의 위협에 대한 뉴스를 듣고 나서 백화점 세일에 관심을 보이겠어? 알고 보니 바로 내가 그럴지도 모른다고 한다. 물론 당신도 마찬가지이고. 그리고 사람들이 이런 반응을 보이는 것은 소위 '공포 관리'라는 심리적인 현상 탓이라고 한다.

공포 관리 이론에 의하면 사람들은 자신의 죽음에 대해 생각하면 자연스럽게 공포에 질린다고 한다. 우리가 죽을 수밖에 없는 운명을 떠올릴 때마다(예를 들어 심야 뉴스를 보면 29초에 한 번씩) 뇌에서는 공포 반응이 일어난다. 이러한 불안감을 늘 알아차리지는 못하지만, 항상 내면에 도사리고 있다가 걷잡을 수 없는 불쾌감을 만들고는 이유조차 알려주지 않는다. 심지어 우리가 의식적으로 자각하지 못하는 사이에도 공포감은 무력감을 해결하기 위해 당장 어떤 행동을 하려고 한다. 손을 뻗어 담요든 무엇이든 안전하거나 강하거나 위안받는다는 느낌이 드는 것들을 찾는 것이다(2008년, 버락 오바마 대통령은 샌프란시스코의 대중들에게 이런 현상을 지적하면서 불확실한 시대에는 "총이나 종교에 의지하라"고 말했다가 엄청난 곤경에 처하기도 했다). 정치는 관두고서라도 공포 관리 이론은 의지력 발휘의 실패에 대해 많은 것을 알려준다. 우리는 공포에 질릴 때 총과 신에게만 매달리는 것이 아니라 대부분 신용카드, 컵케이크, 담배에 의지한다. 여러 연구에서 밝혀진 바로는 자신이 언젠가 죽는다는 생각이 들면 보상과 기분 전환을 약속하는 대상에서 희망과 안전을 구하려는 마음이 생기기 때문에 온갖 종류의 유혹에 더 쉽게 영향을 받는다고 한다.

예를 들어 마트 쇼핑객을 대상으로 실시한 연구에서는 사람들에게 자신의 죽음에 대해 생각해보라고 하자 쇼핑 목록을 더 길게 작성했다. 또한 이들은 위안을 주는 음식에 더 많은 돈을 소비하며 초콜릿과 쿠키를 더 많이 먹게 되었다고 했다.

다른 연구에서는 뉴스로 사망 소식을 들은 후 시청자들이 고급 승용차와 롤렉스 시계처럼 지위를 드러내는 상품 광고에 전보다 긍정적인 반응을 보였다고 했다. 롤렉스가 미사일 공격에서 보호해준다고 생각해서가 아니라 이런 상품들이 자신의 이미지를 개선해주고 더 강하게 느끼도록 하기 때문이다. 사람들은 대부분 물건을 사는 행위가 긍정적이고 자신감 있게 해주는 방법이라고 생각한다. 바로 이런 생각에 부분적으로나마 영향을 받은 덕에 9·11테러로 온 나라가 충격에 빠져있던 때 조지 W. 부시 대통령이 애국하는 셈 치고 쇼핑을 하라고 독려하자 미국인들이 그렇게도 잘 받아들였나 보다.

사람들의 마음속에 있는 비상 단추를 누르려고 굳이 비행기를 타고 건물을 들이받을 필요는 없다. 사람들이 돈을 쓰게 하려고 실제로 목숨을 앗아갈 필요도 없다. 텔레비전 드라마와 영화만으로도 똑같은 효과를 낼 수 있으니까. 한 연구에 따르면, 1979년에 제작된 신파영화 〈챔프〉에서 주인공이 죽는 장면을 지켜본 사람들은 필요하지도 않은 (그러므로 나중에 후회할) 물건을 사기 위해 세 배나 비싼 가격을 기꺼이 지불했다고 한다. 무엇보다도 이 연구에 참가한 사람들은 영화의 영향으로 자신들이 돈을 지불했다는 사실을 전혀 알아채지 못했다. 보온병을 살 기회가 생기자 이들은 물병이 필요하다고 단순히 생각했던 것이다(이와 반대로, 오스트레일리아 바닷가의 커다란 산호초에 관한 내셔널지오그래픽의 특별 다큐멘터리를 감상한 사람들은 보온병에 전혀 관심이 없었다). 단언하건대 집을 어지럽히고 신용카드 청구서를 묵직하게 만드는 물건의 절반쯤은 이런 식으로 구매한다. 기분이 다소 울적하던 참에 우연히 무언가를 살 기회가 생기면 머릿속 어디선가, 아니 도파민 신경세포들의 나지막한 목소리가 들려온다. "당장 사! 미처 몰랐겠지만 네가 원하는 거야!"

공포 관리 전략을 이용하면 불가피한 죽음을 잠시 잊어버릴 수도 있지만, 위로를 받으려고 유혹에 기댄다면 자신도 모르는 사이에 무덤으로 가는 길을 재촉하게 될지도 모른다. 좋은 예로 담뱃갑에 적힌 경고 문구는 담배에 불을 붙이고 싶은 흡연자의 욕구를 강화시키기도 한다. 2009년 한 연구는 경고 문구가 흡연자들의 스트레스와 공포감을 유발한다는 것을 알아냈으며, 이는 공중보건 관계자들이 바라던 결과와 정확히 일치했다. 하지만 불행하게도 이런 불안에 뒤이어 따라오는 것은 흡연자들의 기본적인 스트레스 완화 전략, 바로 흡연이었다. 이런! 스트레스로 인한 흡연이란 논리적이지는 않지만 스트레스가 뇌에 미치는 영향을 생각해볼 때 이해할 만한 행동이긴 하다.

스트레스는 갈망을 일으켜 도파민 신경세포가 어떤 유혹에도 더욱 쉽게 흥분하도록 한다. 그러므로 흡연자가 경고 문구를 읽기 위해 담뱃갑을 뚫어지게 쳐다보는 것은 전혀 도움이 되지 않는다. 아무리 흡연자의 뇌가 '경고: 흡연은 암을 유발합니다'라는 문구를 암호로 만들어 자신의 죽을 운명을 이해하려고 노력하더라도 뇌의 다른 부분이 이렇게 소리치기 시작할 것이다. "걱정하지 마! 담배를 피우면 기분이 나아질 거야!"

암과 암으로 사망한 사람들을 더욱 사실적이고 충격적으로 담은 사진을 담배 경고문으로 쓰는 것이 전 세계적으로 유행이다. 이런 생각은 좋을 수도 있고 나쁠 수도 있다. 공포 관리 이론에 의하면 이미지가 소름이 끼칠수록 흡연자들은 흡연을 통해 불안감을 덜어내려는 경향이 강해진다고 한다. 반면 이런 이미지들은 흡연을 습관으로 삼지 못하게 막거나 금연 의지를 강화시키는 데에는 상당히 효과적일지도 모른다. 흡연의 공포심을 키워주는 경고 문구가 실제로 흡연을 감소시키는지는 아직 확실하지 않지만, 이 때문에 혹여 의도하지 않은 결과가 나타날 가능성은 없는지 계속 주시해야만 한다.[20]

> 자기 탐구 생활 » 무엇이 공포를 일으키는가?
> 마음속에서 공포 관리를 일으키는 일들에 주의를 기울여보

자. 언론매체나 인터넷에서 보고 듣는 소식은 어떤 내용인가? 동네 놀이터에 등장하여 감염을 일으킨다는 신종 육식성 박테리아는 어떤 종류인가? 살인 벌들은 어디에서 날아오는가? 폭파된 것은 어느 건물이고 교통사고로 사망자가 생긴 곳은 어디이며 동네에서 시신으로 발견된 사람은 누구인가(추가로 무시무시한 소식과 함께 광고하는 상품은 무엇인지 살펴보라. 이런 상품이 의지력의 도전과제와 조금이라도 관련이 있는가)? 이 밖에도 위안을 바라게 하는 다른 공포 작전들이나 경고 문구가 주변 있는가?

이따금 공포 관리는 유혹이 아니라 게으름을 피우게도 한다. 병원 진료 예약하기, 몸이 안 좋을 때 약을 조제하여 받기, 유언장과 같은 법률 문서 작성하기, 은퇴를 대비해 저축하기, 아니면 심지어 다시는 쓰지 못할 물건이나 입지 못할 옷을 내다 버리는 것처럼 가장 미루기 쉬운 일은 대부분 인간의 유한성, 즉 죽을 수밖에 없는 운명의 조짐을 느끼게 한다. 만약 계속 미루기만 했다거나 '잊어버려 왔던' 일들이 있다면 혹시라도 자신의 나약한 모습을 회피하려고 그랬던 것은 아닐까? 만약 그렇다면 그저 공포를 대면하기만 해도 이성적인 선택을 내리는 데 도움을 줄 것이다. 자신에게 영향을 미치는 존재가 무엇인지도 모르면서 이를 바꾸려고 하기보다는 이미 잘 알고 있는 자신의 동기를 변화시키는 편이 훨씬 더 쉬운 법이다.

: **야식습관을 텔레비전으로 고칠 수 있다**

발레리는 거의 매일 저녁 한두 시간씩 청소를 하거나 다음 날 아이들에게 필요한 것을 준비하면서 거실에 있는 텔레비전을 배경음악 삼아 틀어두었다. 그때마다 텔레비전은 실종된 사람들이나 미해결 미스터리, 실제 범죄들을 중점적으로 다루는 뉴스 채널에 고정되어 있었다. 방송으로 나오는 이야기들은 흥미로웠다. 종종 차라리 보지 않았으면 좋았을 끔찍한 범죄 사진도 나왔지만 어쩐 일인지 눈길을 뗄 수 없었다.

강의를 통해 공포 관리 이론을 알게 된 그녀는 날이면 날마다 들어온 수많은 끔찍한 이야기가 자신에게 어떤 영향을 미쳤을지 진심으로 고민해보았다. 그리고 의지력 도전과제 중 하나로 삼을 만큼 짭짤하고 달콤한 야식을 갈망했던 이유가 납치당한 소녀들과 살해당한 아내들의 이야기와 관련이 있지 않을까 궁금해졌다.

이때부터 발레리는 뉴스를 보는 동안, 특히 아이들과 관련된 비극적인 소식이 나올 때 기분이 어떻게 변하는지 세심하게 살펴보았다. 다음 강의에 참석한 그녀는 이렇게 말했다. "정말 끔찍했어요. 가슴속에 휑하니 구멍이 뚫린 느낌이었어요. 그런데도 이상하게 계속 봐야 할 것만 같았어요. 아주 다급한 기분이 들더라고요. 사실 저하고 아무 상관없는 일인데 말이에요. 도대체 제가 왜 이러는지 모르겠어요." 발레리는 그 비운의 채널을 꺼버리기로 했다. 그 대신 음악, 팟캐스트, 시트콤 재방송처럼 뉴스보다 스트레스가 덜한 것들을 골라서 일을 할 때 틀어놓기로 했다. 일주일이 지나자, 하루를 마감할 무렵이면 늘 드리워져 있던 먹구름이 싹 걷힌 듯했다. 더욱 다행스러운 소식은 그녀가 공포 제조 채널을 버리고 좀 더 희망적인 방송을 선택하자 아이들 도시락에 싸려고 샀던 과자를 먹어치우는 일이 없어졌다는 점이었다.

공포를 심어주고 이득을 챙기는 텔레비전 뉴스, 라디오 토크쇼, 잡지, 인터넷을 24시간만 멀리해보라. 누군가의 개인적인 사건과 전 지구적인 위기가 밝혀지는 현장을 내가 직접 지켜보지 않아도 세상이 멸망하지 않거든 언론에서 내보내는 이런 이야기를 아무 생각 없이 받아들였던 행동을 이제 그만두면 어떨지 잘 생각해보라.

죄책감은 왜 효과가 없을까

40세의 한 남성이 술집에 들어가더니 바텐더에게 기네스 한 잔을 주문하기도 전에 주머니에서 PDA를 꺼냈다. '오후 9시 4분. 맥주 첫 잔.' 얼마 떨어지지 않은 곳에서 한 젊은 여성이 대학 동호회 건물에 도착하더니 10분 뒤 PDA를 꺼내어 이렇게 적었다. '보드카 한 잔.' 파티는 이제 막 시작되었다고!

술을 마신 두 사람은 뉴욕 주립대학교와 피츠버그 대학교의 심리학자들과 중독 연구진이 주도하는 실험에 참가하고 있었다. 18세부터 55세 사이의 성인 144명으로 구성된 피험자 집단은 음주 습관을 기록하기 위한 PDA를 하나씩 받았다. 매일 아침 8시, 참가자들은 단말기를 열어 전날 밤에 마신 술에 대해서 어떻게 느끼는지도 적어야 했다. 연구진이 알고 싶어 한 내용은 이것이다. '처음 의도한 것보다 술을 더 많이 마시면 무슨 일이 일어날까?'

전날 밤에 술을 지나치게 많이 마신 사람들은 다음 날 아침 두통, 구역질, 피로감 등으로 기분이 말이 아니었다. 하지만 이들의 불행은 숙취로 끝나지 않았다. 대부분 죄책감과 수치심까지 느꼈으니까. 바로 이 지점에서 상황이 충격적으로 바뀐다. 전날 밤에 마셨던 술의 양을 생각하며 기분 나빠하는 사람일수록 그날 저녁과 다음 날 저녁에 술을 더 많이 마셨기 때문이다. 그들은 죄책감을 느끼며 다시 술병을 찾았다.

자, 이쯤에서 의지력에 가장 위협적인 존재 중 하나인 '알게 뭐람 효과'를 만나보자. 다이어트 연구가인 재닛 폴리비와 C. 피터 허먼이 만든 용어인 알게 뭐람 효과는 탐닉, 후회, 더 큰 탐닉으로 이어지는 악순환을 가리키는 말이다. 두 사람의 연구에 따르면 다이어트를 하는 사람들은 대부분 작은 실수만 저질러도, 그러니까 피자 한 조각이나 케이크를 한입만 먹어도[21] 마음이 몹시 상해서는 마치 다이어트 계획 전체를 망쳐버린 것처럼 느낀다고 한다. 그러고는 즉시 음식에서 손을 떼서 피해를 최소화하는 대신 이렇게 말해버린다. "알게 뭐람, 다이어트는 벌써 물 건너갔는데. 그냥 확 다 먹어버릴까 보다."

알게 뭐람 효과를 유발하는 원인은 다이어트에 안 좋은 음식을 먹는 행동만은 아니다. 다른 사람들보다 더 많이 먹는 행위 역시 약간의 죄책감을 불러일으켜서 결과적으로 훨씬 더 과식하게 만든다(아니면 나중에 혼자서 폭식을 하게 만들거나). 어떤 유형의 좌절도 이와 마찬가지로 급락의 지름길이 될 수 있다. 폴리비와 허먼은 다이어트 중인 사람들을 대상으로 한 가지 실험을 해보았다. 그들은 체중계를 조작해서 실험 참가자들이 2킬로그램 남짓 살이 쪘다고 믿게 했다. 참가자들은 우울증과 죄책감, 자신에 대한 실망감을 금치 못해 체중을 줄이겠다고 결심하는 대신 그런 감정을 잊기 위해서 곧장 음식으로 눈을 돌렸다.

알게 뭐람 효과에 쉽게 영향을 받는 사람들은 비단 다이어트를 하는 사람들만이 아니다. 이런 악순환은 의지력 도전과제가 있는 사람에게 언제든 일어날 수 있다. 금연하려는 흡연자, 금주하려는 알코올 중독자, 예산에 맞게 지출하려는 쇼핑 중독자, 심지어는 성적인 충동을 조절하려 애쓰는 아동 성추행자에게도 나타나는 현상이다. 의지력의 도전과제가 무엇이든 패턴은 늘 동일하다. 유혹에 굴복하면 자신을 부정적으로 생각하고, 그 결과 무언가 기분이 나아질 만한 행동을 하고 싶은 충동이 생긴다.

그렇다면 가장 저렴한 비용으로 가장 빨리 기분이 좋아질 수 있는 방법은 무엇인가? 이때는 기분을 나쁘게 만든 원인 자체를 정답으로 생각하는 경우가 많다. 그러다 보니 감자 칩 몇 개를 먹다가 결국 과자 봉지 바닥에 남은 부스러기까지 긁어먹게 되거나 카지노에서 날린 100달러 때문에 속상해하다가 도박의 늪에 푹 빠져버리고 마는 것이다. 그러면서 이런 말로 자신을 달랜다. "(다이어트, 지출 예산, 금주, 새로운 결심은) 이미 물 건너갔는데 알게 뭐람. 차라리 실컷 즐기고 말까 보다." 유혹에 굴복한 후 뒤따르는 것은 수치심, 죄책감, 자제력 상실, 절망감이다. 그리고 이러한 감정을 느끼면 하던 일을 계속하는 것 외에는 벗어날 길이 없는 것처럼 보인다.

이와 같은 악순환에 빠지면 의지력은 점점 더 무너지고 기분은 더욱 비참해질 뿐만 아니라 (또) 유혹에 굴복해버린 자신을 (또) 책망하고 만다. 위안을 얻으려고 의지한 것이 도리어 죄책감만 더 깊어지게 하므로 이런 식으로는 결코 악순환의 고리를 끊지 못한다.

> **자기 탐구 생활 》 좌절에 대처하는 법**
>
> 　조금이라도 의지력이 무너질 때 자신이 어떻게 대응하는지 특히 유심히 살펴봐라. 혹시 책망하면서 자신은 절대 변하지 못할 거라고 혼잣말하지는 않는가? 좌절하는 순간 게으름, 어리석음, 탐욕, 무능력 같은 자신의 나약함이 드러났다고 느끼지는 않는가? 절망적이거나 죄스럽거나 창피하거나 분개하거나 당황스럽게 느끼지는 않는가? 행여 좌절을 변명 삼아 유혹을 더 깊이 탐닉하지는 않는가?

∴ '알게 뭐람' 악순환에서 벗어나라

루이지애나 주립 대학교의 클레어 애덤스Clair Adams와 듀크 대학교의 마크 리어리Mark Leary는 알게 뭐람 효과를 확실하게 불러일으킬 만한 실험을 준비했다. 두 명의 심리학자는 체중관리를 하는 젊은 여성들을 실험실에 불러 모은 다음 과학실험이라는 핑계를 대고 도넛과 사탕을 먹으라고 부추겼다.

애초에 연구진은 알게 뭐람 악순환을 깨뜨리는 방법에 대해서 대단히 흥미로운 가설을 세웠다. 만약 죄책감이 자기절제력을 파괴한다면 죄책감의 정반대인 감정은 자기절제력을 키워주지 않을까 생각했다. 이들의 가망성 없어 보이는 전략은 바로 '도넛을 먹은 피험자 절반이 유혹에 굴복해서 기분이 좋아지게 하라'였다.

실험에 참가한 여성들은 음식이 기분에 미치는 영향과 다양한 사탕으로 미각을 실험하는 두 가지 개별적인 연구에 참가하게 된다고 사전 설명을 들었다. 첫 번째 연구에서 여성들에게 설탕 시럽을 바른 도넛과 초콜릿 도넛 중 하나를 선택하고 4분 안에 도넛을 다 먹으라고 했다. 그리고 나서 물 한 잔을 다 마시라고도 했다. 이는 피험자들에게 거북할 정도로 배부른 느낌을 주려고 연구진이 고안해낸 교묘한 수법이었다(허리띠가 죄어들면 죄책감이 들기 쉬우니까). 그런 다음 여성들은 현재의 기분을 묻는 설문에 답했다.

사탕 맛 실험을 하기 전에 여성의 절반은 연구진이 고안한 죄책감을 완화해주는 특별 메시지를 받았다. 연구진은 피험자들이 도넛 한 개를 다 먹고 죄책감을 느끼는 경우가 많다고 말한 뒤 너무

심하게 자책하지 말라며 누구나 가끔은 유혹에 넘어간다는 사실을 기억하라고 한 명 한 명을 달랬다. 이에 비해 나머지 여성들은 아무런 메시지도 받지 못했다.

그런 뒤에 과연 자기용서가 알게 뭐람 악순환을 끊을 수 있는지 시험했다. 연구진은 피험자들에게 각각 커다란 사탕 그릇 세 개를 나눠줬다. 사탕은 단 음식을 좋아하는 사람이라면 누구나 혹하기 쉬운 땅콩버터와 초콜릿 맛, 과일 맛, 페퍼민트 맛 이렇게 세 종류였다. 피험자들에게 맛을 평가하기 위해 각각의 사탕을 시식하되 많든 적든 원하는 만큼 먹으라고 했다.

미각 시험이 끝난 뒤 연구진은 각각의 피험자가 사탕을 얼마나 먹었는지 알아보려고 사탕 그릇의 무게를 달았다. 자기용서를 통한 중재는 확실히 성공적이었다. 특별 메시지를 받은 여성들은 사탕을 겨우 28그램밖에 먹지 않았지만, 자신을 용서하라는 메시지를 받지 못한 여성들은 70그램 가까이 먹었다(이해를 돕기 위해 한 가지 예를 들자면 허시 사의 키세스 초콜릿 한 개가 4.5그램이다).

이런 결과를 들으면 사람들은 대체로 깜짝 놀란다. 상식적으로 생각하면 '누구나 때로는 유혹에 굴복하므로 자신을 너무 몰아붙이지 말라'는 메시지는 다이어트 중인 사람들에게 더 많이 먹어도 괜찮다는 뜻으로밖에 들리지 않는다. 그런데 실제로는 죄책감을 덜어낸 여성들이 사탕을 과식하지 않았다. 흔히들 죄책감이 들면 실수를 바로잡아야겠다는 의욕이 생긴다고 생각하지만 실은 기분이 나쁘면 유혹에 굴복하고 만다는 사실을 다시 한 번 입증해줄 뿐이다.

: 자기용서는 긍정적인 결과를 가져온다

자기용서라는 말을 꺼내자 강의실은 순식간에 논쟁에 휩싸였다. 내가 의지력을 기르는 비법이 무시무시한 속도로 달려오는 버스에 새끼 고양이를 던지는 것이라고 말하기라도 한 건가? 왜 이렇게 학생들이 열변을 토하는 거지? "자신에게 엄격하지 않으면 아무것도 성취하지 못할 거예요." "자신을 용서한다면 똑같은 실수만 반복할걸요." "저 자신한테 엄격하지 못한 게 바로 제 문제예요. 자기비판이 너무 부족한 게 문제라고요!"

사람들에게는 자기용서라는 말이 더욱 심각한 방종으로 이끌 변명처럼 들리는 모양이다. 수강생들도 의견이 다르지 않았는지 만약 자신에게 너그러워진다면 (즉 실수에 주의를 기울이지 않거나, 높게 정해둔 기준에 맞춰 살지 못하는 자신을 비판하지 않거나, 발전하지 못하면 끔찍한 결과가 생긴다고 스스로 협박하지 않거나 하면) 결국 나태해질 것이라고 주장했다. 이는 자신의 머릿속에 식욕, 본능, 나약함을 조종하는 엄격한 목소리가 필요하다고 믿기 때문이다. 내면의 독재자와 비평가가 사라진다면 자제력을 완전히 잃어버리지 않을까 두려웠던 탓이다.

조금씩 정도는 다르지만 우리도 대부분 이런 생각을 믿는다. 어린 시절에 부모님의 가르침과 훈계로 처음 자제력을 배웠기 때문이다. 솔직히 말해 어린이는 야생동물과 마찬가지여서 그 시기에 명령과 체벌이 반드시 필요하다. 뇌의 자기절제 체계는 청년이 되어서야 완전히 성숙하므로 아이들은 전전두엽 피질이 더 커지는 동안 외부의 도움을 어느 정도 받아야 한다. 그러나 성인이 되어서도 여전히 자신을 어린아이처럼 취급하는 사람들이 많다. 더 솔직하게 말하면 이들은 도움을 주는 지원자가 아닌 마치 학대하는 부모처럼 행동한다. 유혹에 굴복하거나 정해둔 기준에 도달하지 못할 때마다 자신을 사정없이 비난하는 것이다. "이런 게으름뱅이! 도대체 왜 이러는 거야?" 한 번 실패할 때마다 자신을 더욱 다그쳐야 할 증거라도 발견한 듯 이렇게 말한다. "뭘 하겠다고 말한들 당최 믿을 수가 없어."

물론 의지력을 강화하는 비법이 스스로 다그치는 것이라고 생각하는 사람은 당신 혼자가 아니다. 하지만 이런 생각은 잘못되었다. 여러 가지 연구에 따르면 자기비판을 하면 언제나 동기부여가 약해지고 자기절제력이 부족해진다고 한다. 그뿐만 아니라 가장 뚜렷한 우울증의 전조 중 하나이기도 해서 '긍정 의지력'과 '부정 의지력'을 모두 고갈시켜버린다.

이와 대조적으로 자기연민은 특히 스트레스와 실패에 직면했을 때 자신을 우호적이고 친절하게 대하는 감정으로 동기부여를 강화하고 자제력을 길러준다. 캐나다 오타와에 있는 칼턴 대학교에서 학생들의 꾸물대는 버릇을 한 학기 내내 추적하고 관찰했던 일을 예로 보자. 학생들은 대부분 첫 번째 시험을 준비하지 않고 공부를 미뤘다. 그리고 첫 번째 시험공부를 미뤘다는 이유로 자신을 전보다 몰아붙인 학생들은 스스로 용서한 학생들에 비해 다음 시험에서도 공부를 하지 않는 경우가 많았다. 게다가 심하게 자책할수록 시험공부를 미루는 경향이 한층 오래갔다! 결국 죄책감이 아니라 용서하는 마음을 먹으면 정상 궤도로 돌아오기가 훨씬 쉬워진다.

이번 연구결과는 본능적인 판단에 어긋난다. 자기비판이야말로 자기절제력의 초석이요 자기연민이란 방종으로 빠지는 지름길이라는 직감을 강하게 느끼는 것이 정말 보편적인 정서인데 어떻게 이런 일이 가능하겠는가? 만일 지난번에 게으름 부린 일로 기분이 나쁘지 않다면 이 학생들은 무엇으로 동기부여를 하겠는가? 유혹에 굴복하더라도 죄책감을 느끼지 않는다면 우리는 무엇으로 자신을 제어하겠는가?

놀랍게도 책임감을 키워주는 것은 죄의식이 아니라 용서였다. 연구결과 자신의 실패를 자기비판의 관점에서 바라볼 때보다 자기연민의 관점에서 바라볼 때 실패를 책임질 가능성이 커졌다. 게다가 다른 사람의 피드백과 조언을 기꺼이 받아들이고 경험에서 교훈을 얻을 확률도 높아졌다.

실패에서 회복하려는 사람에게 용서가 도움이 되는 이유는 지난 일을 떠올리면서 느끼는 수치심과 고통을 가시게 하기 때문이다. 알게 뭐람 효과는 좌절을 경험한 뒤에 떠오르는 나쁜 감정들에서 벗어나려는 하나의 시도인 셈이다. 죄의식과 자기비판이 없다면 도망쳐야 할 이유가 없다. 그러므로 실패하게 된 원인과 과정을 돌아보기가 한층 쉬워지고 실패를 반복하려는 유혹에 시달릴 가능성이 훨씬 적어진다.

반면 좌절을 증거 삼아 나 자신을 뭐든지 엉망으로 망쳐버리는 가망 없는 패배자로 바라본다면 실패를 돌아보는 것은 자기증오에서 헤어나오지 못하는 비참한 행동이 된다. 가장 시급한 목표는 경험에서 교훈을 얻는 것이 아니라, 이런 감정을 진정시키는 일이다. 그러므로 절제력을 강화하기 위한 전략으로 자기비판을 활용하면 역효과를 낳을 뿐이다. 스트레스가 모두 그렇듯이 자기비판 역시 우리를 곧장 위안거리로 끌어들여 싸구려 술집에서 한 잔 술로 슬픔을 달랜다거나 신용카드를 흥청망청 긁어대며 기분 전환을 하게 만들 것이다.

의지력 실험실 » 실패하면 용서하라

누구나 실수를 저지르고 누구나 좌절을 경험한다. 그러므로 실수한다거나 좌절했다는 사실보다는 이런 후퇴를 어떻게 다루느냐가 훨씬 중요하다. 심리학자들은 사람들이 자기연민의 관점에서 실패에 대응할 수 있도록 돕기 위해 아래와 같은 방법을 사용한다. 이런 관점을 취하면 죄책감은 줄어들고 책임감은 커져서 완벽한 조화를 이루어 다시 정상적으로 의지력의 도전과제에 매진할 수 있다고 한다. 유혹에 굴복하거나 게으름을 피우던 구체적인 시기를 떠올려보고 시험 삼아 다음의 세 가지 관점으로 실패에 대처해보라. 좌절을 겪을 때 이런 관점들을 떠올리면 죄책감, 수치심, 다시 굴복하고 싶은 충동에 빨려 들어가는 것을 피할 수 있다.

1. 기분이 어떠한가? 실패를 생각할 때마다 잠시 시간을 들여 자신의 감정을 유심히 살피고 묘사해보라. 현재 어떤 감정인가? 몸 상태는 어떠한가? 실패한 직후의 기분을 기억할 수 있겠는가? 그렇다면 그때의 기분을 어떻게 묘사하겠는가? 혹시 자기비판적인 감정이 떠오르는지, 만일 그렇다면 자신에게 뭐라고 말하는지 살펴보아라. 마음을 챙기는 관점을 취하면 성급하게 도피할 필요 없이 자신의 기분을 직시할 수 있다.

2. 나도 그저 인간이다. 인간은 누구나 의지력의 도전과제와 씨름하고 누구나 때로는 자제력을 잃어버린다. 이는 단지 인간사의 일부분에 불과하며 좌절한다고 해서 어딘가 잘못된 곳이 있다는 의미는 전혀 아니다. 이런 말의 참뜻이 무엇인지 생각해보라. 존경하고 사랑하는 사람 중에 자신과 비슷한 투쟁과 좌절을 경험한 사람을 떠올릴 수 있겠는가? 이런 관점을 취하면 평소에 들려오던 자기비판과 자기회의 목소리를 잠재울 수 있다.

3. 친구에게는 어떻게 말하겠는가? 친한 친구가 자신과 마찬가지로 좌절하고 있다면 어떻게 위로할 것인지 생각해보자. 어떤 말로 용기를 주겠는가? 목표에 정진하라고 어떻게 격려하겠는가? 이런 관점을 취하면 삶을 정상 궤도로 올리는 방법을 터득하게 된다.

: **자기비판에 도전한 어느 작가의 이야기**

중학교에서 사회과목을 가르치는 스물네 살의 벤은 작가가 되고 싶다는 강한 열망과 부푼 꿈을 안고 여름방학이 끝날 때까지 소설을 완성하겠다는 목표를 세웠다. 마감일을 맞추기 위해서는 매일 10쪽씩 글을 써야 했지만, 현실적으로는 하루에 고작해야 2~3쪽밖에 쓰지 못했다. 그러다 보니 계획보다 너무 뒤처졌다는 생각에 압도되어 그 다음 날에는 결국 한 줄도 쓰지 못했다. 그리고 새 학기가 시작되기 전에 책을 완성하지 못한다는 사실을 깨닫자 급기야 자신이 사기꾼처럼 느껴지기까지 했다. 이렇게 자유 시간이 많은 지금도 노력하지 못한다면 숙제를 채점하고 수업을 준비해야 하는 학기 중에는 어떻게 나아지겠는가? 벤은 당연히 진전을 보여야 한다고 생각하면서도 막상 자신이 그렇게 못하자 심지어는 목표를 이루려고 애써야 하는지도 의심하게 되었다. '진정한 작가라면 글을 척척 써낼 텐데. 글은 안 쓰고 이렇게 컴퓨터게임이나 하고 있지 않을 텐데.' 마음이 이렇게 어지럽다 보니 벤은 자신의 글을 비판적인 눈으로 바라보면서 쓰레기나 다름없다고 확신했다.

그해 가을 벤이 내 강의를 들었을 무렵에는 실제로 자신의 목표를 포기한 상태였다. 그는 원래 학생들에게 동기부여를 할 수 있는 방법을 배우기 위해 수강신청을 했었다. 그런데 자기비판에 관한 토론을 하면서 자신의 문제를 깨닫게 되었다. 소설을 포기했던 일을 자기용서의 과제로 삼은 후 그가 제일 먼저 주목한 것은 포기 뒤에 숨겨진 두려움과 자기불신이었다. 하루에 10쪽씩 글을 쓰겠다는 작은 목표조차 달성하지 못하자 그는 소설가라는 커다란 꿈을 이룰 만한 자질이나 헌신이 부족하지는 않을까 두려워했었다. 이제는 과거의 좌절이란 그저 인간이 겪는 과정의 일부일 뿐 결코 성공하지 못한다는 증거가 아니라는 생각에서 위안을 얻었다.

벤은 작가로 성장하는 초창기 시절을 어렵게 보낸 다른 작가들의 이야기를 떠올렸다. 그러고는 좀 더 자기연민의 관점으로 자신을 바라보기 위해 목표를 포기하려는 학생들에게 어떻게 격려할지 상상해봤다. 그제야 자신이 학생들에게 용기를 주며 목표가 중요하다면 계속 노력하라고 말하리라는 것을 깨달았다. 덧붙여 지금 이 순간 조금이라도 더 노력한다면 목표가 한층 더 가까워질 거라고 말할 것이다. 어떤 경우에도 이런 말을 학생들에게 하지 않았을 것이다. "바보 짓 하지 마! 이건 쓰레기나 다름없어."

이번 경험으로 벤은 다시 소설을 시작할 에너지를 재충전하고 미완성 작품으로 돌아갔다. 그리고 자신의 형편에 맞게 편안한 기분으로 책임을 다할 수 있도록 목표를 조정하여 일주일에 한 번씩 글쓰기에 몰입했다.

사람은 누구나 자기회의와 자기비판을 옳다고 믿는 경향이 있지만 이런 목소리에 귀를 기울이면 결코 목표에 가까이 다가갈 수 없다. 그러니 나를 믿어주고 내가 가장 잘되기만을 바라며 낙심한 나에게 용기를 줄 멘토나 좋은 친구의 관점으로 자신을 대하라.

기분 좋아지기로 결심하다

지금까지 기분이 나쁘면 어떻게 그리고 어째서 유혹에 굴복하는지 살펴보았다. 우선 스트레스를 느끼면 갈망이 생기고 뇌가 유혹에 더욱 이끌리게 된다. 두 번째로 죽을 수밖에 없는 인간의 운명을 떠올리면 음식, 쇼핑, 담배로 위안을 얻으려 한다. 죄책감과 자기비판은 또 어떤가? 그것이야말로 '알게 뭐람, 차라리 좀 더 즐기고 말지'라는 생각으로 돌진하는 지름길이다.

그렇지만 기분이 나쁠 때 전혀 다른 방향으로 나아가는 경우도 더러 있다. 죄책감, 불안, 스트레스에 압도되어 어쩔 줄 모를 때면 정말로 기분이 좋아지는 한 가지에 의존하게 된다. 즉 앞으로는 달라지겠다고 결심하는 것이다!

처음 알게 뭐람 효과를 밝힌 토론토 대학교 심리학 교수 재닛 폴리비Janet Polivy와 C. 피터 허먼C. Peter Herman은 폭식 후 죄책감을 느끼거나 신용카드 청구서를 쳐다보거나 아침에 일어나 숙취를 느끼거나 건강을 걱정할 때처럼 기분이 최악일 때 앞으로는 달라지겠다고 결심할 가능성이 가장 크다고 했다. 그렇게 해결책을 정하면 즉시 안도감을 느끼고 절제력을 되찾았다. 그러니 자신이 실수를 저지른 사람이라고만 믿지 말고 전혀 다른 사람이 될 수 있다고 믿어라.

희망은 변화를 위한 올바른 전략이 아니다

달라지겠다는 맹세를 하면 희망으로 가슴이 부푼다. 사람들은 자신이 달라지면 삶이 어떻게 변화할지 상상하기를 좋아한다. 미래의 달라진 모습을 떠올리며 공상에 잠기기도 한다. 어느 연구에 따르면 다이어트를 결심한 사람은 전보다 튼튼해졌다고 느끼고, 운동을 하겠다고 계획한 사람은 전보다 키가 커진 것처럼 느낀다고 한다(이런 환상이 현실적이라고 말하는 사람은 당연히 아무도 없다). 더불어 남들이 자신을 전과 다르게 대할 것이며 모든 상황이 변할 것으로 생각한다. 목표가 크면 클수록 희망도 커진다. 그러므로 앞으로 달라지겠다고 결심하면 한층 더 높은 목표를 세우고 싶은 유혹을 느낀다. 목표를 원대하게 세우면 기분도 훨씬 더 좋아질 텐데 어째서 목표를 수수하게 정하겠는가? 큰 꿈을 품을 수 있는데 어째서 작은 꿈으로 출발하겠는가?

불행하게도 보상의 약속이나 기분 전환의 약속과 마찬가지로 변화의 약속도 기대치를 충족시켜주지 않는다. 비현실적인 낙천주의에 빠지면 잠시 기분이 좋아질 수도 있지만 나중에는 결국 기분을 악화시킬 뿐이다. 달라지겠다는 결심은 궁극적으로 지금 당장의 만족에 불과하다. 그러므로 기분은 좋아졌는지 몰라도 정말 이루어진 것은 하나도 없다.

첫 번째 좌절을 겪으면 달라지겠다고 결심한 후 느꼈던 기분 좋은 감정이 실망과 좌절로 뒤바뀐다. 기대를 충족하는 데 실패하면 예전과 마찬가지로 죄책감, 우울, 자기불신에 빠지면서 변화의 결심에 대한 정서적 성과가 사라져버린다. 바로 이 지점에서 대부분 노력하기를 완전히 포기한다. 다시 한 번 변하겠다고 결심하는 것은 자제력을 잃었으니 한 번 더 희망이 필요하다고 느낄 때뿐이다. 이런 식으로 악순환은 계속 이어진다.

폴리비와 허먼은 이런 순환을 '헛된 희망 증후군'이라고 부른다. 희망이란 변화를 위한 전략으로서는 실패작이다. 희망이 실패할 수밖에 없는 것은 변화를 위한 전략이 아니라 기분을 좋게 만들려는 전략이기 때문이다. 변화의 전략과 기분 전환의 전략은 절대 같지 않다. 사람들은 대부분 변화의 결심을 변화가 진행되는 최고의 과정이라 여기며 그 뒤로는 순조롭게 진행될 것이라고 생각한다. 자기절제력을 발휘해야 하고 찬성하고 싶을 때 반대하고, 반대하고 싶을 때 찬성하면 그뿐.

행복의 관점에서 보면 실제로 변화하려는 노력은 달라지겠다는 상상과 비교할 수 없다. 뒤따르는 골치 아픈 일은 제쳐놓고 변화의 약속을 최대한 이용하는 것이 훨씬 쉬울 뿐만 아니라 더 재미있기도 하다. 그런 이유로 영원히 달라질 방법을 찾기보다 포기하고 다시 시작하기를 반복할 때 더 행복해하는 경우가 많다. 극단적인 변신을 상상하면서 얻는 쾌락은 끊기 어려운 마약과 같다.

헛된 희망 증후군은 자제력처럼 변장하기 때문에 특히 비열하며 우리를 속이는 재주도 탁월하다. 바로 그런 이유로 변화의 약속은 살펴볼 만한 가치가 충분하다. 변화하는 데에 필요한 동기부여와 목표 달성을 방해하는 비현실적인 낙천주의는 종이 한 장 차이다. 물론 변화할 수 있다는 믿음은 반드시 필요하며 희망이 없으면 현재의 상태를 체념하고 받아들이는 것도 사실이다. 하지만 기분이 나아지기 위해 변화의 약속을 이용하는 낡은 덫에 빠져서는 안 된다. 덫에 빠지고 나면 의지력처럼 보이는 행동이 이번에는 보상을 받으리라는 헛된 희망에 기대어 레버를 누르는 쥐의 무의미한 행위처럼 변할 수 있다.

> **자기 탐구 생활 》 기분이 좋아지기 위한 상상법**
>
> 잠시 시간을 내어 변화에 대한 자기만의 동기와 기대를 생각해보라. 혹시 기분이 나쁠 때에만 달라지고 싶다는 의욕을 느끼

는가? 목표 설정의 압권은 목표 달성에 성공하면 삶이 어떻게 달라질 것인지 상상하는 즐거움인가? 행동을 개선하기 위해 구체적인 조치를 취하기보다는 현재의 기분을 개선하기 위해 미래의 자아를 상상하는가?

의지력 실험실 》 결심을 성공시키는 낙관적인 비관주의

낙관주의는 동기부여에 도움이 되지만 약간의 비관주의는 성공의 길잡이가 되기도 한다. 한 연구에 따르면 맹세를 어기고 싶은 유혹을 언제 어떻게 받는지 예상한다면 결심을 지킬 가능성이 높아진다.

의지력의 도전과제와 관련하여 다음 몇 가지를 자문해보라. 유혹에 굴복할 가능성이 가장 클 때는 언제인가? 어떻게 목표에 집중하지 못하고 산만해질 것 같은가? 게으름을 용납하려면 자신을 어떤 말로 설득해야 할까? 마음속으로 예상되는 전개과정이 있다면 자신이 그런 상황에 처해 있다는 가정 아래 기분이 어떨지, 어떤 생각이 떠오를지 상상해보라. 의지력이 무너져가는 전형적인 과정을 직접 지켜보라.

그런 다음 의지력이 무너진 상상의 장면을 의지력 발휘에 성공하는 현실로 바꿔라. 결심을 지키는 데 성공하려면 구체적으로 어떤 조치를 취해야 할지 생각해보라. 동기가 무엇이었는지 기억해야만 하는가? 유혹에서 멀리 달아나야 하는가? 친구에게 도움을 청해야 하는가? 앞에서 배운 의지력 발휘 전략 중 하나를 사용할 것인가? 생각해둔 구체적인 전략이 있다면 직접 실행하는 장면을 상상해보라. 그러면 기분이 어떨지도 마음속에 그려보자. 자신이 성공하는 모습을 지켜보라. 자신의 모습을 상상함으로써 목표 달성에 필요한 일이면 무엇이든 하겠다는 자신감을 가져라.

이와 마찬가지 방식으로 실패에 대비하여 계획을 세워둔다면 이는 자기회의가 아니라 자기연민에 입각한 행동이다. 미리 상상한 그대로 의지력이 무너지는 순간이 찾아온다 해도 계획을 행동으로 옮길 준비는 이미 되어 있다.

스트레스 때문에 의지력이 무너지지 않도록 하려면 헛된 보상의 약속도 공허한 변화의 약속도 아닌, 진정으로 기분을 개선해주는 것이 무엇인지 알아내야만 한다. 그런 다음 그 일을 실행하면서 자신의 생활과 아무 관계도 없는 스트레스의 근원을 막아야만 한다. 그러다가 분명 좌절을 겪기도 하겠지만, 그럴 때면 실패를 용서해야 하며 이를 변명 삼아 유혹에 굴복하거나 목표를 포기해서는 안 된다. 자기절제력을 기르기 위해서는 자기연민이 자기책망보다 훨씬 훌륭한 전략이다.

Chapter 7

순간 만족의
경제학이란
무엇인가?

변화는 운명의 바퀴에 의해 나타나는 것이 아니라,
끊임없는 투쟁을 통해 나타난다.
— 마틴 루터 킹 Martin Luther King Jr., 1929~1968

침팬지 19마리와 인간 40명의 대결! 이는 날이면 날마다 구경할 수 있는 시합이 아니었다. 게다가 그냥 평범한 사람도 아닌 하버드 대학교와 독일 라이프치히 막스플랑크 연구소의 학생들이었고 침팬지 역시 신망 있는 라이프치히 볼프강 쾰러 영장류 연구소에서 데려왔다. 하버드와 막스플랑크 출신의 인간들과 벌이는 시합에 그냥 평범한 서커스 침팬지를 투입할 수는 없었던 모양이다.

시합의 도전과제는 '음식을 더 얻으려면 눈앞의 간식으로 얻을 만족을 지연하라'였다. 피험자를 유혹하는 간식으로 침팬지에게는 포도가, 인간에게는 건포도, 땅콩, M&M's 초콜릿, 골드피시 크래커, 팝콘이 쓰였다. 모든 경쟁자들은 음식을 두 개에서 여섯 개 사이로 선택할 수 있었다. 그리 어렵지 않은 선택이었으므로 인간과 침팬지 모두 두 개보다는 여섯 개를 선택하는 경우가 압도적으로 많았다. 그러자 연구진은 선택을 복잡하게 했다. 이번에는 모든 경쟁자가 당장 두 개를 먹거나 2분 뒤에 여섯 개를 먹는 기회 중 하나를 선택해야 했다. 연구진은 참가자들이 과연 여섯 개를 먹으려고 기다릴 수 있을지 궁금했다.

2007년에 발표된 이 연구는 인간과 침팬지의 자제력을 직접 비교한 첫 번째 실험으로 연구진은 참을성의 진화론적인 근거에 못지않게 인간의 본성에 대해서도 많이 알아냈다. 기다릴 필요가 없을 때는 침팬지와 인간 모두가 여섯 개의 보상을 선호했지만, 기다려야 한다는 조건이 붙자 두 종은 판이한 결정을 내렸다. 놀랍게도 침팬지의 72퍼센트는 더 큰 보상을 받기 위해 기다리겠다고 결정한 반면, 하버드와 막스플랑크의 학생 중 이와 같은 결정을 내린 비율은 19퍼센트에 불과했다.

엄청나게 참을성이 뛰어난 영장류에 인간이 당한 참패를 어떻게 해석해야 할까? 침팬지가 비밀리에 자제력의 원천을 지니고 있었다고 믿어야 할까? 아니면 인간이 진화를 거쳐 오다가 어떤 시점에 땅콩을 먹기 위해 2분 동안 기다릴 줄 아는 능력을 잃어버렸다고 믿어야 하나?

물론 그렇지는 않다. 아주 착하게 행동할 때 인간의 충동조절력은 다른 종에 비해 훨씬 뛰어나다. 하지만 근사한 뇌를 사용해서 가장 전략적인 결정을 내리기는커녕 더 무분별하게 행동해도 괜찮다고 생각하는 경우가 너무 많다. 이는 인간의 커다란 전전두엽 피질이 자제력보다는 그런 판단에 능숙하기 때문이다. 그뿐만 아니라 전전두엽 피질은 나쁜 결정을 합리화하고 내일이면 나아질 거라고 약속하기도 한다. 침팬지들은 자신을 이렇게 다독이지 않았을 것이다. "지금 포도를 두 송이 먹을래. 다음번에 언제든 기다렸다가 여섯 송이를 먹으면 되잖아." 하지만 인간들은 온갖 정신적 속임수를 동원해서 유혹에 저항할 기회는 내일도 있다고 굳게 믿는다. 그래서 거대한 전전두엽 피질 덕분에 몇 번이고 되풀이해서 당장의 만족에 굴복하고 만다.

해답을 얻기 위해 경제학이나 심리학, 신경과학에 기대를 걸든 말든 유혹과 게으름에 관한 문제는 대부분 오로지 인간의 한 가지 문제, 즉 미래를 생각하는 태도로 되돌아간다. 하버드 대학교 심리학 교수인 다니엘 길버트Daniel Gilbert는 미래에 대해 중요하게 생각하는 유일한 종이 인간이라는 대담한 주장을 펼쳤다. 인간은 이런 능력 덕분에 심령술과 스포츠 도박처럼 놀라운 발명으로 세상에 여러 가지 공헌을 안기기도 했지만 이와 동시에 현재의 자아를 곤경에 처하게 만들기도 했다. 문제는 인간이 미래를 볼 줄 안다는 점이 아니라 미래를 명확하게 보지 못한다는 점이다.

미래를 팔다

침팬지 대 인간의 대결 결과를 검토하는 한 가지 방법은 경제학적인 면을 살펴보는 것이다. 침팬지는 뇌가 세 배나 더 큰 인간과 대결하면서도 상대보다 훨씬 더 이성적으로 행동했다. 이들은 6개가 2개보다 낫다는 선호도를 표현한 다음 행동에 옮겼다. 게다가 단지 120초 동안 만족감을 미루어 비용은 들이지 않으면서도 이익을 극대화할 줄도 알았다. 반면 인간의 선택은 비이성적이었다. 도전이 시작되기 전에 여섯 개의 보상이 두 개의 보상보다 더 좋다고 분명히 밝혔지만 막상 2분만 기다리면 간식이 세 배로 늘어날 기회가 생기자 80퍼센트의 선호도가 바뀌어버렸다. 신속한 해결책이 안겨준 찰나의 만족을 얻으려고 자신들이 정말로 원하는 것을 포기한 것이다.

경제학자들은 이처럼 보상을 받으려고 더 오래 기다려야 할수록 가치가 적다고 느끼는 현상을 '보상 지연할인'이라고 부른다. 아주 잠깐 보상이 지연되더라도 가치가 엄청나게 줄어들었다고 여겨질 수 있다. 단 2분이 지연되었을 뿐인데도 여섯 개의 초콜릿이 당장 손에 쥐어지는 두 개의 초콜릿보다 가치가 떨어졌다.

보상 지연할인은 일부 대학생들이 초콜릿을 두 개 선택한 이유뿐만 아니라 사람들이 미래의 행복을 희생하더라도 당장의 만족을 선택하는 이유가 무엇인지 설명해준다. 소득세신고 마감 하루 전날의 공황이나 마감 다음 날의 벌금을 감수하더라도 오늘 마음의 평화를 누리겠다고 선택하면서 세금 납부를 미루는 이유도 이와 다르지 않다. 미래의 에너지 위기를 고려하지 않고 오늘 화석 연료를 사용하는 이유이자 엄청난 이율에 구애받지 않고 신용카드를 긁어대는 이유이기도 하다. 원하는 것은 원하는 순간 당장 손에 넣으면서도 오늘 대면하고 싶지 않은 것은 무엇이든 내일까지 미루고 만다.

자기 탐구 생활 » 미래의 보상을 어떻게 평가절하하는가?

유혹에 굴복하거나 게으름을 부리게 될 때마다 어떤 미래의

> 보상을 팔아치우는지 자문해보라. 유혹의 대가로 얻는 '당장의 성과'는 무엇인가? 그로 인한 장기적인 손실은 무엇인가? 이것이 공정한 거래인가? "아니, 이건 형편없는 거래야!" 만약 이성적인 자아가 이렇게 말하거든 선호하는 것을 포기하는 순간 자신을 유심히 살펴보려고 노력하라. 미래를 팔아넘기는 순간에는 대체 무슨 생각을 하고 어떤 기분이 드는가?

: 보상에 눈이 멀다

앞에서 살펴본 자기절제력 시합에서 인간은 간식 6개가 2개보다 더 가치 있다고 의견을 모았다. 하지만 연구진이 간식 2개를 테이블에 두고 이렇게 말하자 상황은 달라졌다. "간식을 지금 먹을 건가요 아니면 기다렸다 먹을 건가요?" 질문을 들은 하버드와 막스플랑크의 학생 중 80퍼센트가 마음을 바꿨다. 계산을 잘못 해서가 아니라 보상의 약속에 눈이 멀었기 때문이었다. 행동경제학자들은 이런 현상을 '제한적 합리성'의 문제라고 부른다. 사람들은 무엇이든 이론적으로 생각할 때는 완벽하게 합리적이지만, 막상 유혹을 받으면 즐거움을 절대 놓치지 않으려고 뇌가 보상추구 상태로 바뀐다.

유명한 행동경제학자 조지 에인슬리는 알코올 중독에서 체중증가와 부채 중독에 이르기까지 자제력 부족으로 인한 실패는 대부분 이러한 유형의 전환이 일어났기 때문이라고 주장한다. 우리도 대부분 마음속으로는 유혹에 저항하고 싶어 한다. 장기적인 행복을 안겨줄 선택을 하고 싶어 한다. 음주가 아니라 금주를, 기름에 튀긴 도넛이 아니라 탄탄한 엉덩이를, 근사한 새 장난감이 아니라 재정적인 안정을 원한다. 다만 바로 눈앞에서 빤히 쳐다보며 유혹하는 단기적인 보상을 더 좋아할 뿐이며, 이때 욕망이 압도적으로 강해진다. 이는 결국 '제한적 의지력'으로 이어져, 자기절제력을 발휘하다가도 막상 필요해지면 절제력이 바닥나고 만다.

당장의 만족에 넘어가기 쉬운 한 가지 이유는 뇌의 보상체계가 미래의 보상에 반응하도록 진화하지 않았기 때문이다. 음식은 보상체계의 맨 처음 대상이었으며 이런 이유로 사람들은 먹음직한 음식을 보거나 냄새만 맡아도 여전히 각별한 반응을 보인다. 도파민이 인간의 뇌에서 처음으로 기능을 발휘했을 시절에는 100킬로미터 밖이든 100일 뒤든 멀리 떨어진 보상이란 매일 살아남아야 하는 문제와는 아무 관계가 없었다. 당시에는 손에 얻을 수 있을 때 보상을 확실히 획득하도록 하는 체계가 필요했다. 고작해야 나무를 타고 올라가거나 강을 건너서 굶주린 두 손으로 과일을 따는 식의 '가까운' 보상을 추구하기 위한 동기가 필요했을 뿐이다. 결과를 손에 넣으려면 5년, 10년, 20년씩이나 노력해야만 하는 보상은? 대학 졸업장이, 올림픽 메달이, 퇴직 저축이 생기기 이전에는 문자 그대로 만족의 지연이란 생각할 수도 없는 일이었다. 기껏해야 내일 먹을 음식을 남겨두는 정도였으며 지금으로부터 수십 년

후를 위해 무언가를 아끼는 일은 결코 없었다.

현대적 자아가 당장의 보상과 미래의 보상을 비교하며 신중하게 생각할 때 뇌는 이 두 가지 선택 항목을 전혀 다른 방식으로 처리한다. 오래된 원시의 보상체계와 도파민으로 유발된 욕구는 당장의 보상에 반응할 뿐 미래의 보상에는 별로 관심을 보이지 않는다. 보상의 가치를 평가하고 판단하는 역할은 비교적 최근에 진화한 전전두엽 피질이 담당한다. 그러므로 만족을 지연하기 위해서는 전전두엽 피질이 보상의 약속에 무관심해야만 한다. 이것은 불가능한 일이 아니며 어쨌든 전전두엽 피질이 하는 역할이기도 하다. 하지만 쥐가 전기 석쇠 위를 뛰어다니도록, 사람이 슬롯머신에 앉아 평생 모은 노후 적금을 날려버리도록 한다고 지금까지 알려져 왔던 감정과 싸워야만 하는 일이다. 다시 말하면 결코 쉬운 일이 아니라는 뜻이다.

그래도 긍정적인 측면으로 보면 유혹은 기회의 창이 좁다. 전전두엽 피질을 정말 압도하려면 보상은 반드시 당장 주어져야 하며, 효과를 극대화하려면 보상은 우리의 눈앞에 제시되어야 한다. 우리와 유혹 사이에 조금이라도 거리가 생긴다면 균형이 깨지면서 자제력 쪽으로 힘이 다시 기울기 시작한다. 하버드 대학교와 막스 플랑크 학생들은 초콜릿을 눈으로 보는 순간 자제력이 무너지고 말았다. 그다음 실험에서 연구진은 상황에 조금 변화를 주어 테이블 위에 보상을 올려두지 않은 상태에서 학생들에게 결정을 내리라고 했다. 이번에는 시간이 지연된 더 큰 보상을 선택하는 경향이 많았다. 보상을 눈으로 직접 확인하지 못하자 보상체계는 당장의 보상을 훨씬 추상적이고 덜 자극적이라고 판단했다. 그 덕분에 학생들은 원시적인 감정이 아니라 마음속의 신중한 판단을 바탕으로 이성적인 선택을 했다.

이것은 만족을 지연하고 싶은 사람들에게는 반가운 소식이다. 어떤 일을 해서라도 거리감을 만들어낸다면 유혹을 거부하는 게 쉬워질 것이다. 어느 연구에서는 책상 위에 있던 사탕 단지를 책상 서랍 안에 그냥 넣어두기만 해도 사탕 섭취량이 3분의 1로 줄어들었다. 책상 위로 손을 뻗기보다 책상 서랍을 여는 게 더 어려운 일은 아니지만 사탕을 치우는 행위만으로도 욕구를 지속해서 자극받는 느낌이 줄어든 것이다. 이 처럼 자신의 욕구를 유발하는 대상이 무엇인지 알고 있다면 그것을 눈앞에서 치워 끝없는 마음의 유혹을 잠재울 수 있다.

의지력 실험실 » 10분만 기다려라

원하는 것을 기다리고 있다면 10분은 그리 긴 시간처럼 보이지 않을 법하지만, 신경과학자들의 발견에 따르면 그 시간은 뇌가 보상을 처리하는 과정에서 커다란 차이가 있다고 한다. 당장의 만족을 이루는 데 의무적으로 10분이 지연된다면 뇌는 이를 미래의 보상으로 취급한다. 보상의 약속 체계가 활동이 둔해지면서 당장의 만족을 선택하려는 강한 생리적 충동이 사라진다. 10분간 기다려야 먹을 수 있는 쿠키를 체중감량과 같은 장기적인 보상과 비교할 때면 아까와는 달리 뇌는 비교적 빠른 보상을 선호하는 성향을 드러내지 않는다. 이때 뇌를 급습해서 선호도를 뒤집어버리는 장본인은 즉각적인 만족의 '신속성'이다.

뇌를 더욱 냉정하고 현명하게 만들고 싶다면 어떤 유혹을 느끼더라도 의무적으로 10분을 기다려라. 만약 10분 뒤에도 여전히 원한다면 그때에는 유혹을 충족해도 괜찮다. 하지만 10분이라는 기한이 끝나기 전까지는 유혹과 대립하는, 유혹을 거절해야 얻을 수 있는 장기적인 보상을 마음속에 떠올려라. 가능하면 물리적으로나 시각적으로도 거리를 두어라.

'긍정 의지력'이 필요한 의지력의 도전과제에서도 10분 규칙을 활용하여 꾸물거리고 싶은 유혹을 극복할 수 있다. 10분 규칙을 살짝 뒤집어서 이렇게 바꿔보자. "10분 동안 하라. 그다음에는 그만해도 괜찮다." 정해진 10분이 흐르고 나면 그만둘 자격이 생긴다. 하지만 일단 시작하고 나면 계속하고 싶은 마음이 생길지도 모른다.

: 10분 규칙으로 흡연량을 줄여라

20여 년 전 대학 새내기 시절에 담배를 배운 키스는 그때부터 줄곧 금연하고 싶다는 말을 입에 달고 살아왔다. 그러면서도 한편으로는 무슨 목적으로, 무슨 의미가 있어 금연해야 하나 궁금한 적도 한두 번이 아니었다. 그렇게 오랫동안 담배를 피웠으니 당연히 여러 가지 피해를 본 상태였다. 바로 그때 금연을 하면 심지어 키스처럼 수십 년 동안 하루 한 갑씩 꾸준하게 담배를 피운 탓에 망가진 심장과 폐도 회복될 수 있다는 뉴스가 들려왔다. 그는 단칼에 금연할 마음의 준비가 되지 않았다. 물론 마음 한구석으로는 금연하고 싶기도 했지만, 앞으로 영원히 담배를 피우지 않는다는 것은 상상조차 하기 어려웠다. 그래서 우선 흡연량을 줄여보기로 했다.

10분 규칙은 키스에게 아주 잘 맞아떨어졌다. 현실적으로 언젠가는 유혹에 굴복하리라는 사실을 그도 알고 있었다. 10분간 만족을 지연하면서 키스는 흡연 충동을 조절하는 연습도 하고 심혈관 질환과 암 발병의 위험을 줄이고 싶은 욕구를 어쩔 수 없이 기억해 냈다. 때로는 10분을 온전히 기다렸다가 담배를 피우기도 했고 때로는 10분을 못 채우고 담배에 불을 붙이기도 했다. 하지만 만족 지연 연습으로 금연의 의지는 더욱 강해졌으며 충동에 '굴복하되 반드시 10분 뒤에'라고 다짐한 후부터는 충동을 철저하게 '거부' 할 때 엄습하던 공포와 스트레스가 눈에 띄게 줄었다. 그 덕분에 기다리는 일이 좀 더 쉬워졌고 몇 번은 딴 일에 정신이 팔리거나 충동을 잊어버리기도 했다.

만족 지연 연습을 한 지 몇 주 뒤, 키스는 연습의 강도를 높였다. 가능하면 10분간 기다리는 시간을 활용해서 동료의 사무실이나 가게 안처럼 담배를 피울 수 없는 장소로 갔다. 그러는 사이 충동을 가라앉힐 시간을 추가로 얻을 수 있었고 충동에 굴복하기가 조금 더 어려워졌다. 이런 작전을 활용하는 게 여의치 않을 때에는 아내에게 전화를 걸어 정신적으로 힘을 얻었다. 마침내 키스는 10분 규칙에 10분을 더 연장하기로 결정했다. '처음 10분도 잘 견뎌냈으니까 10분을 보태도 기다릴 수 있을 거야. 그래도 여전히 담배가 피우고 싶으면 그때 피우면 되지.' 머지않아 그의 흡연량은 하루 반 갑으로 줄었다. 무엇보다도 자신을 '한다면 하는' 사람으로 바라보기 시작했을 뿐 아니라 금연을 위해 필요했던 자제력도 차츰 길러나갔다.

"두 번 다시 안 돼!"라는 말이 너무 버겁게 느껴져서 의지력의 도전과 제가 삐걱거린다면, 10분 지연의 규칙을 사용해서 자제력을 강화하기 시작하라.

오늘의 행복은 내일의 행복보다 가치 있을까

인간의 본성상 누구나 미래 보상의 가치를 떨어뜨리는 경향이 있지만, 그 할인율은 천차만별이다. 최상의 제품은 결코 할인하는 법이 없는 고급 매장처럼 어떤 사람들은 할인율이 아주 낮아서 커다란 보상을 마음에 담아두고 기다릴 줄 안다. 반면에 그저 빨리 현금을 손에 넣으려고 가격을 90퍼센트까지 할인해주는 점포정리 판매처럼 미래 보상의 할인율이 아주 높은 사람들은 당장 얻을 수 있는 만족의 약속을 거부하지 못한다. 여러 가지 연구에 따르면 할인율의 크기가 장기적인 건강과 성공을 결정하는 주요 요인인 것으로 밝혀졌다.

개인의 할인율이 장기적인 목표에 미친 영향을 처음으로 연구한 것은 소위 '마시멜로 실험'이라고 불리는 매우 유명한 고전적인 심리학 실험에서였다. 1960년대 말 스탠퍼드 대학교의 심리학자 월터 미셸은 네 살배기 아이들을 잔뜩 모아놓고 지금 마시멜로 하나를 먹을 것인지 15분 뒤에 두 개를 먹을 것인지 선택하라고 했다. 선택 사항을 설명한 뒤에 연구진은 아이들에게 과자와 종을 주고는 방을 나갔다. 만약 연구진이 돌아올 때까지 아이들이 과자를 먹지 않고 기다리면 두 개를 먹을 수 있지만, 기다리지 않고 언제든 종을 울리면 당장 과자 하나를 먹을 수 있었다.

아이들이 대부분 선택한 전략은 앞서 우리가 만족을 지연시키는 데 가장 효과가 없음을 알아차린 그 방법이었다. 바로 보상을 뚫어지게 쳐다보며 맛이 어떨까 상상하는 것이다. 결국 아이들은 순식간에 유혹에 굴복했다. 반면에 15분을 기다리는 데 성공한 아이들은 보상의 약속에서 눈을 돌리는 경향을 보였다. 이렇게 기다리려고 애를 쓰는 사랑스러운 아이들의 모습은 비디오로 촬영되었다. 이 동영상을 보면 절제력을 배우는 데 뜻밖의 도움을 준다. 동영상에서 한 여자아이가 과자를 보지 않으려고 머리카락으로 얼굴을 가린다. 남자아이는 과자를 뚫어지게 쳐다보지만 종을 손에 닿지 않는 곳으로 멀리 치워버렸다. 또 어떤 남자아이는 타협하기로 한 듯 실제로 과자를 먹지는 않고 혀로 핥아보기만 했다. 이 아이는 장차 정치계에서 활약할 소지가 다분하다.

이 연구는 네 살배기의 만족 지연 전략에 대해서 많은 정보를 알려주었을 뿐 아니라 아이의 미래를 예측하는 탁월한 방법을 제공하기도 했다. 마시멜로 실험에서 아이가 과자를 먹지 않고 기다린 시간으로 10년 후 학업 성취도와 사회적 성공을 예상해보았다. 가장 오랫동안 기다린 아이들은 인기도 많고 학점도 높았으며 스트레스 대처 능력도 뛰어났다. 게다가 대학입학시험 점수도 높았고 전전두엽 피질 기능을 알아보는 신경심리 실험에서도 나은 결과를 얻었다. 마시멜로를 먹으려고 15분을 기다릴 줄 아는 능력은 훨씬 더 중요한 일의 성취도를 측정하는 완벽한 척도가 되었다.

어린 시절이든 세월이 한참 흐른 뒤든 이런 개인적인 차이는 인생을 결정하는 데 중요한 역할을 담당한다. 행동경제학자들과 심리학자들은 사람들의 할인율을 측정할 수 있는 복잡한 공식을 생각해냈다. 기본적으로 오늘의 행복은 내일의 행복보다 얼마나 더 가치 있을까? 미래 보상의 할인율이 높은 사람들은 다양한 방면에서 자제력이 쉽게 무너진다. 담배도 술도 지나치게 많이 즐기는 경향이 있으며 약물남용과 도박은 물론이고 다른 중독에 빠질 가능성도 훨씬 크다. 퇴직을 준비해서 저축할 가능성은 적었지만, 음주운전을 한다거나 콘돔을 사용하지 않는 즉흥적인 성관계를 할 가능성은 컸다. 게으름도 더 많이 피우며, 현재에 너무 몰두한 나머지 시간 따위는 아랑곳없다는 듯 시계를 차고 다닐 가능성조차 적은 편이다. 만일 현재가 미래보다 더 중요하다면 만족을 지연할 이유는 전혀 없다. 이런 사고방식에서 벗어나려면 미래를 중요하게 만드는 방법을 찾아내야만 한다.

의지력 실험실 ≫ 할인율을 낮춰라

다행스럽게도 개인의 할인율은 불변의 물리법칙이 아니다. 자신의 선택에 대한 사고방식을 바꾸기만 한다면 얼마든지 낮아질 수 있다.

내가 당신에게 90일 뒤에 찾을 수 있는 100달러짜리 수표를 준다고 상상해보자. 그런 다음 나는 값을 깎으려고 당신과 흥정을 벌인다. "오늘 당장 찾아 쓸 수 있는 50달러 수표와 교환할래요?" 대부분은 교환하지 않으려 한다. 하지만 처음에 50달러 수표를 받은 다음 보상이 지연될 100달러 수표를 내밀며 교환을 요청한다면 대부분은 거절할 것이다. 처음에 받은 보상이야말로 당신이 간직하고 싶은 보상이기 때문이다.

이런 현상이 나타나는 것은 사람들이 대부분 손실을 싫어하고 이미 소유한 것을 결코 잃고 싶어 하지 않기 때문이다. 50달러의 이익이 사람들에게 안겨주는 행복보다 50달러의 손해가 안겨주는 불행이 훨씬 더 큰 법이다.

경제학자들은 처음에 생각한 보상이 무엇이든 일단 선택을 내리고 나면 이를 정당화하기 위해 더 많은 이유를 생각해낸다는 사실을 밝혀냈다. '50달러 수표를 왜 받아야 하지?' 맨 처음에 이렇게 자문한 사람들은 당장의 만족을 정당화할 만한 여러 가지 이유를 생각해낸다('그 돈을 정말 요긴하게 쓸 수 있을 텐데.' '100달러 수표가 90일 뒤에 실제로 유효할지 누가 알아?'). '100달러 수표를 왜 받아야 하지?" 이런 질문을 떠올린 사람들은 만족 지연을 정당화할 만한 여러 가지 이유를 생각해낸다. ('이 돈이면 마트에서 장을 두 배나 많이 볼 텐데.' '지금처럼 90일 뒤에도 이 정도 액수의 돈이 필요할 거야'). 결론적으로 미래 보상을 제일 먼저 생각한다면 미래 보상의 할인율은 급격하게 떨어진다.

어떤 유혹이 닥쳐오든 당장의 만족을 거절하기 위해서는 다음과 같은 의사결정 방식을 활용하면 된다.

1. 장기적인 이익에 위배되는 행동을 하고 싶은 유혹을 느낀다면, 당장의 만족이 무엇이든 이것을 선택한다면 가장 좋은 장기적인 보상을 포기하는 셈이라고 단정하라.
2. 장기적인 보상을 이미 자신의 소유라고 상상하라. 미래의 자신이 자기절제의 결실을 맛본다고 상상하라.
3. 그런 다음에 자문해보라. '지금 나를 유혹하는 것이 무엇이든 이 덧없는 쾌락을 얻는 대가로 장기적인 보상을 기꺼이 포기할 것인가?'

: **어떤 인터넷 사이트도 꿈을 포기할 가치는 없다**

스탠퍼드 대학교 2학년생인 아미나는 장차 의과대학에 진학할 작정으로 인체 생물학을 전공하고 있었다. 그리고 스스로 인정하다시피 페이스북 중독이었다. 수업 시간에 인터넷에서 눈을 떼기가 너무나 어려워서 중요한 강의 정보도 놓칠 지경이었고 공부해야 할 때도 몇 시간씩 페이스북에 빠져 지냈다. 페이스북에 접속하면 친구들이 새로 업데이트한 소식을 읽고 사진을 들여다보고 링크를 따라가는 등 무언가 할 일이 무궁무진하게 있었기 때문에 유혹이 가시지 않았다. 페이스북이 아미나를 위해 문을 닫을 일은 없을 테니 아미나 자신이 스스로 멈출 방법을 찾아야만 했다.

인터넷이라는 당장의 만족을 거부하기 위해 아미나는 페이스북 접속이 자신의 가장 큰 목표인 의사의 꿈을 위협하는 행동이라고 규정했다. 그리고는 페이스북에 들어가서 시간을 보내고 싶을 때마다 이렇게 자문했다. '페이스북이 의사를 포기할 정도로 가치가 있어?' 그렇게 규정짓고 나자 아미나는 그동안 얼마나 많은 시간을 허비했는지 부인할 수 없었다. 심지어는 포토샵으로 외과의사의 몸에 자신의 얼굴을 합성한 사진을 노트북 배경화면으로 저장하기도 했다. 그녀는 미래의 보상이 자신에게 얼마나 큰 의미인지 떠올리거나 미래의 보상을 현실처럼 보이게 할 때마다 사진을 들여다보았다.

사전 약속의 가치에 눈을 떠라

1519년에 금과 은을 찾아 나선 스페인의 정복자 에르난 코르테스Hernán Cortés는 열한 척의 배에 500명의 군인과 300명의 시민을 태우고 쿠바에서 원정을 떠나 마침내 멕시코 남동부의 유카탄 반도에 도착했다. 코르테스의 목표는 내륙으로 가서 원주민을 정복하고 영토 소유권을 주장한 다음 금이든 은이든 빼앗을 수 있는 것은 무엇이든 훔치겠다는 생각이었다.

그러나 원주민들은 순순히 항복할 의사가 없었다. 강력한 몬테주마 신왕이 통치하던 멕시코 중부지역은 사람을 제물로 바치는 의식으로 유명한 아즈텍인들의 땅이었다. 코르테스가 이끄는 군대는 고작 말 몇 마리에 대포 몇 대밖에 없는, 막강한 군대라고 볼 수도 없는 형편이었고 멕시코 해안에 도착했을 무렵에는 내륙으로 진군해야 할지도 망설여졌다. 언제든 배를 타고 달아날 수 있는 안전한 해안가를 떠나기가 꺼려졌기 때문이다. 코르테스는 첫 번째 전투를 치르면서 한 가지 사실을 깨달았다. 만약 배를 타고 달아날 기회만 주어진다면 군사들은 언제라도 후퇴하고 싶은 유혹을 느낄 참이었다. 전설에 따르면 코르테스는 장교들을 시켜 배에 불을 질렀다고 한다. 스페인의 대형 범선인 갈레온과 소형 범선인 카라벨은 나무로 만들고 가연성 방수제로 마감처리를 했다. 코르테스가 첫 번째 배에 불을 붙이고 부하들이 배를 파괴하자 범선들은 활활 타오르다가 마침내 물속에 가라앉았다.

이 사건은 미래의 자신이 바람직한 행로를 걷겠다고 천명한 역사상 가장 악명 높은 사례 중 하나이다. 범선들을 물에 가라앉히면서 코르테스는 인간 본성에 대한 중요한 통찰력을 입증했다. 모험을 떠날 때에는 자신이 용맹하고 정력적이라고 느끼지만 미래의 자신은 공포와 피로 때문에 가던 길을 벗어날지도 모른다는 점이다. 코르테스는 배를 불태워서 부하들이 두려움에 떠밀려 행동하지 않도록 배수진을 쳤다. 부하들과 이들의 미래 자아들이 전진하는 길 외에 다른 선택의 여지가 없도록 해버린 것이다.

코르테스의 일화는 자기절제를 위한 최고의 전략이야말로 배를 태워버리는 것이라고 믿는 행동경제학자들이 좋아하는 이야기이다. 이 전략을 처음으로 주창한 사람은 행동경제학자 토머스 셸링이다. 그는 냉전시대에 핵무기가 갈등을 어떻게 억제했는가를 게임 이론으로 풀어내어 2005년에 노벨 경제학상을 수상했다. 셸링은 목표에 도달하기 위해서는 선택을 제한해야 한다고 믿었으며 이를 '사전 약속'이라고 불렀다. '사전 약속'은 자신의 다른 이론인 핵 억지 전략에서 빌려온 개념이었다. 예를 들어 즉각적인 확대보복정책을 채용하는 식으로 사전 약속을 한 국가는 보복을 기피하는 것처럼 보이는 국가보다 위협을 더 설득력 있게 들리도록 만든다. 셸링은 이성적인 자아와 유혹을 느끼는 자아가 전혀 다른 목적으로 전쟁에 참여한다고 생각했다. 이성적인 자아는 스스로 뒤따를 만한 행동방침을 정하지만 유혹을 느끼는 자아는 마지막 순간에 진로를 바꾸기로 하는 경우가 많다. 그러므로 선호 대상이 뒤바뀌었을 때 유혹을 느끼는 자아가 원하는 대로 할 수 있다면, 결국 자기파괴 행위를 하게 될 것이다.

이런 관점에서 보면 유혹을 느끼는 자아는 예측할 수 없고 도저히 믿을 수 없는 적이나 마찬가지다. 행동경제학자 조지 에인슬리의 표현을 빌리면 그럴 때 우리는 '유혹을 느끼는 자아를 다른 사람처럼 생각하고 이를 예측하여 억제할 수 있는 조치를 취해야' 한다. 그러기 위해서는 교묘함, 용기, 창의성이 필요하다. 유혹을 느끼는 자아에 대해 면밀히 탐구하고 약점을 파악하여 이성적 자아가 선호하는 대상을 바꾸지 못하도록 구속할 방법을 찾아야 한다. 유명한 소설가 조너선 프랜즌Jonathan Franzen은 글을 순조롭게 쓰기 위해 나름의 방식으로 배를 불태운다고 공공연히 선언했다. 수많은 작가들과 회사원들이 그렇듯 프랜즌 역시 컴퓨터 게임과 인터넷 때문에 쉽게 주의가 산만해졌다. 유력 주간지 〈타임〉의 인터뷰에서 그는 유혹적인 자아가 게으름을 피우지 못하도록 노트북을 어떻게 처리했는지 설명했다. 우선 하드 드라이브에서 모든 작가들에게 복수의 여신이나 다름없는 솔리테어 카드게임을 비롯해 시간을 잡아먹는 프로그램은 전부 지워버렸다. 그런 다음 컴퓨터의 무선카드를 제거하고 이더넷 포트를 망가뜨렸다. "빼먹으면 안 되는 일은 이더넷 케이블에 순간접착제를 발라서 컴퓨터에 꽂아버리는 겁니다. 그러면 작게 튀어나온 머리 부분이 똑 부러지거든요."

주의 산만을 막아보겠다고 컴퓨터를 망가뜨릴 생각까지는 못하더라도 미래의 자아가 진로를 이탈하지 않도록 기술을 활용하는 것은 괜찮을 듯하다. 예를 들어 '프리덤macfreedom.com'이라는 프로그램을 사용하면 미리 설정한 시간 동안 컴퓨터의 인터넷 접속이 차단되고 '안티 소셜anti-social.cc'을 설치하면 SNS와 이메일을 선택해서 멀리할 수 있다. 나 같은 경우는 '프로크래스도네이트procrasdonate.com'를 선호하는 편인데, 이 프로그램은 인터넷에서 시간을 낭비하면 1시간 단위로 요금을 청구하여 벌금을 모아 자선단체에 기부한다.

초콜릿이나 담배처럼 실재하는 대상에 유혹을 느낀다면 2분에서 99시간까지 어디에서든 잠글 수 있는 단단한 철제 금고 '캡처드 디시플린Captured Discipline' 같은 제품을 사용하면 어떨까? 달콤한 쿠키 한 상자를 사고 싶지만 앉은 자리에서 다 먹어치우고 싶지는 않다면 금고에 넣고 잠가버려라. 신용카드를 일시정지하고 싶을 때에도 미래의 자아가 다이너마이트를 사용하지 않고는 도저히 열지 못할 금고를 사용하면 된다. 특정한 행동에 지속해서 몰두해야 한다면 목표에 돈을 걸어보라. 강제로라도 운동을 하고 싶다면 고가의 피트니스 클럽 연간 회원권을 사서 사전 약속을 해라.[22] 셸링의 주장처럼 이런 전략은 핵무기 창고를 확장하는 데 돈을 쓰는 국가와도 비슷하다. 유혹을 느끼는 미래의 자아는 우리의 진심을 알아채고는 이성적인 자아의 목표를 위협하기 전에 다시 생각해볼 것이다.

> **의지력 실험실 » 유혹에 빠진 미래의 자아 구하기**
>
> 유혹에 빠진 미래의 자아에 압력을 가할 준비가 되었는가? 자신에게서 멀리 떨어져 약속을 하라. 다음 전략 중 한 가지를 선택하여 의지력의 도전과제에 적용해보자.
>
> 1. 기본조건을 새로 설정하라. 미래의 자아가 유혹에 눈이 멀기 전에 미리 멀리서 선택을 하라. 예를 들어 배가 고파서 테이크아웃 음식에 침을 흘리기 전에 몸에 좋은 점심을 준비하면 된다. 개인 운동지도든 치과 진료든 무슨 일이라도 예약을 해두고 선금을 지급하라. 의지력 도전과제와 관련해서 미래의 자아가 합리적인 선택을 훨씬 쉽게 실행할 수 있도록 무엇을 할 것인가?

2. 선호 대상을 바꾸기 어렵게 만들어라. 코르테스가 배를 침수시킨 것처럼 유혹에 굴복하는 가장 쉬운 길을 사전에 차단할 수 있는 방법을 찾아라. 집이나 사무실에서 유혹적인 대상을 제거하라. 쇼핑을 갈 때 신용카드는 집에 두고 지출하고 싶은 액수만큼 현금을 가져가라. 자명종은 침대에 누운 채로는 도저히 끄지 못하도록 가능한 멀리 떨어진 곳에 두어라. 어떤 방법을 활용하더라도 마음이 바뀌는 것을 완전히 막을 수는 없겠지만 짜증날 만큼 불편하게 할 수는 있다. 유혹을 느끼고 곧장 실행에 옮기지 못하도록 지연시키거나 방해하기 위해서 무엇을 할 것인가?

3. 미래의 자아에게 동기부여를 하라. 장기적인 건강과 행복을 환기하기 위해 당근이나 채찍을 사용한다고 해서 창피해할 필요는 없다. 이와 생각을 같이 했던 예일 대학교의 경제학자 이언 에어즈는 인터넷 사이트 stickk.com을 만들어 사람들이 미래의 자아를 변화시키겠다는 사전 약속을 하도록 도왔다. 그의 사이트는 채찍을 강조하면서 만약 유혹에 굴복한다면 당장의 만족을 훨씬 고통스럽게 만들어버리는 방법을 찾아야 한다고 주장한다. 체중증가를 두고 내기를 하거나(에어즈가 사용해서 대단히 성공을 거둔 방법) 미리 정해둔 목표를 이루지 못하면 일정 금액을 자선단체에 기부하는 식으로 당장의 만족에 '세금'을 붙이는 것이다(에어즈는 '안티 자선' 전략을 선택하라고 권한다. 예를 들어 전혀 동조하지 않는 단체에 기부하기로 하면 실패 비용이 훨씬 더 아깝게 느껴지기 때문이다). 보상의 가치는 변함이 없더라도 굴복의 비용, 포기의 대가가 크다면 당장의 만족이 훨씬 더 매력 없어 보일 것이다.

: 유혹에 빠진 자아를 위한 돈 관리

약물중독에서 회복하는 사람들에게 가장 커다란 도전과제 중 하나는 돈을 가지고 있는 것이다. 대부분은 은행 계좌를 개설하지 않았으므로 수표로 받은 급료나 사회 복지금을 현금으로 바꾸기 위해 수표 환전업체에 의존할 수밖에 없다. 그렇게 한목에 받은 돈은 주머니에 붙어 있는 법이 없어서 2주 치 급료를 하룻밤 유흥비로

쉽게 날려버리고는 장을 볼 돈, 방세, 자녀 양육비가 없어서 쩔쩔매곤 한다.

예일 대학교 의과대학의 정신과 의사인 마크 로센Marc Rosen과 로버트 로센헥Robert Rosen-heck은 중독에서 회복하는 사람들을 위해 코르테스와 셸링이 찬성할 만한 돈 관리 프로그램을 개발했다. 입출금 상담 및 자산관리 중재Advisor-Teller Money Manager Intervention를 줄여 ATM이라고 이름 붙인 이 프로그램은 보상과 사전 약속을 조합하여 현명한 지출에는 더욱 마음이 끌리고 어리석은 지출은 더욱 어렵게 했다.

이 프로그램에 등록하면서 자산관리자를 한 명씩 배정받았다. 상호 합의에 따라, 고객이 자산관리자만 접근할 수 있는 계좌를 열어 돈을 맡기면 관리자는 고객의 수표책과 입출금 카드를 맡아둔다. 자산관리자는 '일대일' 목표 설정 과정으로 고객이 돈을 어떻게 활용하고 싶은지, 저축을 하면 장기적인 목적에 어떻게 도움이 되는지 확인할 수 있도록 돕는다. 이와 더불어 그달의 예산을 책정하여 장보기, 월세, 기타 잡비에 들어가는 비용을 결정하고 수표를 끊어서 지급 기한이 된 고지서 요금을 낸다. 이 밖에도 고객의 장기 목표에 맞는 주간 지출계획을 세우기도 한다.

자산관리자는 고객에게 계획한 지출을 충당할 정도의 돈만 지급한다. 계획하지 않았던 일에 돈을 쓰기 위해서는 고객들이 자산관리자를 만나 공식 요청서를 작성해야 한다. 요청 내용이 고객의 애초 목표와 예산에 맞지 않거나 고객이 술이나 마약에 취한 상태라고 의심되는 경우에는 관리자가 48시간 동안 요청을 보류할 권한이 있다. 이렇게 하여 고객은 이성적인 선택을 유지하고 유혹에 빠진 자아의 충동에 따라 행동하지 못한다. 만약 고객이 직장을 알아보고 중독치료 모임에 참석하며 주간 약물검사를 통과하는 등 회복에 도움이 되는 조치를 취하면 자산관리자는 고객에게 '보상'으로 자금 접근권한을 주기도 한다.

입출금 상담 및 자산관리 중재는 중독에서 회복하는 사람들이 돈을 관리하도록 도울 뿐만 아니라 약물 사용을 줄이는 성과를 거뒀다. 사전 약속만이 효과적인 방법은 아니다. 이 프로그램은 회복 중인 중독자의 시간과 보상에 대한 사고방식을 바꿔준다. 연구에 따르면 이 프로그램에 등록한 사람들은 미래 보상의 할인율을 낮추고 미래 보상에 더 많은 가치를 부여한다고 한다. 회복 중인 중독자들 중에서도 할인율이 가장 많이 감소한 사람들은 미래에 약물중독이 재발하지 않을 가능성이 가장 높았다.

이런 중재는 목표에 도움을 주는 사람이 참가자들을 책임지고 있기 때문에 효과적이다. 혹시 목표를 공유하고 유혹에 빠지면 도움을 요청할 사람이 주변에 있는가?

: **미래의 자아를 만나라**

이제 나에게 정말 잘 어울릴 법한 사람 두 명을 소개해주자. 첫 번째 인물은 나 자신. 나는 꾸물거리는 습관이 있고 충동 조절을 잘 못하며 운동이나 빨래, 서류 작업 마무리를 정말로 좋아하지 않는다. 두 번째 인물은, 두둥! 이번에도 역시 나다. 편의를 위해서 두 번째 인물은 나 No.2라고 부르자. 나 No.2는 지루하든 어렵든 어떤 임무를 맡아도 한없이 열정적이기 때문에 결코 일을 미루는 법이 없다. 게다가 자기절제력도 놀라우리만큼 뛰어나서 감자 칩이나 홈쇼핑 채널, 부적절한 성적인 유혹을 아무런 갈망도 떨림도 없이 단칼에 거절할 줄 안다.

그렇다면 나와 나 No.2는 누구인가? '나'는 이 책을 읽는 사람으로 어쩌면 수면 시간이 부족해서 조금쯤 지치고 짜증스러우며 오늘 안에 반드시 해야 할 열 가지 일들에 쫓기는 듯한 기분을 느끼고 있는지도 모른다. 반면 나 No.2는 바로 미래의 나이다. 아니, 그렇다고 해서 이 책의 마지막 책장을 넘기는 순간 마법처럼 변신할 사람은 아니다. 미래의 나란 지금보다는 훈련과 운동에 훨씬 더 열정적인 사람이다. 미래의 나는 패스트푸드 메뉴판에서 몸에 제일 좋은 음식을 주문하는 사람인 반면 현재의 나는 동맥을 막아버리는 햄버거조차 맛있게 먹을 줄 아는 사람이므로 햄버거를 주문하려고 권리포기 각서에 서명할 것이 분명하다.[23]

미래의 나는 시간도 에너지도 의지력도 현재의 나보다 더 많다. 적어도 미래의 자신을 생각할 때면 스스로 그렇다고 중얼거린다. 미래의 나는 걱정에서 자유로우며 현재의 나보다 통증에 대한 저항력도 더 뛰어나서 결장경 검사를 받기에 적합한 사람이다. 미래의 나는 현재의 나보다 정리정돈을 잘하고 동기부여를 더 잘한다. 힘든 일은 미래의 나에게 처리하도록 맡기는 것이 논리적으로 보인다.

이는 우리가 저지르는 가장 당혹스러우면서도 예측 가능한 정신적 실수 중 하나이다. 즉 미래의 자아를 전혀 다른 사람처럼 생각하는 것! 우리는 흔히 미래의 자아가 현재의 자아로서는 도저히 해내지도 못할 일들을 척척 해내리라고 예상하며 자신을 이상화한다. 때로는 현재의 자아가 내린 결정 때문에 생긴 결과를 떠넘기면서 미래의 자아를 혹사시키기도 하고, 때로는 현재의 자아와 생각과 감정이 똑같다는 사실을 알아차리지 못해서 미래의 자아를 오해하기도 한다. 아무리 미래의 자아를 떠올리더라도 좀처럼 그들을 완전히 '나'라고는 생각하지 못한다.

프린스턴 대학교의 심리학자 에밀리 프로닌은 이와 같은 상상력의 부족 때문에 미래의 나를 낯선 타인처럼 대한다고 주장했다. 그녀는 실험으로 학생들이 자제력과 관련된 결정을 연이어 내리도록 했다. 어떤 학생들은 오늘 할 일을 선택하고 다른 학생들은 내일의 자신을 대신해서 선택했다. 또 다른 학생들은 연구에 참여한 바로 옆 학생이 해야 할 일을 대신 결정해주었다. 흔히 생각하듯 현재의 자아와 미래의 자아 사이에서 자연스럽게 유대관계가 형성될 법도 하건만, 실험결과 현재의 자신에게는 지나치게 스트레스를 받지 않도록 보호하려는 성향을 보이는 반면, 미래의 자신에게는 마치 낯선 타인을 대하듯 부담을 주는 것으로 나타났다.

어느 연구팀은 실험에 참가한 학생들에게 케첩과 간장으로 만든 역겨운 음료수를 마시라고 했다. 학생들은 과학의 발전을 위해 이

음료수를 얼마나 마실지 선택해야만 했다. 많이 마시면 마실수록 연구에 크게 도움을 주겠지만, 완벽한 '긍정 의지력' 도전과제인 셈이었다. 어떤 학생들은 음료수를 마시는 실험을 몇 분 뒤에 시작한다고 들었고, 다른 학생들은 음료수를 마시는 실험이 다음 학기에 실행될 예정이라고 들었다. 이들의 현재 자아는 곤경을 모면했으니 혼합 음료를 마시느라 곤욕을 치르는 일을 미래의 자아에게 맡겼다. 또 다른 학생들은 다음 피험자가 마셔야 할 케첩 음료의 양을 선택하라는 임무를 맡았다. 나라면 어떻게 해야 할까? 미래의 나라면 어떻게 할 것인가? 낯선 사람에게는 얼마큼을 마시라고 기대하겠는가?

만약 내가 일반적인 사람들과 그리 다르지 않다면 미래의 자아는 현재의 나보다 과학(과 간장)에 대한 욕구가 더 강하다. 학생들은 지금 기꺼이 마실 수 있는 혐오스러운 액체의 양(두 스푼)보다 두 배 이상의 양(거의 반 컵)을 미래의 자아와 다음 참가자에게 할당해주었다. 대의명분을 위해서 시간을 할애하라고 했을 때도 똑같은 편향을 보였다. 다음 학기에 미래의 자아가 다른 학생들을 85분 동안 개인 지도하겠다고 등록해버린 것이다. 다른 학생들의 시간에 대해서는 이보다 훨씬 더 관대해서, 무려 120분간 개인 지도를 하라고 등록했다. 하지만 이번 학기에 시간을 할애하라고 하자 현재의 자아는 고작 27분밖에 시간을 내지 못한다고 답했다. 세 번째 연구에서는 학생들에게 지금 적은 보수를 받을 것인지 나중에 더 큰 보수를 받을 것인지 선택하라고 했다. 그러자 현재의 자아를 대신하여 선택할 때에는 당장의 보수를 택했지만 미래의 자아와 다른 학생들은 만족을 지연하리라고 예상했다.

만약 미래의 자아가 훌륭하게 행동하리라고 정말 믿을 수만 있다면 미래의 자아를 높이 평가해도 괜찮을 것이다. 하지만 훨씬 더 전형적인 상황은 뭘까? 미래에 가더라도 이상적인 미래의 자아는 어디에도 없고 예전의 자아와 똑같은 내가 결정하는 장면이다. 심지어는 자제력과 씨름을 하는 도중에도 미래의 자아는 갈등을 느끼지 않는다는 어리석은 예상을 해버린다. 미래의 자아는 마지막 장면에서 현재의 자아를 구하기 위해 등장하는 데우스 엑스 마키나[24]처럼 계속 미래로 떠밀리기만 할 뿐이다. 변화란 그리 어려운 일이 아니라고 생각해줄 누군가가 나타나기만을 기다리기 때문에 우리는 지금 해야 할 일을 미루기만 한다.

> **자기 탐구 생활 》 미래의 나를 기다리는가?**
>
> 계속 미루기만 하는 중요한 변화나 임무가 있는가? 낙천적인 마음으로 책임을 지겠다고 자신에게 사전 약속을 하지만 결국은 힘든 일을 처리하지 못해 쩔쩔매기만 하는가? 오늘 할 일을 잠시 미루자고, 내일이면 할 기분이 날 거라고 자신을 설득하는가?

치과 공포증을 극복한 한 남자의 이야기

40세 폴은 치과에 다녀온 지 거의 10년이나 되었다. 잇몸은 예민했고 치통도 자주 있었다. 치과에 가라는 아내의 잔소리가 빗발쳤지만 직장 업무에 여유가 생기면 가겠노라고 대답할 뿐이었다. 사실 그는 치과에서 병을 발견할까 무서웠다. 이미 받아야 했을 치과 치료를 받게 될 것도 두려웠다.

폴은 미래의 자아 문제를 생각하면서 그동안 공포를 극복해내겠다고, 진료 예약만 잡으면 된다고 자신을 다독여왔음을 깨달았다. 그러다 막상 실제 행동을 돌아보니 거의 10년 동안이나 그런 말만으로 버텨왔음을 깨달았다. 치과에 가지 않겠다고 생떼를 쓴 탓에 그 무렵 치아와 잇몸 상태는 완전히 악화되어 있었다. 게다가 미래의 용감한 자아를 기다리는 바람에 그는 무엇인가를 정말로 두려워한다고 확신하게 되었다.

일단 어떤 자아도 치과에 가고 싶어 하지 않는다고 인정한 후 폴은 두려움에 떠는 자아를 치과에 데려갈 방법을 찾기로 했다. 그는 겁이 많은 환자를 특히 잘 다루어 진찰하고 치료하면서 심지어 진정제까지 투여한다는 어느 치과의사를 동료에게 소개받았다. 예전 같았으면 너무 창피해서 이런 치과의사에게 찾아가지 못했겠지만 이제는 이것만이 현재의 자아를 설득해서 미래의 자아를 건강하게 돌보는 유일한 방법임을 알고 있었다.

: **미래는 왜 다르게 느껴질까**

미래의 자아를 전혀 다른 사람처럼 취급하는 이유는 뭘까? 이런 문제는 부분적으로 내가 미래 자아의 생각과 기분에 접근하지 못하기 때문이다. 미래의 자아를 떠올리면 미래의 욕구와 감정은 현재의 욕구만큼이나 현실적이고 긴급하게 느껴지지 않는다. 현재의 자아가 내린 결정에 영향을 주는 생각과 감정은 기회가 지금 당장 있다고 느낀 후에야 비로소 나타난다. 케첩과 간장을 얼마나 마실 것인지 선택한 학생들은 음료를 마시는 실험이 다음 학기로 미뤄지면 뱃속이 울렁거리는 것을 느끼지 못한다. 미래의 자아가 할애할 시간을 결정할 때에도 이번 주에 열릴 중요한 경기나 다음 주에 치를 중간고사의 스트레스가 앞다투어 떠오르지는 않았다. 몸속에서 구역질과 걱정이 신호를 보내지 않기 때문에 미래에는 이런 일들을 기꺼이 해낸다고 착각하는 것이다.

뇌 영상 연구에 따르면 현재의 자아를 생각할 때와 미래의 자아를 생각할 때 전혀 다른 뇌 영역이 작동한다고 한다. 미래에 유쾌한 경험을 한다고 상상할 때면 자아를 생각하는 데 관여하는 뇌 영역은 놀랍게도 작용하지 않았다. 마치 다른 사람이 일몰을 감상하거나 음식을 맛본다고 상상하는 듯했다. 어떠한 특징이 현재의 자아나 미래의 자아를 설명하는지 생각할 때에도 이와 같은 현상이 일어난다. 미래의 자아를 생각할 때와 다른 사람의 특징을 생각할 때에 뇌가 활성화되는 정도는 동일하다.[25] 마치 자아를 바르게 설명한 내용을 고르기 위해 내면을 들여다보는 것이 아니라, 다른 사람의 특징을 설명한 내용을 결정하려고 멀리서 어떤 사람을 관찰하는 것만 같다.

미래의 자아를 타인처럼 대하는 뇌의 습관은 자기절제력에 큰 영향을 미친다. 여러 연구에 따르면, 미래의 자아를 생각하면 뇌의 자기반성 체계의 활동이 줄어들며 미래의 자아를 '골탕' 먹이고 당장의 만족을 '수긍'할 가능성이 커진다고 한다.

애리조나 대학교의 경제학 교수인 브레만은 미래의 자아를 현재의 자아보다 더 너그럽다고 생각하는 경향을 비영리단체에서 활용할 방법은 없을지 고민했다. 지금 돈을 기부하라는 말 대신 미래의 자아에게 기부 맹세를 요청하는 방법으로 미래의 자아에 대한 편견을 이용할 수 있지 않을까? 브레만은 개발도상국의 지역 발전을 후원하는 스웨덴의 자선단체 디아코니아의 협조를 얻어 두 가지 모금 전략을 비교해보았다. '지금 더 나누기' 전략에서는 현재의 기부자들에게 다달이 자동이체되는 기부 금액을 다음 달부터 올려달라고 요청했다. '내일 더 나누기' 전략에서는 월간 기부액을 인상하되 두 달 뒤에 적용해달라고 부탁했다. '내일 더 나누기'를 요청했던 기부자들은 '오늘 더 나누기'를 요청한 기부자들에 비해 기부금을 32퍼센트 더 인상했다. 나의 자제력에 관한 문제라면 미래의 자아에게 기대하는 내용을 조금 더 신중하게 생각해야 한다. 하지만 다른 사람의 돈이나 시간, 노력이 필요한 문제라면 미리 약속을 요구하는 방법으로 미래의 자아에 대한 편견을 이용할 수도 있다.

미래의 자아가 낯설게 느껴질 때

자신의 안녕을 낯선 타인의 행복보다 더 걱정하는 것은 인지상정이다. 그러므로 미래 자아의 행복보다 현재 자아의 욕망을 우선

시하는 것 역시 논리적인 행동이다. 그렇다면 자신이 현재 누리는 편안함을 희생해서 낯선 타인의 미래를 위해 노력해야 하는 이유는 무엇인가?

뉴욕 대학교의 심리학자 핼 어스너-허쉬필드Hal Ersner-Hershfield는 이와 같은 사리사욕이 노령화 사회에서 가장 큰 도전과제 중 하나의 뒤에 숨어 있다고 믿는다. 우리의 수명은 예전보다 더 길어졌고 정년은 예전과 동일한데도 그 차이 나는 시간을 위해 돈을 저축하지 않는다. 추정에 따르면 베이비 붐 세대의 3분의 2는 은퇴한 뒤에도 생활수준을 유지할 돈을 충분히 모으지 못했다고 한다. 실제로 2010년에 실시한 조사에서 미국인의 34퍼센트는 노후자금을 전혀 마련하지 못한 것으로 나타났다. 33세 미만인 사람들의 53퍼센트, 65세 이상인 사람들의 22퍼센트도 여기에 포함된다. 아직 젊기에 당시 모아둔 돈이 그다지 많지 않았던 어스너-허쉬필드는 미래의 자아를 위해 돈을 저금하지 않는 이유가 어쩌면 낯선 타인을 위해 돈을 허비하는 느낌 때문인지도 모른다고 생각했다.

자신의 생각을 확인하기 위해 그는 '미래 자아 연속성', 즉 미래의 자아를 현재의 자아와 동일하게 보는 정도를 측정하는 기준을 만들었다. 모든 사람이 미래의 자아를 완전히 낯선 타인으로 바라보는 것은 아니다. 사람에 따라서는 미래의 자아를 상당히 친밀하게 느끼고 공감대를 형성하기도 한다. 도표 1은 사람들이 미래의 자아와 맺고 있는 다양한 관계를 묘사해준다(도표를 살펴보고 나와 가장 닮았다고 생각하는 것을 골라보자). 어스너-허쉬필드는 미래의

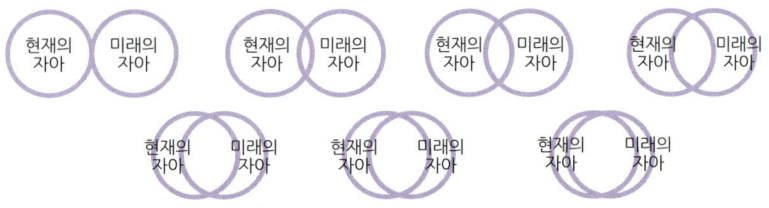

도표 1. 사람은 누구나 시간이 지나면 변하게 마련이다. 위에서 쌍을 이룬 원들 중 나의 현재 자아가 지금부터 20년 뒤의 미래 자아와 얼마나 닮았는지를 가장 잘 표현한 그림은 어느 것인가?

자아 연속성이 높은 사람들, 다시 말해서 두 개의 원이 서로 많이 겹치는 사람들이 저축을 더 많이 하고 신용카드를 더 적게 사용하여 미래의 자신이 누릴 재정 상태를 훨씬 더 탄탄하게 마련한다고 생각했다.

　미래의 자아를 멀게 느낄 때 재정적인 문제를 근시안적으로 결정한다면, 미래의 자아를 잘 알게 되면 저축을 더 많이 할 수 있을까? 어스너-허쉬필드는 이런 가능성을 실험해보기로 하고는 대학생들이 정년의 자아와 친숙해지게 했다. 그는 얼굴 변환 프로그램을 사용하는 컴퓨터 애니메이션 제작자들의 도움을 받아서 참가자들이 정년퇴직할 무렵의 모습과 닮은 3차원 아바타를 만들었다.[26] 어스너-허쉬필드의 목적은 젊은 참가자들이 나이 든 자신의 모습을 친척이나 공포 영화의 피조물이 아닌 정말 자신이라고 느끼게 하는 것이었다. 학생들이 가장 흔히 보인 반응은 다음과 같았다. "완전히 조 삼촌이랑 (또는 샐리 고모랑) 똑같잖아!" 미래의 자아와 친해지기 위해서 학생들은 몰입형 가상현실을 배경으로 나이든 아바타와 교감을 나누었다. 이들은 거울 앞에 앉아서 거울에 비친 미래의 자아를 바라보았다. 참가자가 머리를 움직이면 미래의 자아도 머리를 움직이고, 참가자가 옆으로 몸을 돌리면 미래의 자아도 옆으로 몸을 돌렸다. 참가자들이 거울로 미래의 자아를 관찰하는 동안 연구진은 참가자들에게 몇 가지 질문을 던졌다. "이름이 무엇입니까?" "고향은 어디입니까?" "무엇에 열정을 갖고 있습니까?" 참가자들이 질문에 대답할 때면 마치 미래의 자아가 말하는 것처럼 보였다.

미래의 자아와 시간을 보낸 다음 참가자들은 가상현실 실험실을 나와서 가상의 예산 책정 임무에 착수했다. 1,000달러를 지급 받은 다음 현재의 비용, 유흥비, 일반 저축, 퇴직 적금으로 항목을 나누어 분배하면 되었다. 미래의 자아와 교감을 나눈 학생들은 진짜 거울로 젊은 자아를 들여다본 학생들에 비해 퇴직 적금에 두 배의 돈을 분배했다. 미래의 자아와 친숙해지면서 그들에게, 더 나아가서는 자기 자신에게 돈을 기꺼이 더 많이 투자하게 된 것이다.

아직 이런 기술을 널리 상용할 수 있는 형편은 아니지만, 입사 첫날 인사과에 간 신입사원들이 회사의 퇴직자 연금제도에 가입하기 전 미래의 자신을 떠올려보는 장면은 누구나 상상해볼 수 있다.

그 외에도 미래의 자아와 친해지는 다른 방법들이 있다('의지력 실험실 : 미래의 나와 친해지는 법'을 참고하라). 어떤 식으로든 미래의 자아 연속성을 강화한다면 통장을 두둑하게 살찌우는 데 도움이 된다. 물론 이 방법은 의지력의 도전과제가 무엇이든 관계없이 효과적이다. 미래의 자아 연속성이 강하면 '현재'에도 최상의 모습을 유지하고 싶은 원동력을 얻는 듯하다.

어스너-허쉬필드의 지적에 따르면 미래의 자아 연속성이 강한 사람들은 제시간에 연구 장소에 나타나는 경향이 높았지만, 미래의 자아 연속성이 낮은 사람들은 연구 장소에 나타나지 않아서 다시 시간을 정한 경우가 많았다고 한다. 이런 우연한 발견에 고무된 그는 미래의 자아 연속성이 윤리적인 결정에 어떤 영향을 미치는지 탐구하기 시작했다. 가장 최근 연구에서는 미래의 자아 연속성이 낮은 사람들이 가상의 직업 환경에서 윤리적인 결정을 내리는 경우가 적다고 나타났다. 이들은 사무실에서 발견한 돈을 주머니에 챙겨넣는 경우가 많았고, 다른 사람의 경력에 해가 될 만한 정보를 유출하는 데에도 비교적 거리낌이 없었다. 그뿐만 아니라 속임수를 쓰면 보상으로 돈을 주는 게임에서는 거짓말을 더 많이 하기도 했다. 마치 미래의 자아와 유대감을 느끼지 못하면 자신의 행동으로 어떤 결과가 생기든 무시하려는 습성이 생기는 것만 같다. 이와 대조적으로, 미래의 자아와 유대감을 느끼면 최악의 충동으로부터 자신을 보호하려는 성향이 생겼다.

> **의지력 실험실 》 미래의 나와 친해지는 법**
>
> 미래의 자아를 만나면 전보다 훨씬 현명하게 선택할 수 있다(들로리언이 꼭 필요하지는 않다).[27] 다음은 미래를 현실적으로 느끼고 미래의 자아와 친해지도록 도와주는 세 가지 방법이다.

1. 미래의 추억을 창조하라. 독일 함부르크 에펜도르프 의과대학의 신경과학자들은 미래를 상상하면 만족 지연에 도움이 된다는 사실을 입증했다. 만족을 지연하면 얻을 수 있는 미래의 보상까지 생각할 필요는 없고 그저 미래에 대해 생각하기만 해도 효과가 있다. 예를 들어 프로젝트를 지금 시작할까 아니면 나중으로 미룰까 고민한다면 자신이 다음 주에 장을 보거나 일정에 따라 회의에 참석하는 모습을 상상하라. 미래를 머릿속으로 떠올리면 뇌는 현재의 선택으로 인한 결과를 더욱 구체적으로 생각하기 시작한다. 미래가 더욱 사실적이고 생생하게 느껴질수록 미래의 자아가 후회하지 않도록 결정할 가능성이 크다.

2. 미래의 자아에게 메시지를 보내라. 퓨처미 www.futureme.kr의 창시자들은 미래의 자아에게 이메일을 보낼 방법을 만들었다. 2003년부터(한국은 2009년부터) 퓨처미는 사람들이 자신에게 보내는 이메일을 모아두었다가 고객이 정한 미래의 날짜에 메일을 배송했다. 이런 아이디어를 활용해서 미래의 자아가 무엇을 할지, 지금 결정하려는 선택에 대해서 어떻게 느낄지 생각해보면 어떨까? 장기적인 목표를 이루기 위해 노력하고 싶다면 지금 하려는 행동을 미래의 자아에게 설명해보라. 미래의 자아에게 바라는 것은 무엇인가? 앞으로 어떤 사람이 되리라고 생각하는가? 그리고 미래의 자아가 현재의 자아를 되돌아보는 장면을 상상할 수도 있다. 만약 오늘 몰두할 수 있는 일이라면 무엇을 해야 미래의 자아가 고마워할 것 같은가? 심리학자 핼 어스너-허쉬필드는 이런 편지에 뭐라고 적지지 그저 간단히 생각하기만 해도 미래의 자아를 훨씬 친밀하게 느낄 것이라고 말한다.

3. 미래의 자아를 상상하라. 여러 가지 연구에서 미래의 자아를 상상하면 현재의 자아가 의지력이 강해진다는 결과가 나왔다. 어느 실험에서는 소파에만 누워 지내는 게으름뱅이들에게 본인이 원하는 미래의 자아, 즉 규칙적으로 운동하고 누구보다 건강하고 활력이 넘치는 모습과 본인이 두려워하는 미래의 자아, 건강 문제로 고통 받고 비활동적인 모습을 상상해보라고 했다. 미래의 자아를 상상하지 않은 대조군과 비교하여 참가자들이 어떤 모습을 상상했든 결과적으로 소파를 멀리하게 되었고, 두 달 뒤에는 운동 횟수도 훨씬 늘어났다. 의지력의 도전과제와 관련지어 생각해보자. 나는 변화에 몰두하여 엄청난 이익을 누리는 미래의 자아를 상상하는가? 아니면 아무것도 달라지지 않

> 아서 고통받는 미래의 자아를 상상하는가? 기분이 어떨지, 어떻게 생겼을지, 과거의 자아가 내린 선택 때문에 어떤 자부심이나 감사, 회의를 품고 사는지 최대한 생생하고 자세하게 머릿속에 그림을 그려라.

기다릴 때와 굴복할 때를 알아야 한다

지금까지는 만족을 지연하는 것이 항상 좋은 선택이라고 추정해 왔다. 그런데 정말 그럴까?

컬럼비아 대학교의 마케팅 교수인 란 키베츠는 일부 사람들이 미래의 보상을 버리고 현재의 행복을 선택하는 데에 상당히 힘들어한다는 사실을 알아냈다. 이들은 직장이니 미덕이니 미래의 행복이니 하는 핑계를 대며 쾌락을 자꾸만 미루지만 언젠가는 이런 결정을 후회한다. 키베츠는 이렇게 멀리 내다보는 현상을 고상한 표현으로 '원시遠視'라고 불렀다. 지금까지 살펴보았듯이 사람들은 대부분 매사에 시야가 좁다. 보상의 약속이 눈앞에 놓이면 그 너머에 있는 만족 지연의 가치를 전혀 보지 못한다. 반면 원시안이 있는 사람들은 만성적으로 멀리만 내다보기 때문에 오늘 유혹에 굴복하는 가치를 알지 못한다. 그렇게 보면 원시는 근시만큼이나 큰 문제이며 어느 쪽이든 결국에는 실망하고 불행해질 뿐이다.

유혹에 빠질 줄 모르는 사람들이 유혹에 굴복하려면 다른 사람들이 유혹을 거절할 때 필요한 만큼의 자기절제력을 요구한다. 이들은 이번 장에서 제시한 모든 전략을 머릿속에서 거꾸로 뒤집어 생각해야만 한다. 근시안을 가진 대다수 사람들과는 달리 원시안이 있는 사람들은 욕망을 만족시키겠다고 사전에 약속해야만 한다. 예를 들어 신용카드의 보상 포인트가 쌓이면 현금 대신 상품권을 선택하는 경우가 있다. 그런 때 미래의 비상시를 대비하여 현금을 저장하지 말고 억지로라도 본인이 사용할 사치품을 사도록 하라. 그리고 보통 사람들이 당장의 만족에 굴복하지 않기를 바라는 것처럼 이런 사람들 역시 나은 결정을 내리는 데 도움이 되도록 발상을 전환하면 된다. 원시안이 있는 사람들은 탐닉으로 치를 대가에 초점을 맞추는 대신 욕구 만족을 투자의 의미로 전환하여 생각해야 한다. 시간이 흐른 뒤에 욕구 만족을 통해 얼마나 큰 기쁨을 얻을 것인지 상상해보거나 욕구 만족이야말로 직장에 나갈 원기를 되찾는 데 꼭 필요한 방법이라고 생각해도 좋다(마케터들은 이런 욕구를 잘 알고 있기에 소비자의 죄의식을 줄이는 방식을 동원하여 해당 브랜드의 사치품을 마음속에 인식시킨다). 그리고 오늘의 결정이 미래 자아의 행복에 어떻게 영향을 미칠지 생각할 때 만약 오늘 욕구를 충족하지 못하면 내일 얼마나 후회하게 될지 상상해야만 한다.

고백하건대 나 역시 어느 정도 원시안적인 사람이다. 그래서 욕구 충족의 필요성을 상기해야 할 때면 5년 동안 들고 다니던 샴페인 한 병을 떠올리곤 한다. 샴페인은 대학원에 입학하면서 연구 장학금을 받았을 때 윗사람에게 선물로 받은 것이었다. 축하 인사가 적힌 카드와 함께 샴페인을 받고 나니 어쩐지 병을 바로 따고 싶지가 않았다. 대학원에서 잘해낼 수 있을지 몰라 긴장했었고 마음 한

구석에서 샴페인을 따고 싶은 유혹이 첫 번째 장애물처럼 느껴졌다. 결국 스탠퍼드에 도착해서 안정을 찾았다는 기분이 들면 그때 마시겠다고 다짐했다. 샴페인 병은 나와 함께 보스턴에서 출발하여 대륙을 횡단한 뒤 북부 캘리포니아에 도착했다. 심리학과에서 어느 정도 자리를 잡았지만, 여전히 샴페인을 마실 시기가 아니라는 생각이 들었다. 아직 축하할 만한 업적을 아무것도 이루지 못했으니까. 어쩌면 첫 학년을 마치면, 아니 첫 번째 논문을 발표하고 나면 그때 마시리.

글쎄, 샴페인 병은 그 뒤로도 나와 함께 네 번이나 더 이사를 다녔다. 이삿짐과 함께 샴페인 병을 챙길 때마다 이렇게 생각했다. '다음 장애물을 넘으면 병을 딸 자격이 생길 것 같은데.' 박사 논문을 제출하고 학위를 받은 다음에야 비로소 샴페인 병을 열었다. 하지만 그때는 이미 마시지 못할 정도로 상한 상태였다. 샴페인을 싱크대에 쏟아버리면서 다시는, 다시는 샴페인을 낭비하지 않겠다고, 또 한 번 찾아온 인생의 이정표를 축하도 못한 채 흘려보내지 않겠다고 맹세했다.

자기 탐구 생활 》 너무 멀리 보는 바람에 자기 실속도 차리지 못하는가?

언제나 할 일이 더 남았다는 생각 탓에 직장에서 잠시 쉬는 일조차 어려운가? 돈을 쓰는 데 죄책감이 들거나 불안해서 생필품이 아닌 물건은 무엇이든 사기가 힘든가? 지금까지 시간과 돈을 어떻게 썼는지 뒤돌아보며 행복을 뒤로 미루느라 현재의

> 행복에 좀 더 집중하지 못했다고 후회하는가? 만약 그렇다면 이번 장이 의지력 실험실들을 골라서 방종을 위한 전략으로 전환해보라. 이것만은 나중으로 미루지 말기를. 알겠는가?

너무 멀리 떨어진 보상은 매력이 적어 보이므로 당장의 보상을 선택하게 마련이다. 앞으로 어떤 유혹을 받을지 또는 어떻게 정신이 산만해질지 예측할 수 없기 때문에 우리는 목표를 포기하게 된다. 현명한 결정을 내리기 위해서는 미래의 자아를 더욱 잘 이해하고 지지해야만 한다. 그리고 현재의 자아가 한 행동의 결과에 영향받는 미래의 자아가 실은 우리 자신이며, 미래의 자아가 오늘의 노력을 높이 평가하리라는 점을 기억해야만 한다.

Chapter 8

의지력도 전염이 될까?

현명한 사람은 혹여나 자신의 말이 자신의 행동을
앞지르지는 않을까 두려워한다.

— 톨스토이 Lev Nikolayevich Tolstoy, 1828~1910

고등학교를 갓 졸업한 18세 존은 콜로라도 엘 파소 카운티의 미 공군사관학교 앞 정류장에서 내렸다. 어깨에 둘러멘 배낭에는 사관후보생들에게 반입이 허락된 물품 몇 개만이 들어 있었다. 작은 자명종, 겨울 재킷, 우표와 문구류, 그래프 계산기. 이 외에 그는 배낭에 넣지 않은, 같은 비행대에 편성된 나머지 29명의 후보생에게는 보이지 않는 무언가를 가져왔다. 30명의 사관후보생은 한 해 동안 같이 생활하고 같이 먹고 같이 공부할 운명이었다. 그리고 존이 가져온 무형의 그것은 다른 후보생들에게 서서히 번져가면서 공군으로서의 건강과 경력에 위협을 가했다.

존은 재앙을 가져왔던 걸까? 존이 반입한 것은 천연두나 결핵, 성병이 아니라 약한 체력이었다. 체력이 전염된다고 하면 누구도 믿기 어렵겠지만, 전미 경제조사국의 2010년 보고서에 따르면 약한 체력은 미 공군사관학교에서 마치 전염병처럼 퍼졌다고 한다. 총 3,487명의 사관후보생을 대상으로 고등학교 시절의 체력장부터 사관학교에서 실시하는 정기 체력검사에 이르기까지 4년 동안의 체력 상태를 추적해보았다. 시간이 지나며 비행대에서 가장 적응을 못하는 부적격자 후보생은 다른 후보생의 체력 수준을 점차 저하시켰다. 실제로 일단 후보생이 사관학교에 도착하면 그의 향후 운동수행능력을 추정하는 정확한 예측변수는 입학하기 이전의 체력 수준이 아니라 해당 비행대의 부적격자 체력 수준이었다.

이번 연구는 일반적으로 개인의 절제력 문제처럼 보이는 행동들이 사회의 통제에 어떻게 영향을 받는지를 보여주는 한 가지 사례에 불과하다. 누구나 타인의 선택에 영향을 받지 않고 자신만의 선택을 한다고 믿으려 한다. 자신의 독립성과 자유의지를 자랑스러워한다. 하지만 심리학, 마케팅, 의학 분야의 연구를 통해 개인의 선택은 다른 사람들의 생각과 욕망, 행동에 영향을 받아 결정된다는 것이 밝혀졌다. 앞으로 살펴보겠지만 이런 사회적 영향력은 종종 개인을 곤경에 빠뜨리기도 하고 의지력의 목표를 달성하도록 도움을 주기도 한다. 의지력 부족도 전염성이 있지만, 자제력 역시 전염성이 있으니 우리는 자제력에 전염될 수도 있지 않을까?

면역력이 완전한 사람은 없다

질병 관리 및 예방 센터는 신종 인플루엔자 A 바이러스와 초기 AIDS 전염 같은 질병의 발생을 추적하는 곳으로 널리 알려져 있다. 하지만 이곳의 역할은 여기서 그치지 않으며 미국 모든 주의 비만 비율을 비롯해 국민 건강의 장기적인 변화 과정 역시 추적 관찰하고 있다. 1990년에는 미국의 어느 곳도 비만 비율이 15퍼센트를 넘어서지 않았다. 1999년에는 18개 주에서 비만 비율이 20~24 퍼센트로 증가했지만, 25퍼센트를 넘어서는 곳은 없었다. 2009년에는 비만 비율이 20퍼센트 미만인 지역이 콜로라도와 워싱턴 D.C.뿐이었고 33개 주의 비만 비율은 25퍼센트 이상이었다.

하버드 대학교 의과대학의 니콜라스 크리스타키스 교수와 샌디에이고 캘리포니아 대학교의 제임스 파울러 교수는 보건국과 언론에서 이런 현상을 설명할 때 사용한 표현에 마음이 끌렸다. '비만, 전염병처럼 확산!' 독감 같은 전염병과 마찬가지로 체중증가도 다른 사람에게 옮기는 질병인지 궁금해진 두 사람은 사실을 밝혀내기 위해서 프레이밍햄 심장연구 데이터를 얻었다. 프레이밍햄 심장연구란 매사추세츠 프레이밍햄에 거주하는 1만 2천명이 넘는 피험자들의 생활상을 32년간 추적 조사한 것으로, 1948년에 5,200명의 거주민을 대상으로 시작하여 1971년과 2002년에 각각 새로운 세대를 실험 대상으로 추가했다. 해당 지역의 거주민들은 체중 변화라든가 연구에 참여한 다른 사람들과의 사회적 연결관계처럼 지극히 개인적인 사생활을 수십 년 동안 보고했다.

시간이 흐르면서 피험자의 체중이 어떻게 변화했는지를 관찰한 크리스타키스와 파울러는 데이터에서 실제 전염병과 같은 분포를 발견했다. 비만은 전염성이 있어서 가족 안에서도 친구들끼리도 서서히 번져갔다. 친구 한 명이 뚱뚱해지면 내가 미래에 뚱뚱해질 위험은 171퍼센트 증가한다. 뚱뚱해진 자매를 둔 여성은 비만이 될 위험이 67퍼센트 증가하며 뚱뚱해진 형제를 둔 남성은 뚱뚱해질 위험이 45퍼센트 증가한다.

당시 프레이밍햄 지역에서 유행하던 것은 비만만이 아니었다. 한 주민의 주량이 늘기 시작하자 지역 전반에 걸쳐서 술값 상승과 숙취가 유행처럼 번져갔다. 그런가 하면 자제력에도 전염성이 있다는 증거가 발견되었다. 한 주민이 금연을 시작하자 친구들과 가족들이 잇따라 담배를 끊었다. 크리스타키스와 파울러는 다른 지역에서도 동일한 패턴의 전염성을 발견했으며 약물복용, 수면 부족, 우울증처럼 다양한 의지력의 도전과제에서도 같은 결과가 나타난다는 것을 알게 되었다. 연구결과에 담긴 뜻은 명확하다. 나쁜 습관과 긍정적인 변화는 모두 세균처럼 한 사람에게서 다른 사람에게로 번져나가며 누구도 면역력이 완전하지 않다는 것이다.

자기 탐구 생활 》 나의 개인적·사회적 인맥

의지력의 도전과제가 모두 사회적 '감염'으로 생기는 것은 아니지만 사회적 영향력이 분명히 존재한다. 나의 도전과제는 어떠한지 곰곰이 생각해보자.

▶ 개인적·사회적 친분을 쌓은 사람 중에 의지력의 도전과제를 공유하는 사람이 있는가?
▶ 지나온 시간을 뒤돌아봤을 때 친구나 가족의 버릇을 닮아간 적이 있는가?
▶ 혹시 친밀해질 가능성이 높은 사람이 따로 있는가?
▶ 최근에 아는 사람들 중 누군가 나와 같은 의지력의 도전과제를 시도한 적이 있는가?

사회적인 뇌가 마음을 움직이는 법

지금까지 자기절제력에 관해 이야기하면서 사람의 마음이란 하나로 통일된 자아가 아니라 통제권을 두고 경쟁하는 여러 개의 자아로 이루어졌다는 사실을 확인했다. 내 안에는 당장의 만족을 원하는 자아와 더 큰 목표를 기억하는 자아가 공존한다. 현재의 자아는 미래의 자아와 공통점이 많아 보이기도, 그렇지 않기도 하다. 이 정도로는 충분하지 않은지 머릿속에 몇 명의 사람이 더 산다고 한다. 다발성 인격장애를 앓는 사람을 말하느냐고? 천만에. 부모님, 배우자, 자녀들, 친구들, 직장 상사, 또는 일상 세계의 한구석을 장식하는 누구라도 다 여기에 해당된다.

우리는 구조적으로 다른 사람과 관계를 맺을 수밖에 없다. 이를 보장하기 위해서 뇌는 실용적인 방법 하나를 마련했다. 세포의 기능을 특화하여 다른 사람들의 생각, 감정, 행동을 끊임없이 관찰하는 것만을 목표로 삼는 거울 신경세포를 만든 것이다. 뇌 전반에 산재한 거울 신경세포는 다른 사람의 전방위적인 경험을 두루 이해하도록 돕는다.

당신이 나와 부엌에 같이 앉아서 내가 오른손을 뻗어 칼을 집는 장면을 본다고 상상해보자. 당신의 뇌는 자동으로 이 동작을 부호화하고 '당신' 오른손의 움직임과 감각에 반응하는 거울 신경세포를 활성화할 것이다. 이런 식으로 뇌는 내가 하는 행동을 내면에서 정교하게 재현하는 작업을 시작한다. 마치 경찰이 사건의 발생 경

위와 이유를 밝혀내기 위해서 범죄 현장을 재현하듯이 거울 신경 세포는 움직임을 재창조한다. 이런 기능 덕분에 당신은 내가 왜 칼을 집으려는지, 다음에 어떤 상황이 벌어질지 짐작할 수 있다. 당신을 공격하려는 걸까? 아니면 그저 조리대 위에 놓인 당근케이크를 노리는 걸까?

내가 칼을 집다가 그만 오른쪽 엄지를 살짝 베었다고 가정해보자. 아야! 이 상황을 지켜보는 동안 뇌의 통증 영역에 있던 거울 신경세포가 반응을 보이면 당신은 얼굴을 찌푸리면서 내가 느끼는 감정을 즉시 알아차린다. 통증의 경험이 뇌에게는 너무 사실적으로 느껴진다. 심지어 당신의 척수신경은 오른손에서 보내는 통증 신호를 억누르려고까지 한다. 마치 자신의 손을 베인 것처럼! 이것이 바로 우리가 다른 사람의 감정을 이해하고 거기에 반응을 보이도록 도와주는 공감 본능이다.

내가 엄지손가락에 반창고를 붙이고 케이크 한쪽을 앞에 가져다 놓으면 당신 뇌의 보상체계에 자리한 거울 신경세포가 활성화된다. 아무리 당신이 당근케이크를 좋아하지 않고 내가 당근케이크를 좋아한다는 사실을 알아도 당신의 뇌는 보상을 기대하기 시작한다. 거울 신경세포가 다른 사람이 받을 보상의 약속을 부호화하면 우리도 직접 보상을 받고 싶은 열망을 느끼는 것이다.

: **의지력의 실패를 거울처럼 반영하다**

사회적인 뇌가 타인의 의지력 실패를 정확하게 반영하는 방법

중 첫 번째는 무의식적인 모방이다. 다른 사람의 움직임을 포착하는 거울 신경세포는 자신의 몸에 정확히 동일한 동작을 준비시킨다. 내가 칼을 집으려는 모습을 목격한 당신은 무의식적으로 손을 뻗어 나를 도와주려 할지도 모른다. 이런 경우가 아니더라도 우리는 다른 사람의 신체 동작과 행동을 저절로 흉내낼 때가 많다. 만약 보디랭귀지에 주의를 기울인다면 사람들이 대화를 나누면서 상대방의 자세를 따라한다는 사실을 알아차릴 것이다. 한 사람이 팔짱을 끼면 잠시 후 대화 상대도 팔짱을 낀다. 한 사람이 등을 기댄 지 얼마 지나지 않아 상대방도 등을 기댄다. 이런 무의식적인 신체적 반영은 사람들이 서로 더욱 잘 이해하는 데 도움을 주며 연계감과 친밀성을 형성시켜준다(판매원, 지배인, 정치인이 '의도적으로' 다른 사람의 자세를 모방하도록 훈련받는 이유도 그렇게 하면 자신들이 모방하는 당사자에게 영향을 주기 더 쉽다는 사실을 알기 때문이다).

다른 사람의 행동을 모방하는 본능이란 다른 사람이 간식이나 음료, 신용카드를 집으려는 모습을 보면 당신도 무의식적으로 그런 행동을 반영하면서 결국 의지력을 잃어버린다는 것을 의미하기도 한다. 최근의 한 연구는 영화에서 흡연하는 장면을 보는 동안 흡연자들의 뇌에서 어떤 일이 일어나는지 살펴보았다. 흡연자의 뇌에서는 마치 담배를 집어서 불을 붙일 준비라도 하는 것처럼 손동작을 계획하는 영역이 활성화되기 시작했다. 그저 누군가 화면에서 흡연하는 장면을 보기만 해도 잠재의식 속에서 담배를 피워 물고 싶은 충동이 일어나 흡연자의 뇌에 그 충동을 억제하라는 도전과제 하나를 보태주었다.

사회적인 뇌가 우리를 타락시키는 두 번째 방법은 감정의 전염이다. 이미 살펴보았듯 거울 신경세포는 다른 사람의 통증에도 반응을 보이지만 타인의 감정에도 반응을 보인다. 그런 식으로 동료의 불쾌한 기분이 우리에게 옮겨와서 자신이야말로 술이 한 잔 필요한 사람인 것처럼 느끼게 된다. 이런 이유 때문에 텔레비전 시트콤은 다른 사람의 웃음소리를 배경으로 내보낸다. 그 소리를 들으며 시청자도 재미있다고 느끼기를 바라는 마음에서다. 감정의 자동 전염이라는 개념은 크리스타키스와 파울러가 사회적 관계를 연구하면서 행복과 외로움이 친구나 가족 간에 전염된다는 사실을 어떻게 알아냈는지 이해하는 데에도 도움을 준다. 이런 현상이 어떻게 의지력의 실패로 이어지는가? 감정이 상하면 기분이 나아질 수 있도록 평소 자주 사용하던 전략에 의존한다. 다시 말해 곧 흥청망청 쇼핑을 하거나 초콜릿을 잔뜩 먹게 된다는 것이다.

> **자기 탐구 생활 ≫ 누구를 거울처럼 반영하는가?**
>
> 눈을 크게 뜨고 자신이 다른 사람의 행동을, 특히 의지력의 도전과제와 관련된 행동을 반영한다는 증거를 계속 찾아보아라. 공통적인 욕망의 만족은 인간관계를 돈독하게 해주는 사회적 접착제인가? 주변 사람들이 똑같은 행동을 하면 자신도 지나치게 빠져드는 경향이 있는가?

사회적 영향을 받는 흡연자

최근 마크는 커피 전문점에 취직하여 계산대에서 일하기 시작했다. 그곳의 직원들은 4시간마다 10분씩 휴식을 취했으며, 마크가 관찰해보니 대부분 쉬는 시간에 담배를 피우기 위해 밖으로 나갔다. 또 근무가 끝난 뒤에도 가게 밖 뒤쪽에 모여서 잠시 이야기를 나누며 담배를 피우다가 귀가할 때가 많았다. 마크는 늘 담배를 피우는 흡연자가 아니었다. 기껏해야 파티에서 한두 대 피우는 정도였다. 하지만 휴식 시간에 다른 동료들이 밖으로 나가 담배를 피우면 자신도 따라나가 담배를 피우기 시작했고 때로는 근무가 끝나도 곧장 집으로 가지 않고 동료들과 담배를 피우곤 했다.

내 강좌에서 사회적 관계가 행동에 미치는 영향에 대해 이야기를 나누며 마크는 즉시 자신의 상태를 알아차렸다. 그는 혼자 있을 때 결코 담배를 피우지 않았다. 하지만 직장에서는 담배를 피우지 않는 것보다 담배를 피우는 편이 더 쉬워 보였다. 직원들이 다 그렇게 하니까. 심지어는 가게 지배인도 휴식 시간에 담배를 피우니까. 마크는 이런 사회적 습관이 야기할 결과에 대해서는 그다지 깊이 생각해보지는 않았지만, 담배를 피우는 재미에 살아가는 동료들처럼 완전히 골초가 되고 싶은 마음은 결코 없었다. 그래서 동료들에게 담배를 얻어피우지 않기로 했다. 동료들도 마크에게 담배를 공짜로 줄 필요가 없으므로 조금도 화가 나지 않았다. 마크는 여전히 사람들과 어울리는 것을 중요하게 여겼고 다만 달라진 점이 있다면 어울리는 동안 담배를 피우지 않는 것뿐이었다.

목표는 전염성이 있다

우리는 태생적으로 남의 마음을 읽을 줄 안다. 다른 사람의 행동을 관찰할 때마다 우리는 사회적인 뇌를 활용하여 그들의 목표를 추측한다. 저 여자는 왜 저 남자에게 소리를 지를까? 웨이터가 왜 나하고 시시덕거리려는 거지? 이런 추측 게임을 하면 다른 사람들의 행동을 예상하고 사회생활에서 참사를 피할 수 있다. 우리는 나와 다른 사람을 사회적 위협으로부터 지킬 필요가 있다(소리를 지르는 여자 혹은 상대 남자가 위험한가? 이 상황에서 누가 도움이 필요한가?). 그리고 모호한 상황에서 최대한 적절한 반응을 보일 수 있도록 선택을 내려야만 한다(시시덕거리는 웨이터는 당신을 화장실로 슬쩍 불러내려는 것이 아니라 팁을 많이 받고 싶은 것인지도 모른다).

하지만 자동으로 독심술을 발휘하다 보면 그 부작용으로 자기절제력이 강화되거나 약화되기도 한다. 독심술이 우리 마음속에 상대와 동일한 목표를 불어넣기 때문이다. 심리학자들은 이런 현상을 '목표 전염'이라고 부른다. 어느 연구에 따르면 어떤 사람의 목표를 따라하는 것은 자신의 행동을 바꾸는 것처럼 쉽다고 한다. 예를 들어 한 연구에서는 학생들이 봄방학 동안 아르바이트를 한 다른 학생의 이야기를 읽고 나서 돈을 벌겠다는 목표를 그대로 따라했다고 한다. 그러고는 돈을 벌기 위해 실험 과제를 더 빠르게 열심히 해냈다. 술집에서 여자를 유혹하려고 애쓰는 남자의 이야기를 읽은 젊은 남성들은 하룻밤 가볍게 성관계를 나누겠다는 목표를 포착하더니 실험을 중재하는 매력적인 젊은 여성을 도와주려고 적극적으로 나섰다. 연구진이 확인한 바로는 젊은 남성들은 도움을 제공하면 여성이 자신과 잠자리를 같이 할 가능성이 높아진다고 믿었다 한다. 뭐 그럴듯한 가설이기는 하지만 효과는 남성들 대부분의 기대보다 적었음이 틀림없다. 다른 연구에서는 마리화나를 피우는 친구에 대해 생각하면 대학생들의 마약 흡연 욕구가 상승하는 반면 흡연을 하지 않는 친구에 대해서 생각하면 흥미가 감소하는 것으로 나타났다.

나의 의지력 도전과제에 비추어 생각하면 이 모든 것은 무엇을 의미하는가? 다행히 목표 전염이 일어나는 대상은 어느 정도 이미 공유한 목표에 한정되어 있다. 독감 바이러스 전염과는 달리 잠시 본다고 해서 전혀 새로운 목표를 모방할 수는 없다. 비흡연자는 친구가 담배를 꺼낸다고 해도 니코틴 갈망을 모방하지 않는다. 하지만 다른 사람의 행동을 지켜보는 바람에 보통 때 같으면 선택하지 않을 목표가 마음속에서 생기기도 한다. 이미 살펴보았듯이 의지력의 도전과제는 서로 경합하는 두 개의 목표가 갈등할 때 생기는 법이다. 지금은 쾌락을 원하지만 나중에는 건강을 원한다거나, 상사에게 화를 쏟아내고는 싶지만 일자리는 놓치고 싶지 않다거나, 돈을 물 쓰듯 하고 싶지만 빚도 갚고 싶어서 생기는 갈등. 다른 사람이 이런 모순된 두 가지 목표 중 하나를 추구하는 장면을 보면 나의 마음속에서 힘의 균형이 깨지고 만다.

목표 전염은 양 방향에서 모두 효과를 발휘하므로 방종을 따라 할 수도 있고 자기절제를 닮아가기도 하지만, 유혹의 전염에 감염

되기가 유난히 쉬운 듯하다. 만약 점심 짝꿍이 디저트를 주문하면 당장의 만족을 취하려는 그의 목표가 당장의 만족을 원하는 나의 목표와 협력하면서 살을 빼겠다는 목표를 압도해버린다. 누군가 크리스마스 선물에 돈을 펑펑 쏟아붓는 모습을 보고 나면 크리스마스 아침에 나의 자녀를 기쁘게 해주고 싶은 욕구가 강해지면서 절약하겠다는 나의 목표를 잠시 잊고 만다.

의지력 실험실 》 면역체계를 강화하라

 다른 사람의 목표를 본다고 해서 언제나 그것을 따라가기만 하지는 않는다. 더러는 다른 사람이 유혹에 굴복하는 것을 보고 나의 절제력을 강화하기도 한다. 한 가지 목표(예를 들면 체중감량)에 단단히 몰입하면서도 모순적인 목표(예를 들면 두툼하고 기름진 피자를 즐겨 먹기)를 동시에 인지하고 있는 경우 나의 가장 확실한 목표와 경쟁하는 행동을 다른 사람이 즐기는 모습을 보는 순간 뇌가 비상경계 태세에 돌입한다. 뇌는 가장 유력한 목표를 전보다 더 강력하게 활성화하고 내가 목표에 매진하는 데 도움이 될 전략을 짜내기 시작한다. 심리학자들은 이런 현상을 '반작용 통제'라고 부르지만, 용어가 어렵게 느껴진다면 그저 나의 자기절제력을 위협하는 모든 것에 대한 면역반응이라고 생각하면 된다.

 다른 사람의 목적에 대한 면역반응을 강화하는 최선책은 하루를 시작하면서 단 몇 분이라도 투자하여 나의 목적에 대해,

> 목적을 무시하고 싶은 유혹을 물리치는 방법에 대해 생각하는 것이다.

: **절제력을 잃어버리겠다는 목표**

때로는 간식 먹기, 돈 쓰기, 낯선 사람 유혹하기와 같은 구체적인 목표가 아니라 충동을 따르고 싶다는 일반적인 목표를 모방하기도 한다. 네덜란드 그로닝겐 대학교의 연구팀은 믿음직해 보이는 행인을 피험자로 참여시켜 다양한 현실세계를 배경으로 이런 주장을 입증했다. 연구진은 사람들이 나쁘게 행동하는 '증거'를 다양하게 심어두었다. 예를 들어 '자전거 금지' 팻말 바로 옆 울타리에 자전거를 묶어둔다거나, '카트를 매장 안으로 반납해주세요' 문구가 붙은 마트 주차장에 보란 듯이 카트를 세워두었다. 실험결과, 규칙을 어기는 행동은 전염성이 있다고 밝혀졌다. 연구진이 쳐놓은 덫에 걸려든 사람들은 다른 사람이 이미 저지른 행동을 본받아 팻말을 무시했다. 앞사람들과 마찬가지로 자전거를 묶어두고 주차장에 카트를 그대로 내버려두었던 것이다.

하지만 영향력은 여기서 그치지 않는다. 자전거 금지 팻말이 달린 울타리에 자전거가 묶인 것을 보면 아예 울타리를 넘어서 불법횡단을 할 가능성마저 높아진다. 마트 주차장에 버려진 카트를 보고 나면 주차장 바닥에 쓰레기를 버릴 가능성도 커진다. 전염성이 있는 목표는 특정한 규칙을 어기려는 목표보다 훨씬 더 컸던 것이다. 결국 사람들은 규칙상 해야 할 일보다는 무엇이든 원하는 일을 하겠다는 목표를 본받고 만다.

다른 사람들이 규칙을 어기고 충동을 따른다는 증거를 관찰하면 '종류와 관계없이' 자신의 충동에 굴복할 가능성이 커진다. 이 말은 누군가의 나쁜 행동을 지켜볼 때마다 나의 자기절제력이 무너진다는 뜻이다(리얼리티 프로그램의 열혈 시청자에게는 안됐지만, 그 안에는 가장 자주 등장하는 세 가지 규칙이 존재한다. 과음, 싸움 걸기, 다른 사람의 남자친구와 잠자리하기). 누군가 탈세를 저질렀다는 이야기를 들으면 거리낌 없이 다이어트 규칙을 어기기 쉽다. 누군가 규정 속도를 위반하며 운전하는 모습을 보면 지출 예산을 초과하려는 마음이 생기기 쉽다. 이런 식으로 나의 의지력이 약해지는 부분이 내가 관찰한 사람들의 사례와 전혀 다른데도 불구하고 다른 사람의 나약한 의지력을 모방하기도 한다. 심지어 다른 사람의 행동을 보지 않고서도 이런 행동을 할 때가 있다. 환자가 방을 나선 후 한참 뒤에도 문 손잡이에 병균이 남아 있는 것처럼, 다른 사람이 실행했다는 증거가 거의 없는 경우에도 어떤 행동은 우리에게 영향력을 미친다.

의지력 실험실 » 자기절제력을 본받아라

어느 연구에 따르면 자제력이 뛰어난 사람을 생각하기만 해도 나의 의지력이 강해진다고 한다. 나의 도전과제와 관련하여 의지력의 역할 모델로 삼을 사람이 있을까? 나와 동일한 도전

> 과제로 고군분투하다 결국 성공을 거둔 사람이나 내가 바라는 자기절제력의 전형이라고 할 만한 사람이 있을까? (강의실에서 의지력의 역할 모델로 가장 자주 거론된 사람들은 성공한 운동선수, 종교 지도자, 정치인 등이었다. 가족과 친구들이 이들보다 더 많은 동기를 부여한다는 사실을 조금쯤은 알면서도 이들은 거의 언급되지 않았다.) 의지력이 조금 더 필요할 때면 마음으로 역할 모델을 떠올려라. 이렇게 한번 자문해보라. '의지력이 강한 이 사람이라면 어떻게 할까?'

좋아하는 사람이 전염병을 잘 옮기는 이유

감기나 독감이 유행하는 계절에는 입을 가리지 않고 기침하는 동료, 신용카드를 긁은 다음 세균을 잔뜩 발라서 돌려주는 계산원 등 누구와 접촉하더라도 바이러스에 옮을 수 있다. 전염병학자들은 이것을 '단순 전염'이라고 부른다. 단순 전염은 누가 감염을 유발하는지는 중요하지 않다. 완전히 낯선 사람의 세균도 사랑하는 사람의 세균과 마찬가지이며 한 번의 노출로도 충분히 전염될 수 있다.

반면 행동은 이런 식으로 전염되지 않는다. 비만이나 흡연의 확산 같은 사회적 전염병은 '복잡한 전염'의 패턴을 따른다. 행동의 '매개체'인 사람과 접촉하는 것만으로는 충분하지 않다. 중요한 것은 나와 그 사람의 관계다. 프레이밍햄 지역에서는 행동이 담장과 마당 너머로 번져가지 않았다. 사회적 전염병은 질서정연한 도로

망이 아니라 상호 간의 존중과 호감이라는 회로를 통해 번져나간다. 직장동료는 친한 친구만큼 영향력이 강하지 않았다. 두 다리쯤 건너서 알고 지내는 친구는 매일 만나지만 그다지 좋아하지 않는 사람보다 영향력이 강했다. 이런 식의 선택적 감염은 질병의 세계에는 거의 유례가 없다. 행동은 바로 이런 식으로 번져나가며 여기서는 사회적 친밀도가 지정학적 인접성보다 훨씬 더 중요하게 작용한다.

그렇다면 가까운 관계에서 행동의 전염성이 높은 이유가 뭘까? 면역체계를 조금 더 유추해보면 우리의 면역체계는 다른 사람을 '우리가 아닌 존재'로 인식할 때에만 그들의 목표와 행동을 거부한다고 말할 수 있다. 어떤 경우에도 신체의 면역체계는 자신의 세포를 공격하지 않는 법이므로 우리라고 인식한 대상은 그대로 내버려둔다. 하지만 '타인'이라고 인식한 부분은 위협처럼 여기기 때문에 병에 걸리지 않기 위해 해당 바이러스나 박테리아를 격리하거나 파괴해버린다. 다시 말해 사랑하고 존경하고 닮았다고 느끼는 사람을 생각하면 뇌는 이들을 '우리가 아닌 존재'가 아니라 우리 자신과 비슷하게 대한다는 것이다.

뇌 영상 장치로 뇌를 들여다보면 성인들이 우선 자신에 대해 생각하고 그다음 어머니에 대해 생각하는 것을 관찰할 수 있다. 자아를 생각할 때와 엄마를 생각할 때에는 거의 동일한 뇌 영역이 활성화된다고 한다. 이는 우리가 자신이라고 생각하는 존재의 범위에 사랑하는 사람들을 포함시킨다는 의미다. 우리의 자아의식은 타인과의 관계에 달려 있으며, 여러모로 볼 때 우리는 다른 사람을 생각하는 과정을 통해서만 자신이 누구인지 알 수 있다. 우리의 자아의식 안에는 다른 사람들이 포함되어 있기 때문에 그들의 선택은 우리의 선택에 영향을 미칠 수밖에 없다.

> **자기 탐구 생활 》 가장 본받고 싶은 사람은 누구인가?**
>
> 잠시 '가까운 사람들'이 누구인지 생각해보자. 누구와 시간을 가장 많이 보내고 싶은가? 누구를 존경하는가? 누구와 가장 닮았다고 느끼는가? 누구의 의견이 가장 중요한가? 누구를 가장 신뢰하거나 아끼는가? 이들에게 배웠거나 내가 이들에게 옮긴 행동이라면 도움이 되든지 해가 되든지 어떤 것이든 생각해보라.

행동을 변화시키는 무리의 구성원

누군가 문을 두드리고는 에너지 절약에 대해 몇 가지 질문을 던진다고 상상해보자. 전기를 아끼려고 얼마나 자주 노력하는가? 물을 아끼기 위해 샤워를 빨리 끝내려고 노력하는가? 열손실을 줄이기 위해 집에 단열재를 사용하는가? 연비가 좋은 자동차를 운전하는가? 그런 다음 에너지 절약이 환경에 도움이 되고 돈을 절약해주고 후손에게 혜택을 준다는 주장에 얼마나 동의하느냐고 묻는다. 마지막으로 두 가지 질문을 더 던진다. 에너지를 절약하는 가장 큰 동기는 무엇인가? 얼마나 많은 이웃이 에너지를 절약하기 위해 노력한다고 생각하는가?

캘리포니아에 거주하는 800명의 사람도 절약하는 이유를 연구하는 과정에서 이런 질문을 받았다. 이들은 어찌나 애타적인 사람들인지 절약하는 가장 큰 동기가 환경을 보호하기 위해서이고 그다음으로 미래의 후손을 돕고 돈을 절약하기 위해서라고 답했다. "다른 사람들도 절약하니까요." 이 대답이 맨 마지막 순위였다.

하지만 시민의식이 뛰어나다고 캘리포니아 거주민들을 치하하기 이전에 이 점을 먼저 생각해보자. 이번 설문조사에서 한 사람의 에너지 절약 실태와 관련된 문항은 단 하나다. 이웃들이 에너지를 절약하기 위해 얼마나 노력한다고 생각하느냐는 질문이었다. 돈을 절약하고 후손을 위해 지구를 살린다는 믿음과 동기는 실제 행동과는 전혀 관계가 없었다. 사람들은 자신이 고귀한 이유로 행동한다고 생각했다. 하지만 크게 관련 있는 유일한 믿음은 이타적인 마음과는 거리가 있었다. "다른 사람들도 다 하니까요."

위의 사례는 심리학자들이 '사회적 증거'라고 부르는 법칙을 잘 보여준다. 내가 속한 무리의 나머지가 어떤 일을 하면 나 역시 따라해야 현명하다고 생각하는 경향이 있다. 이는 유용한 생존본능 중 하나로, 이런 본능이 있으면 자연히 사회적인 뇌가 생긴다. 무리 전체가 동쪽으로 가는 모습을 보면 나 역시 따라가는 편이 낫다는 것이다. 다른 사람의 판단을 신뢰하는 행위는 사회생활이 원활하게 이루어지도록 돕는 접착제와 마찬가지이다. 매사를 직접 알아낼 필요는 없으며, 최상의 하마 가죽으로 샅바를 만드는 일이든 주식 시장에서 가장 정확한 예측을 내리는 일이든 각자의 전문 분야에 활용할 자원을 아낄 수 있다.

사회적 증거는 일상적인 행동을 완전히 좌지우지한다. 바로 이런 이유로 포털 사이트 뉴스에서 '가장 많이 읽은 이야기'를 자주 확인하고, 흥행이 저조한 영화보다는 전국 관객수 1위인 영화를 찾아보려는 것이다. 미처 마음을 결정하지 못한 중립층 유권자들은 여론조사에 설득당하고, 부모들이 마트 복도에서 가장 인기 있는 새 장난감을 서로 사가려고 다투는 모습을 뉴스에서 다루는 것이다. 다른 사람들이 원하는 물건이라면 좋은 것임이 틀림없을 테니까. 다른 사람이 생각하는 것이라면 사실임이 틀림없을 테니까. 만일 아무 의견도 없는 상태라면 무리의 의견을 신뢰하는 편이 좋으니까.

에너지 사용 실태를 조사하려고 일일이 가정방문을 한 끝에 연구진은 행동을 변화시키는 사회적 증거의 힘을 실험하기로 했다. 이들은 캘리포니아 산마르코스의 거주민들 집에 있는 문고리마다 방문걸이를 매달았다. 샤워를 빨리 끝내고 불필요한 전등은 끄며 에어컨 대신 선풍기를 사용하라고 재촉하는 내용이었다. 동기부여를 하는 메시지도 적혀 있었다. 어떤 메시지는 주민들에게 환경을 보호하라고 했고 다른 메시지는 에너지 절약이 후손을 어떻게 돕는지, 주민들의 전기요금을 어떻게 낮추는지 강조했다. 사회적 증거 역할을 하는 방문걸이에는 유일하게 이런 문구가 포함되어 있

었다. '동네 주민의 99퍼센트가 에너지 절약을 위해 불필요한 전등을 끈다고 보고했습니다.'

총 371가구의 주민들은 4주간 한 주에 한 번씩 이런 방문걸이 중 하나를 받았다. 이때 각 가구에서는 언제나 같은 유형의 설득 메시지를 받았다. 예를 들어 사회적 증거가 적힌 방문걸이를 연이어 네 번 받는다거나, '후손을 도우세요' 방문걸이를 연이어 네 번 받는 식이었다. 어떤 동기부여가 가장 효과적이었는지 알아내기 위해 연구진은 각 가정의 계량기를 정기적으로 확인했다. 또 방문걸이를 걸기 전후에 배달된 주민들의 전기요금 고지서도 확보했다. 조사결과 가구의 에너지 사용을 감소하도록 설득한 유일한 메시지는 '다른 사람들도 다 하니까요'였다. 사람들이 에너지를 절약하는 이유라고 말한 다른 문구들은 행동에 아무런 영향도 미치지 않았다.

이번 연구는 '레밍 효과(스칸디나비아 반도에 서식하는 레밍이라는 들쥐들이 선두의 뒤를 쫓아 꼬리를 물고 달려가다 결국 집단자살에 이르는 현상을 빗댄 말로 맹목적인 집단행동을 가리킨다—옮긴이)'를 여지없이 입증했다. 엄마들은 '친구 따라 강남 가지 마라'며 노상 잔소리를 해댄다. 사실 우리는 레밍과 다를 바가 없다. "친구들이 다 한다고 너도 다리에서 뛰어내릴래?" 지금 아는 것처럼 당시에도 우리는 정답이 무엇인지 알고 있었다. "아뇨, 절대 안 그래요! 내 생각대로 내 마음대로 사니까 다른 사람 영향 따윈 안 받는다고요!" 하지만 진실에 더 가까운 답은 이렇다. "네, 뭐 그럴지도 모르죠."

이런 사실을 떠올리고 싶어 하는 사람은 거의 없다. 수강생들도 자신만은 예외라고 생각한다. 우리는 태어날 때부터 나만의 방식으로 살아가라고, 일반 대중과는 달라야 한다고, 추종자가 아니라 지도자가 되라고 교육받았다. 하지만 자주성에 매달리는 문화적 집착은 무리와 어울리고 거기에 적응하려는 인간의 욕구를 누르지 못한다. 사회는 다른 사람들의 영향을 받지 않는 것이 훌륭한 일이라고 칭찬할 수도 있지만, 우리는 나 자신과 사회적 본능을 떼어놓고 생각하지 못한다. 방문걸이 연구를 통해 드러났듯 이런 본능을 나쁘다고 매도할 필요는 없다. 올바른 일을 하는 것이 (또는 좀 더 힘든 일을 하는 것이) 규칙이라고 믿는다면 사회적 증거를 통해서 자기절제력을 강화할 수 있기 때문이다.

: 신이 나의 체중감량을 원하신다고?

사람들에게 신이 바라는 것이라고 주장하면서 운동을 하고 과일과 채소를 더 먹으라고 설득할 수 있는가? 미들 테네시 주립 대학교는 이런 실험으로 탁월한 결과를 얻었다. 이 실험에서는 학생들에게 자기관리와 건강이 각자의 종교에서 어떻게 중요한 가치로 여겨지는지 생각해보라고 했다. 예를 들어 기독교인에게는 이런 성경 구절을 생각하라고 했다. "술을 즐겨하는 자와 고기를 탐하는 자로 더불어 사귀지 마라."(잠언 23장 20절) "그런즉 사랑하는 자들아 이 약속을 가진 우리가 하나님을 두려워하는 가운데서 거룩함을 온전히 이루어 육과 영이 온갖 더러운 것에서 자신을 깨끗케 하자."(고린도후서 7장 1절) 이들에게 실제 생활에서 하는 행동 중 평상시에 내세우는 신념과 가치관에 어긋나는 것, 정크푸드를 먹거나 운동을 하지 않는 것에 대해 생각해보라고 했다. 그리고 자신의 믿음과 행동의 불일치를 확인한 후 이러한 행동을 고치기 위한 실행계획을 상세하게 세우라고 권유했다. 체중감량과 운동이 선한 기독교인들이 해야 하는 일이라고 믿는다면 이는 강력한 사회적 증거가 된다. 이는 콜레스테롤 수치 결과가 나쁘게 나왔을 때 의사에게 받는 경고에 비해 훨씬 더 강하게 동기를 유발한다.

이런 접근방법을 개발한 심리학자 마크 인셀은 종교단체들이 적극적으로 책임을 지고 신도들의 행동 변화를 지원해야 한다고 주장한다. 교회에서는 예배를 보는 한편 운동교실과 영양학 강좌를 개설하고, 각종 사교 행사에서는 건강에 좋은 음식을 대접해야 한다는 것이다. 그는 이런 접근방법이 성공하려면 종교 지도자들이 훌륭한 역할 모델이 되어야만 한다고 지적한다. 훌륭한 종교 지도자라면 아침 산책을 하라고 설교하기 전에 자신이 직접 실천에 옮겨야 한다. 사창가에 다니다가 들켜서도 안 되고 맥도날드에 발을 들여놓기 전에 두 번 생각해야만 한다. 결국, 사회적 증거는 실제로 증거가 필요한 법 아니겠는가?

스탠퍼드 대학교의 한 실험에서는 전혀 다른 접근방법을 채택하여 학부생들의 특정 행동을 '감소'시켰다. 연구진은 폭음하지 말라는 내용의 전단지를 전혀 다른 두 가지 형식으로 디자인했다. 하나는 이성적인 접근방식으로, 음주에 관한 무시무시한 통계를 열거한 것이었다. "단 하룻밤의 폭음으로도 사고능력을 30일간 손상시킬 수 있습니다." (물론, 학점에 목을 매는 상당수의 학부생들이 다음 수학시험 성적을 걱정하게 할 정도로 설득력이 넘치는 주장이기는 하다.) 다른 전단지는 대학생활의 불가촉천민에 해당하는 대학원생들과 폭음을 연결했다. 대학원생들이 술을 마시는 장면과 이런 경고를 실은 것이다. "스탠퍼드 대학교의 대학원생들은 거의 모두 술을 마신다. (…) 이들 중 대부분은 수상쩍은 인간들이다. 그러니 술을 마시려거든 생각해보라. (…) 누구도 이런 인간으로 오해받고 싶지는 않을 텐데."

이처럼 전혀 다른 두 가지 전단지가 신입생 기숙사 두 곳에 따로 게재되었다. 전단지를 붙인 지 2주 후 기숙사생들은 익명으로 지난주 음주량을 묻는 설문지를 작성했다. 머릿속이 온통 전단지에서 본 수상쩍은 대학원생 생각으로 가득한 기숙사생들은 이성적인 주장을 펼친 전단지를 본 기숙사생들에 비해 술을 50퍼센트나 덜 마셨다고 대답했다. 학생들은 과연 사실대로 말했을까? 연구진들이 학생들을 따라다니지 않은 이상 확신할 방법은 없다. 다만 학부생들은 익명의 설문에서조차 수상쩍은 대학원생으로 오해받고 싶지는 않았던 듯하다. 만약 답변이 정직했다면 이번 연구는 건강에 좋지 않은 습관을 버리도록 권장하는 새로운 전략을 제시한 셈이다. 바로 그 습관은 네가 결코 속하고 싶지 않은 집단의 습관이라고 설득하는 것이다.

위에서 언급한 두 가지 실험은 행동 전환을 권장하는 사회적 증거의 중요성을 입증한다. 만약 어떤 미덕을 갖출 때 가장 소중한 무리에서 나의 지위가 더욱 탄탄해진다고 믿는다면 우리는 기꺼이 악성을 버리고 새로운 덕성을 함양할지도 모른다.

: 나의 절제력이 남들과 다르다면

사람들의 의지력을 길러주고 싶다면 자제력을 표준이라고 믿게 할 필요가 있다. 하지만 긍정적인 행동이 유행한다는 이야기를 마지막으로 들었던 게 언제였던가? 언론은 우리가 어쩌다가 죄다 게으르고 비윤리적이고 건강하지 못하게 변해갔는지 알려주는 충격적인 통계를 들이대며 겁주는 것을 좋아한다. 그러다 보니 항상 들려오는 통계는 이런 내용이다. '전혀 운동을 하지 않는 미국인의 비율이 40퍼센트에 달하며 일주일에 다섯 번씩(건강과 체중감소를 위해 권장하는 기준) 열심히 운동하는 비율은 고작 11퍼센트에 불과하다.' '성인의 14퍼센트만이 하루 권장량에 맞춰 다섯 가지 종류의 과일과 채소를 섭취하며 보통의 성인은 1년에 45킬로그램 남짓한 설탕을 섭취한다.'

이런 통계는 공포심을 조장하려는 의도로 보도된다. 하지만 솔직히 말해보자. 만일 내가 통계에서 말하는 다수에 해당한다면 나의 공동체 뇌는 이런 외침을 듣는다. "우아, 다행이다. 다른 사람이랑 똑같다니." 이런 유형의 통계를 많이 들으면 들을수록 다른 사람들도 하는 행동이니까 내가 해도 괜찮다는 믿음이 더욱 공고해진다. 내가 나머지 국민의 86퍼센트와 같다는데 왜 달라지려 하겠는가?

내가 '정상'이라는 사실을 알게 되면 나에 대한 지각조차 달라진다. 예를 들어 국민으로서의 내가 뚱뚱해지면 뚱뚱해질수록 개인적인 나는 더 날씬한 기분이 든다. 의학 전문지 〈아카이브 오브 인터널 메디신Archives of Internal Medicine〉에 실린 2010년 보고서를 보면 만성 비만에 시달리는 국민의 37퍼센트는 자신이 비만이 아니라고 생각할 뿐만 아니라 비만이 될 위험이 적다고 굳게 믿는다고 한다. 이런 생각은 비록 현실 부정처럼 보이기는 하지만, 실은 새로운 사회적 현실을 반영한다. 누구나 체중이 증가한다면 의학적 기준이 그대로 유지되더라도 '비만'에 대한 개인의 내적 기준은 급상승하게 마련이다.

어느 연구를 보면 보통 가정보다 에너지 사용량이 적다고 적힌 청구서를 받은 집주인들은 전기도 끄지 않고 난방 온도도 올리기 시작했다. 대다수가 속한 가운데로 끌려가는 힘은 올바른 일을 하고자 하는 욕구보다 훨씬 강하다.

사회적 증거가 중요하다고 하면서도 우리는 다른 사람들이 한다고 '생각되는' 행동을 이들이 실제로 하는 행동보다 훨씬 더 중요하게 생각한다. 예를 들어 대학생들은 친구들 사이의 커닝 유행을 실제보다 부풀려서 생각하는 경향이 있다. 어느 학생의 커닝 여부를 가장 정확하게 예측하려면 다른 학생들도 커닝을 한다고 생각하는지 물으면 된다. 동급생들이 커닝을 한다고 믿는 경우, 비교적 정직한 학급마저 시험 시간에 친구들에게 문자메시지로 답안을 알려주는 일이 난무한다(물론, 나도 이런 학생을 잡아낸 적이 있다).

이런 현상이 비단 교실에서만 일어날까? 아니다. 우리는 탈세자의 비율을 실제보다 많다고 마음껏 부풀려 생각한다. 우리 같은 납세자들이 자신의 믿음을 곧 표준이라고 생각하여 행동으로 옮기다 보면 결국 실제로 탈세를 하는 비율이 높아진다. 그렇다고 우리가 구제불능의 사기꾼들이라는 뜻은 아니다. 표준에 대해 정확한 정보를 습득하면 자신의 행동을 고칠 수 있기 때문이다. 정직한 납세자에 대한 정확한 통계를 알면 정직하게 세금 신고를 하는 사람들이 늘어난다.

> **자기 탐구 생활 》 그래도 남들은 다 하던데!**
>
> 우리가 시도하려는 변화를 다른 사람도 다들 한다고 믿는다면, 사회적 증거를 이용하여 변화를 중재할 수 있다. 자신의 의지력 도전과제가 표준이라는 이유를 대며 그리 대단한 문제가 아니라고 자신을 다독인 적이 있는가? 아는 사람들도 다들 똑같은 습관이 있다는 사실을 떠올리곤 하는가? 만약 그렇다면 이런 인식을 바꾸는 편이 좋겠다. 기존 인식을 바꾸는 가장 좋은 방법은 나와 똑같은 행동을 동경하는 사람들을 찾는 것이다. 같이 어울릴 만한 새로운 '무리'를 찾아라. 후원 모임, 학급, 동네 술집, 인터넷 공동체와 어울리는 것도 좋고 목표에 맞는 잡지를 구독하는 것도 괜찮다. 목표에 함께 몰입할 수 있는 사람들을 항상 주변에 두면 목표를 지키는 것이 표준처럼 느껴질 것이다.

의무감은 일탈을 막아준다

　20킬로그램 이상 살을 빼서 고등학교 동창회에 참석한 나를 보고 동창생들이 감탄하는 모습을 상상한다면 매일 아침 운동을 하겠다는 동기부여가 되는가? 담배 피우는 내 모습에 아홉 살짜리 아들이 실망해버린다면 직장에서 담배를 피우러 몰래 빠져나가는 일을 그만둘 수 있을까?

　어떤 선택을 내릴까 고민하다 보면 다른 사람이 나를 평가하는 모습을 상상하곤 한다. 여러 가지 연구에 따르면 이런 상상을 강한 원동력으로 삼아 자제력을 기를 수 있다고 한다. 금연에서부터 헌혈에 이르기까지 목표를 이룰 때 느낄 자부심에 대해 상상하는 사람들은 끝까지 목표를 좇아 성공할 가능성이 크다. 다른 사람의 비난을 예상해보는 것 역시 도움이 된다. 예를 들어 콘돔 없이 성관계를 했다는 사실이 남에게 알려지면 창피할 거라고 상상하는 사람들은 콘돔을 사용할 가능성이 높다.

　노스이스턴 대학교의 심리학 교수 데이비드 데스테노(David Desteno)는 장기적으로 치를 대가와 장기적으로 얻을 혜택에 대한 논리적인 설명보다 자부심과 창피함 같은 사회적 감정이 우리의 선택에 더 빠르고 직접적으로 영향을 미친다고 주장한다. 데스테노는 이런 현상을 '뜨거운 자제력'이라고 부른다. 흔히 자제력은 차가운 이성이 뜨거운 충동에 승리하여 얻는 전리품이라고 생각한다. 하지만 자부심과 창피함은 논리적인 전전두엽 피질이 아닌 감정적인 뇌에 의존한다. 공포와 분노가 나 자신을 보호하는 데 도움을 주듯이 사회적 감정 역시 우리가 무리 안에서 좋은 지위를 유지하는 데 유리한 결정을 하게 돕는 방향으로 진화했는지도 모른다. 사회에서 수용되거나 거부당하는 모습을 상상해보면 옳은 일을 할 원동력을 얻을 수 있다.

몇몇 회사와 지역사회는 법을 어기고 사회를 병들게 하는 행동을 한 사람에게 통상적인 처벌을 내리는 대신 사회적으로 수치심을 느끼게 하는 실험을 시작했다. 맨해튼 차이나타운의 슈퍼마켓에서 좀도둑질을 하다가 잡히면 훔치려던 물건을 들고 강제로 사진을 찍어야 한다고 생각해보자. 사진은 이름과 주소는 물론이고 '도둑놈'이라는 설명까지 붙은 채 가게 계산대 뒤쪽 수치의 전당에 장식될 참이다.

매춘부를 찾다가 체포된 남성들의 사진과 이름을 공개하기로 결정한 시카고 경찰은 매춘을 생각하는 남성들의 마음속에 자리한 두려움이 깨어나기를 기대했다. 그러므로 붙잡힌 남성들을 벌주기 위해 그렇게 애쓸 필요도 없었다. 시카고의 시장 리처드 데일리는 기자회견에서 매춘 정책을 변호하며 이렇게 말했다. "시카고에 발을 들인 모든 분께 알려드립니다. 시카고 경찰은 매춘부를 찾는 사람은 모두 체포할 겁니다. 그리고 체포하면 사람들에게 모두 알릴 겁니다. 배우자, 자녀들, 친구들, 이웃들, 그리고 직원들에게 알릴 겁니다." 시카고 남성을 대상으로 한 설문조사에 따르면 이 정책은 효과적이라는 평가를 받았으며 사진과 이름을 지역 신문에 게재하는 방법이 매춘을 막는 가장 효과적인 방책으로 꼽혔다(설문에 응한 남성의 87퍼센트가 이런 정책이 결정되면 매춘을 다시 생각하겠다고 답했다). 신분공개 정책은 징역형, 운전면허 정지, 1,000달러 미만의 벌금보다 더 무섭다는 반응이었다.[28]

: 수치심의 한계

수치심의 힘이 대단하다고 호들갑을 떨기 전에 앞서 얘기한 알게 뭐람 효과를 기억해보는 것이 현명할 듯하다. 수치심 같은 부정적인 사회적 감정을 '예상'할 때 절제력이 커지는 혜택과 실제로 수치심을 느낄 때 의지력이 고갈되는 효과는 종이 한 장의 차이이다. 기분이 나빠지면, 특히 수치심이나 죄책감을 느끼면 결국 유혹에 굴복하게 된다는 사실을 지금까지 몇 번이고 반복해서 살펴보았다. 수치심이란 하나의 예방책으로는 효과가 있는지도 모른다. 하지만 일단 행동을 저지르고 나면 수치심은 절제보다는 자기파괴에 불을 붙일 가능성이 더 크다. 예를 들어 돈을 크게 잃는 바람에 그 어느 때보다 수치심을 느끼는 도박꾼은 손해를 만회하기 위해 도박을 더 하고, 돈을 빌려와서라도 잃은 돈을 '추적'할 확률이 높다.

수치심이 예상해볼 수 있는 감정이라고 하지만, 정작 수치심이 가장 필요할 때에는 느끼지 못하기도 한다. 건강에 신경을 쓰는 사람들에게 초콜릿케이크가 눈앞에 있다고 가정하고 케이크를 먹을 때 느낄 수치심을 상상해보라고 하면 (가상으로) 케이크를 입에 넣을 가능성이 적다. 하지만 연구진이 치즈케이크 팩토리에서 만든 커다란 초콜릿케이크 한 조각을 실제로 테이블 위에 놓고 물 한 병, 포크, 냅킨을 함께 준비해두었더니 수치심은 정반대의 효과를 일으켰다. 참가자 중의 고작 10퍼센트만이 유혹을 거부했던 것이다. 수치심을 상상한다면 치즈케이크 팩토리 가게 안으로 들어가는 일은 없겠지만, 유혹이 눈앞에 나타나자 상상의 수치심은 보상의 유혹 앞에서 무용지물이었다. 일단 도파민 신경세포가 뿜어져 나오면 수치심 같은 부정적인 감정은 욕구를 더욱 강화하고 유혹을 부채질할 뿐이다.

: 자부심은 힘이 있다

반면 자부심은 유혹에 직면했을 때조차 위력을 발휘한다. 초콜릿케이크를 거부할 때 느낄 자부심에 대해 상상한 참가자들은 무려 40퍼센트나 케이크를 단 한 입도 먹지 않았던 것이다. 자부심이 유익한 이유는 자부심을 느끼면 케이크에서 마음이 멀어지기 때문이다. 이와 반대로 수치심은 역설적이게도 예상 가능한 쾌락을 유발했고 참가자들은 '냄새 좋다,' '맛있겠다!' 같은 유혹과 관련한 생각이 떠올랐다고 보고했다. 또 하나의 이유는 인체의 생리에 귀결된다. 여러 연구들은 죄책감을 느끼면 심박 변이도가 감소하고 의지력의 생리적 저장량이 줄어든다는 사실을 밝혀냈다. 반면 자부심은 이런 저장량을 유지하거나 심지어 증가시키기도 했다.

자부심을 작동시키려면 다른 사람들이 지켜보고 있다거나 나의 성공을 남에게 보고할 기회가 생긴다고 믿어야만 한다. 마케팅 연구팀들이 알아낸 바로는 친환경 상품은 인터넷 쇼핑몰보다 공공장소에서 구매하는 경향이 더 크다고 한다. 친환경 제품을 사는 행위는 다른 사람들에게 자신이 얼마나 이타적이고 사려 깊은지를 알리는 하나의 방법이며, 우리는 개념 있는 소비생활로 사회적 신용을 얻고 싶어 한다.

사회적 지위 향상을 예상할 수 없으면 우리는 나무를 살릴 기회조차 그냥 지나치고 만다. 이번 연구는 결정을 지켜나가는 데 유익한 전략이 무엇인지 알려준다. '의지력의 도전과제를 공개하라.' 만약 다른 사람들이 나의 성공을 응원하고 나의 행동을 지켜본다고 믿는다면 올바른 행동의 동기부여가 훨씬 원활할 것이다.

> **의지력 실험실 》 자부심을 이용하라**
>
> 의지력 도전과제에 성공하면 얼마나 자랑스러울지 상상함으로써 인정받고 싶은 인간의 기본적인 욕구를 잘 활용하라. 가족, 친구, 동료, 선생님처럼 내가 의견을 존중하거나 나의 성공을 함께 기뻐할 누군가를 마음에 떠올려라. 스스로 자랑스러워할 만한 결정을 내리거든 페이스북이나 트위터로 주변 사람들에게 소식을 알려라. 기술 문명을 반대하는 사람에게는 직접 말해줘도 좋다.

: **세금 체납으로 인한 창피함**

나는 강의가 끝날 무렵 시간이 남을 때면 학생들에게 의지력 도전과제를 공개하라고 권장한다. 그러면 학생들이 어느 정도 사회적 압박감을 느끼기 때문이다. 우리는 공지를 듣고 나면, 특히 도전 과제의 진행 상황을 수강생 전체 앞에서 발표할 예정이라면 거기에 알맞은 조치를 취해야 한다는 강박관념을 느낀다. 그리고 성공 과정을 설명하고 싶다는 기대가 있기 때문에 예상 자부심도 생긴다.

언제였는지 수강생이 150명쯤 되던 해에, 체납한 세금을 납입하는 것이 목표라고 발표한 여자 수강생이 있었다. 다음 주에 어쩐 일인지 그 여성이 보이지 않기에 내가 수강생들에게 물어보았다. "세금을 내겠다는 여자 분은 어디 계세요?" 그녀는 출석하지 않았지만 다른 두 사람이 손을 들더니 밀린 세금 문제를 해결하기 위한 첫 번째 조치를 취했다고 발표했다. 정말 괴이한 일은 두 사람 모두 처음에는 밀린 세금을 의지력의 도전과제로 고르지 않았다는 점이다. 지난 강의에서 그 여성이 한 발표가 두 사람에게 영감을 주었으니 전형적인 목표 전염인 셈이었다.

그럼, 맹세했던 그 여성은 어디로 갔을까? 사실, 전혀 모른다. 그날 이후 수업에 나타나지 않았으니까. 그저 바라건대, 그녀가 수치심에 상처를 입고 포기하지 말고 세무사를 만났으면 좋겠다. 물론 이런 현상이 바로 '의무감'의 힘에 숨겨진 부정적인 면이다. 다른 사람의 시선을 상상하면 동기부여도 되지만, 실패했을 때 누군가 나를 경멸하는 눈으로 쳐다보는 모습을 떠올리면 다시는 얼굴을 들고 다닐 용기가 나지 않는다.

: **무리에서 쫓겨나면 의지력이 고갈된다**

중독, 비만, 파산 등 의지력 부족으로 인한 '실패'는 사회적으로 치욕을 안겨주는 경우가 많다. 때로 우리는 어떤 사람이 약하거나 게으르거나 어리석거나 이기적이라고 잘못 추측하고는 무리로부터 창피를 당하거나 추방을 당해도 당연하다고 확신하는지도 모른다. 하지만 행동을 조절하지 못하는 사람들을 내 멋대로 피할 때에는 특별히 조심해야 한다. 이렇게 사람을 대하는 것은 꽤 잔인한 방법일 뿐만 아니라, 변화의 동기를 부여하기 어려운 형편없는 전략이기 때문이다. 이 문제에 관해서 '신체적 다양성과 건강을 위한 협회'의 회장인 뎁 르미어는 이렇게 말했다. "수치심이 효과적이라면 세상에 뚱뚱한 사람이 어디 있겠는가?"

어느 연구는 무리에서 쫓겨나면 의지력이 고갈된다는 사실을 입증했다. 예를 들어 사회에서 어떤 식으로든 거부당하고 나면[29] 갓 구운 쿠키의 유혹을 뿌리칠 가능성이 적어졌고 힘든 과제를 금세 포기해버렸다. 게다가 집중력 과제를 수행할 때에는 정신이 쉽게 산만해졌다. 여러 연구에 따르면 편견을 경험하는 소수 인종에 해당할수록 자기절제력이 적었고 인종차별을 떠올리기만 해도 의지력이 고갈되어 버렸다. 결론적으로 따돌림을 당하거나 존경받지 못한다고 느낄 때면 최악의 충동에 굴복할 위험이 훨씬 커진다.

의지력이 무너졌다는 이유로 창피를 주는 것보다 의지력이 강하다고 칭송하며 사회적으로 지지를 보여주는 편이 훨씬 좋다. 이를 입증하는 좋은 사례로 피츠버그 대학교에서 실시한 체중감소 실험을 들 수 있겠다. 이 연구에서 일부 피험자들은 반드시 친구나 가족과 함께 참가해야 했다. 참가자들은 소위 '지원하기 숙제'를 할당받아서 한 주 동안 몸에 좋은 음식을 나누어 먹거나 서로 보살피고 격려하기 위해 서로에게 전화를 걸었다. 놀랍게도 참가자 중에서 66퍼센트가 실험 후 10개월 동안 꾸준히 체중을 줄였다. 이에 비해 친구나 가족 없이 홀로 연구에 참여한 대조군은 24퍼센트만이 체중을 줄였다.

> **의지력 실험실 » 단체 프로젝트를 만들어라**
>
> 의지력 도전과제를 반드시 혼자 정복할 필요는 없다. 혹시 목표에 함께 도전할 친구나 가족, 동료가 있는가? 반드시 같은 목표에 도전할 필요는 없다. 목표는 다르더라도 챙겨주고 용기를 주면 자기절제력을 키워줄 사회적 지원을 받는 셈이다. 사회적 지원에 약간의 경쟁을 가미하고 싶다면 다른 사람들을 의지력 대결에 참여시켜라. 계속 미루어오던 임무를 제일 먼저 완료할 사람, 아니면 한 달 안에 저축을 가장 많이 할 사람은 누구인가?

이메일로 목표 의식을 불태워라

강좌가 종료된 지 몇 달 뒤, 예전 수강생에게서 반가운 이메일

하나가 날아왔다. 이메일을 보낸 여성은 강좌의 마지막 모임에서 즉흥적으로 실행한 일 덕에 목표에 매진하기가 훨씬 수월했다는 소식을 나에게 알려주고 싶어 했다.

마지막 시간에는 수업이 끝나면 지금까지 이룬 변화를 계속 이어갈 동기가 사라지지 않을까 걱정하는 학생들이 더러 있었다. 사실 이 강좌는 수많은 수강생으로 구성된 하나의 공동체나 다름없었고 이들은 서로, 아니 그저 바로 옆에 앉은 사람이라도 경험을 공유하면 좋다는 사실을 잘 알고 있었으므로 누군가에게 알릴 만한 소식을 만들겠다는 동기부여가 되었다.

어쨌거나 마지막 수업에서 이런 걱정을 토로하는 모습을 보고 나는 수강생들에게 혹시 모르는 사람일지라도 이메일 주소를 교환하라고 했다. 그런 다음 이렇게 덧붙였다. "다음 주에는 목표를 이루기 위해서 무엇을 할 것인지 이메일을 준 사람한테 알려주세요." 수강생들의 과제는 짝꿍에게 이메일을 쓰고 질문을 던지는 것이었다. "하겠다고 결심한 일을 하셨나요?"

나한테 이메일을 보낸 수강생의 설명으로는 강좌가 끝난 첫 번째 주에 결심을 이어나갈 수 있었던 유일한 원동력은 낯선 짝꿍에게 자기가 약속을 지켰는지 말해야 한다는 사실뿐이었다고 했다. 바로 그때 이메일 보내기 방법이 정말 힘을 주는 좋은 단짝 제도였음을 깨달았다나. 수업을 같이 들었다는 공통점 외에는 별다른 친분이 없었음에도 서로 한동안 매주 시간을 내서 챙겨주었으니까. 이메일 보내기를 그만둘 무렵, 어느덧 변화는 생활의 일부가 되어 있었고 그녀는 누군가를 따로 책임질 필요도 누군가의 지원을 받을 필요도 없었다.

우리의 뇌는 놀라울 정도로 목표와 믿음, 다른 사람의 행동을 우리의 결정에 반영해버린다. 다른 사람들과 함께 있거나 단지 생각하기만 해도 그들은 우리 마음속에서 하나 이상의 '자아'로 탄생하여 자기절제력과 경쟁한다. 이 내용을 거꾸로 해도 역시 사실이다. 우리의 행동은 수많은 다른 사람들의 행동에 영향을 미치고, 우리가 혼자 내린 하나하나의 결정은 다른 사람들에게 영감이 되기도 하고 유혹이 되기도 한다.

Chapter 9

부정
의지력에도
한계가 있다

반드시 성공하고 말겠다고 결심하는 것이
다른 무엇보다도 훨씬 중요한 것임을 항상 명심하라.

— 링컨 Abraham Lincoln, 1809~1865

　1985년, 텍사스의 샌안토니오에 자리한 작은 문과대학인 트리니티 대학교의 심리학 실험실에서 일종의 위반 행위가 저질러졌다. 17명의 학부생들이 통제할 수 없는 한 가지 생각에 불타고 있었다. 그런 생각은 잘못임을, 그런 생각을 잠시라도 떠올리면 안 된다는 것 역시 알았다. 하지만 정말이지 지독하게 매혹적이었다. 학생들이 다른 무언가를 생각하려고 노력할 때마다 그 생각이 다시 의식 속으로 파고들어 이들을 괴롭혔다. 도저히 '흰 곰'을 생각하지 않고는 못 배겼다.

　사실 흰 곰은 대학생들의 평소 걱정거리가 아니었다. 평소 같으면 섹스니 시험이니 새로 나온 콜라 맛이 별로니 하는 이야기에 열을 올릴 테니까. 하지만 이번만큼은 흰 곰이 뿌리치기 어려울 정도로 매력적이었다. 그건 모두 학생들이 색다른 지시를 받았기 때문이었다. "5분 동안 흰 곰에 대해서 생각하지 말아보세요."

　이 학생들은 현재 하버드 대학교 심리학 교수인 다니엘 웨그너가 주도한 일련의 연구 중 첫 번째 실험에 참여한 피험자들이었다. 교수가 된 지 얼마 지나지 않아 웨그너는 러시아의 소설가 레오 톨스토이에 관한 이야기를 우연히 들었다. 어린 시절 톨스토이는 형에게 흰 곰이 생각나지 않을 때까지 구석에 앉아 있으라는 명령을 듣곤 했다. 형이 한참 뒤에 돌아와보면 톨스토이는 흰 곰에 대한 생각을 도저히 떨쳐버리지 못하는 자신의 무능력함에 얼이 빠져 여전히 구석에 앉아 있었다. 웨그너는 이 이야기를 이해할 수 없어서 마음속으로 이런 질문을 떠올렸다. '우리는 왜 자신의 생각을 통제하지 못할까?'

웨그너는 톨스토이가 어린 시절에 받았던 정신조절 실험과 거의 동일한 연구를 고안해서 참가자들에게 흰 곰을 제외하고 무엇이든 원하는 대로 생각해보라고 했다. 다음은 참가자 중 어느 여성이 중얼거리는 말을 부분 발췌하여 글로 옮긴 것으로 생각을 조절하라는 요구가 대부분의 사람에게 얼마나 어려운 일인지 잘 보여준다.

나는 계속 그 생각만 한다. 흰 곰 생각을 떨쳐버리려고 수만 가지 것들을 떠올려보지만 결국은 계속해서 그 생각만 하고 있다. 그러니…… 음, 이봐, 제발 이쪽의 갈색 벽을 좀 보라고. 이건 무슨, 흰 곰 생각을 안 하려고 할 때마다 도리어 그 생각만 더 나잖아.

그녀의 말은 별다른 변화 없이 15분 동안 이런 식으로 이어졌다.

흰 곰 생각을 떨쳐버리지 못하는 것이야말로 세상에서 가장 끔찍한 의지력의 실패처럼 여겨질지도 모른다. 앞으로 살펴보겠지만 어떤 생각을 금지하면 생각하지 않으려고 노력할 때마다 계속 그 생각만 이어진다. 불안, 우울증, 다이어트, 중독에 관한 최신 연구들은 모두 이런 주장을 확인해준다. '부정 의지력'을 내면의 사고세계와 감정세계에 적용하면 비참할 정도로 무너진다는 사실 말이다. 그러므로 내면세계에서는 자기절제를 새롭게 정의할 필요가 있다. 내면세계의 자기절제란 '통제하지 않는 것이다'.

본능을 억압하면 반대의 효과가 나타난다

웨그너는 다른 학생들을 대상으로 흰 곰 생각 실험을 반복하다가 피험자들이 또 곰에 집착하기 시작하자 이번에는 다른 생각을 금지했다. 매번 무엇인가를 생각하지 않으려는 단순한 노력만으로도 역설적인 효과가 나타났다. 생각을 통제하려고 노력하지 않을 때에는 흰 곰 생각이 더 많이 났고, 의도적으로 흰 곰을 생각하려고 노력할 때에는 다른 생각이 훨씬 더 많이 났다. 역설적 효과는 사람들이 이미 스트레스를 받거나 피곤하거나 정신이 산만해졌을 때 가장 컸다. 웨그너는 이런 효과를 '역설적인 반동'이라고 이름 붙였다. 생각을 멀리 밀쳐내는 순간 생각은 부메랑처럼 다시 돌아온다.[30]

역설적인 반동은 현대인이 겪는 여러 가지 좌절을 설명해준다. 불면증 환자가 잠을 자려고 노력할수록 잠은 점점 달아나고 다이어트를 하면서 탄수화물을 먹지 않는 사람은 결국 빵과 파이 꿈만 꾸게 되며 불안감을 떨쳐버리려고 노력하는 전사는 반복해서 끔찍한 환상에 빠져든다. 심지어 웨그너의 이론에 의하면 깨어 있는 동안 짝사랑하는 사람에 대한 생각을 억압하면 멋진 이상형에 대해 '의도적으로' 상상할 때보다 그 대상을 꿈에서 만날 가능성이 훨씬 높아진다. 로미오와 줄리엣도 이와 관련 있을 가능성이 다분하다. 낭만적인 연애를 금지당할수록 상대에게 점점 더 빠져드는 것은 아주 유명한 심리 성향이지 않은가.

웨그너는 어떤 본능이든 그저 억압하려고만 하면 역설적인 효과가 나타난다는 증거를 발견했다. 좋은 인상을 주고 싶은 마음이 간절한 구직자는 면접 담당자를 민망하게 하는 이야기를 불쑥 뱉을 가능성이 크다. 정치적으로 올바르게 말하려는 연설자는 역설적으로 마음속에 숨겨둔 불쾌한 고정관념을 죄다 발동시키는 경향이 있다. 비밀을 지키고 싶은 사람은 자기도 모르게 비밀을 누설해버리고 만다. 쟁반을 엎지 않으려고 최선을 다하는 웨이터는 셔츠에 소스가 묻을 가능성이 높다. 웨그너는 동성애 공포증이 심한 남자들일수록 동성애 포르노를 감상하는 동안 성기가 가장 크게 발기한다는 과학적 연구를 발표해서 역설적 효과를 인정받기도 했다.

: **생각을 억압해도 효과가 없는 이유**

생각이나 감정을 지워버리려고 노력하면 어째서 반동 효과가 일어날까? 웨그너는 무언가를 생각하지 '마라'는 명령을 뇌가 처리하는 방식과 반동 효과가 관련이 있다고 직감했다. 뇌는 이번 임무를 두 개의 부분으로 나누어 서로 다른 영역에서 다루었다. 마음의 한 부분은 우리의 주의를 금지된 생각이 아닌 다른 곳으로 보내는 역할을 담당할 것이다. 마치 웨그너의 첫 번째 연구에서 흰 곰을 생각하지 않으려고 노력하던 여성과도 같다. '흰 곰 생각을 떨쳐버리려고 수만 가지 것들을 떠올려보지만 (…) 이봐, 제발 이쪽의 갈색 벽을 좀 보라고.' 웨그너는 이런 과정을 '조작자'라고 불렀다. 조작자는 뇌의 자기조절체계에 의존하며 노력해야 하는 자기절제와 마찬가지로 상당한 양의 정신적 자원과 에너지를 필요로 한다.

마음의 다른 부분은 생각하거나 느끼거나 행동하고 싶지 않은 것이라면 무엇이든 생각하거나 느끼거나 행동한다는 증거를 찾는 임무를 담당한다. 이는 아까 젊은 여성이 관찰한 내용과 동일하다. '나는 계속 그 생각만 한다. 흰 곰 생각을 떨쳐버리려고 수만 가지 것들을 떠올려보지만 결국은 계속해서 그 생각만 하고 있다.' 웨그너는 이런 과정을 '감시자'라고 불렀다. 조작자와 달리 감시자는 정신적인 노력을 많이 하지 않고 저절로 움직이며 뇌의 자동적인 위협탐지체계와 더욱 밀접하게 연결되어 있다. 자동으로 자기절제를 하다니! 좋은 이야기처럼 들리지만 조작자와 감시자 사이의 협동이 얼마나 중요한지 깨닫고 나면 반드시 그렇지만도 않을 것이다. 통상적인 상황이라면 조작자와 감시자는 동시에 활동한다. 하지만 어떤 이유에서든 조작자의 활력이 다하면 감시자는 자기절제력이 엉망이 되어버리는 악몽을 겪게 된다.

슈퍼마켓에 가려고 길을 나섰다고 상상해보자. 간식 코너의 유혹을 받지 '않겠다는' 결심도 이미 굳혔다. 조작자가 행동에 집중하며 행동을 계획하고 조절하려고 노력하는 동안("난 시리얼을 사러 온 거니까 다른 음식은 안 돼. 시리얼이 어느 칸에 있지?") 감시자는 혹시나 경고등을 켜야 할 경우를 대비하며 마음과 주변을 유심히 살핀다("위험해! 위험해! 쿠키가 3번 칸에 있어! 쿠키 좋아하잖아! 지금 배에서 꼬르륵 소리가 난 거야? 비상! 비상! 쿠키를 조심하라! 쿠키, 쿠키, 쿠키!"). 만약 정신적인 자원이 충분한 상태라면 조작자는 감시자의 과민반응을 잘 활용할 수 있다. 감시자가 잠재적인 유혹이나 문제를 일으킬 생각을 지적하면 조작자가 나서서 목표에 매진하고 문제를 일으키지 않도록 조종한다. 하지만 주의 산만, 피로, 스트레스, 음주, 질병, 기타 정신을 고갈시키는 일들로 인해 정신적인 자원이 부족하다면 조작자는 제 역할을 해내지 못한다. 반면 감시자는 에너자이저 건전지와 같아서 끊임없이 할 일을 계속한다.

지친 조작자와 에너지가 넘치는 감시자는 정신을 불균형하게 만든다. 감시자는 금지된 항목을 찾아다니면서 끊임없이 찾고 있는 대상을 마음속에 상기시킨다. 신경과학자들은 뇌가 의식하지 못하는 사이에 지속적으로 금지된 항목을 처리한다는 사실을 발견했다. 결과적으로 우리가 피하려고 노력하는 것은 무엇이든 생각하거나 느끼거나 행동할 준비를 하는 것이다. 그러므로 슈퍼마켓의 간식 코너를 지나가자마자 감시자는 과자를 사지 '말아야' 한다는 목적을 기억해내고 마음속에 쿠키 생각을 잔뜩 채워넣는다. 조작자가 온 힘을 다해 감시자와 균형을 맞추지 않으면 뇌 속에서 셰익

스피어의 비극이 발생하고 만다. 감시자는 우리의 몰락을 막으려고 노력하다가 오히려 우리를 몰락으로 밀어넣는다.

: 내 생각이 그렇다면 틀림없이 사실이겠지

무언가를 생각하지 않으려고 노력하는 것은 마음속에서 그것을 결코 몰아내지 못하게 하는 것과 같다. 그 덕분에 두 번째 문제를 맞게 된다. 생각을 억지로 몰아내려고 해도 계속 마음속에서 같은 생각이 되살아나면 결국 그 생각을 틀림없는 사실이라고 가정할 가능성이 크다. '그 생각이 계속 다시 떠오르는 데 달리 이유가 있겠어?' 이렇게 우리는 자신의 생각이 중요한 정보원이라고 믿는다. 떨쳐버리려고 할수록 더 자주 골똘히 빠져들게 되는 생각이 있다면 그것이야말로 주의를 기울여야 할 긴급한 메시지라고 추정한다는 것이다.

이런 인식의 편견은 뇌에 구조적으로 장착된 듯하다. 우리는 어떤 생각이 마음속에 얼마나 쉽게 떠오르는지에 따라 개연성 혹은 진실성 여부를 판단한다. 그런 연유로 걱정이나 욕구를 마음속에서 몰아내려고 하면 도리어 심란한 결과를 얻기도 하는 것이다. 예를 들어 비행기 탑승권을 받으며 무시무시한 추락사고 소식을 들은 여행객이라면 특히나 더 사고의 가능성을 과대평가하는 경향이 있다. 실제 사고 위험은 1,400만 분의 1 정도에 불과한데도 신장염이나 패혈증으로 사망할 확률보다 더 높다고 생각하는 사람들이 상당하다(신장염과 패혈증은 미국인의 사망원인 10위 안에 드는 질병이지만 쉽게 떠오르는 병명은 아니다).

어떤 공포든 어떤 욕구든 밀어내려 애쓰면 애쓸수록 더욱 설득력 있고 저항하기 어려워진다. 역설적 반동을 발견한 심리학자 웨그너는 자살 생각을 도저히 멈추지 못하는 어느 불안정한 여학생에게서 전화를 받은 적이 있었다. 그녀는 어느 날 순간적인 생각이 뇌 속에 자리를 잡더니 마음 깊은 곳에서 정말로 자살을 원한다는 확신이 생기기 시작했다고 말했다. 그렇지 않다면 어째서 자살 생각만 떠올라서 다른 생각들을 할 여유가 없겠는가? 그래서 그녀는 유일하게 이름을 들어본 심리학자인 웨그너에게 도와달라고 전화한 것이다.

웨그너는 심리학자일 뿐 심리치료사가 아니었다. 그는 대화를 통해 다른 사람의 어두운 마음 한구석에 도사린 혼란을 떨쳐내는 훈련을 받지 못했다. 그러므로 여학생에게 들려준 이야기는 자신이 아는 내용이 전부였다. 바로 흰 곰 이야기. 그는 흰 곰 실험을 언급하면서 어떤 생각을 떨쳐내려고 노력하면 할수록 다시 그 생각으로 돌아가려고 투쟁하는 것밖에 되지 않는다고 설명했다. 학생은 자신이 보이는 반응 때문에 자살 생각이 점점 더 강해졌다는 사실을, 자신이 정말 자살을 원하는 게 아니라는 사실을 깨달았다. 그녀는 안도감을 느꼈다.

우리 중에는 사랑하는 사람이 자동차 사고를 당했던 생각을 떨치지 못하는 사람도 있고, 아이스크림 한 통만이 스트레스를 진정시켜줄 수 있다는 생각을 떨치지 못하는 사람도 있을 것이다. 만약 허둥대면서 어떤 생각을 마음속에서 몰아내려고 한다면 그 생각은 결국 되돌아온다. 생각하지 '않으려고' 노력하기 때문에 계속 되돌아오는 생각은 더욱 의미심장하게 보인다. 결과적으로 그 생각을 사실이라고 믿게 될 가능성만 커진다. 걱정이 많은 사람은 더욱 걱정만 늘고 아이스크림을 갈망하는 사람은 마침내 숟가락을 꺼내 들기 마련이다.

> **자기 탐구 생활 》 역설적 반동을 조사하라**
>
> 마음속에서 떨쳐버리고 싶은 무언가가 있는가? 만약 그렇다면 역설적 반동 이론을 꼼꼼히 살펴보라. 억압이 효과가 있는가? 아니면 마음속에서 생각을 떨쳐버리려고 노력할수록 생각이 점점 간절해져서 돌아오는가? (좋아, 이제 감시자에게 감시자를 감시하는 역할을 맡길 것이다.)

: 포기했을 때 비로소 찾게 되는 것

이토록 당황스러운 딜레마에서 벗어나는 방법을 찾을 수 있을까? 웨그너는 역설적 반동의 교정 수단으로 역설적인 방법을 제시했다. 포기! 원하지 않는 생각과 감정을 조절하려는 노력을 그만두면 이런 생각과 감정도 나를 조절하려고 하지 않는다. 뇌 활성화 연구에서 입증한 바로는 참가자들은 그동안 억압하려고 애쓰던 생각을 표현하라고 허락받은 순간 그 생각을 의식할 가능성이 적어졌다. 역설적이지만 생각해도 괜찮다고 허락을 받으면 생각할 가능성이 줄어든다는 것이다.

 이런 해결책은 원하지 않는 다양한 내면의 경험에 유용하다고 밝혀졌다. 생각이나 느낌을 사실이라고 믿을 필요도 없고, 생각과 행동을 행동으로 옮기겠다는 강박관념도 없이, 생각하는 것을 기꺼이 생각하고 느끼는 것을 기꺼이 느끼려는 자발성은 불안, 우울증, 강렬한 음식욕구, 중독 등에 효과적인 전략이다. 각각을 생각하다 보면 내적인 경험에 대한 자제력을 포기할 때 외적인 행동에 대한 자제력이 훨씬 커진다는 사실을 깨달을 수 있다.

이런 기분은 원하지 않아

 슬픈 생각을 하지 않으려고 노력하면 오히려 우울증에 빠질까? 이런 질문은 겉보기처럼 그리 황당하지만은 않다. 여러 연구에서 부정적인 생각을 억제하려고 노력할수록 우울해질 가능성이 커졌다는 결과가 나왔기 때문이다. 우울한 사람이 괴로운 생각을 차단하려고 노력할수록 더 심한 우울증에 빠질 뿐이다. 웨그너가 처음으로 주관한 또 다른 생각 억제 실험 중 한 가지는 이런 효과가 건강한 피험자에게서도 나타난다는 것을 입증했다. 웨그너는 피험자들에게 지금까지 경험한 최악의 일들을 생각하거나 그런 일들을 생각하지 '말라고' 부탁했다. 스트레스를 받거나 정신이 산만할 때

슬픈 생각을 하지 않으려고 노력하면 슬퍼지려고 '노력할' 때보다 더 깊은 슬픔에 빠지는 법이다. 다른 실험에서는 사람들이 자기비판적인 생각을 떨쳐버리려고 노력하면 숨김없이 그런 생각에 잠길 때보다 자부심과 기분이 더욱 빠르게 곤두박질친다는 것이 밝혀졌다. 이런 이론은 '심지어 부정적인 생각을 떨쳐버리는 데 성공했다고 생각할 때조차' 잘 들어맞는다. 역설적인 반응이 다시 재발한 것이다!

불안을 잠재우려고 노력해도 역효과가 일어난다. 고통스러운 의료 시술을 생각하지 않으려고 노력하는 사람은 결국 더욱 걱정하게 되고 고통에 대한 생각이 더 집요하게 떠오른다. 대중 앞에서 연설하기 전에 공포를 억누르려고 노력하는 사람은 불안감이 증폭되었을 뿐만 아니라 심박수도 (그리고 말이 많아질 가능성도) 높다. 아무리 마음속에서 생각을 몰아내려고 노력해도 메시지는 몸에 전달된다. 슬프고 자기비판적인 생각을 억누르려고 노력할수록 우울증이 악화되듯이, 여러 연구에서는 생각을 억압하면 외상 후 스트레스 장애와 강박 신경증 같은 심각한 불안장애 증상이 악화된다고 주장한다.

이런 연구결과는 사실 이해하기가 쉽지 않다. 평온을 어지럽히는 생각에 빠지지 않도록 마음을 보호해야 하는 우리의 온갖 본능에 어긋나기 때문이다. 이런 해로운 생각을 제거하지 못한다면 도대체 어떻게 해야만 할까? 앞으로 살펴보겠지만, 정신적 고통을 받지 않도록 자신을 지키고 싶다면 그런 생각을 밀어내지 말고 그 생각과 화해해야 한다.

: **나한테 무슨 문제가 있나봐**

　필립 골딘은 어느 신경과학자보다도 사교적인 성격이다. 뇌 연구가들이 대체로 불친절해서가 아니라, 실험실로 들어오는 사람을 아무나 끌어안는 연구가가 그리 흔하지는 않다는 뜻에서 하는 말이다. 골딘은 근사하게 말하면 스탠퍼드 대학교의 임상응용정서신경과학 실험실을 총괄하고 있고, 쉽게 풀어 말하면 자신이 아는 뇌 지식을 활용하여 우울증과 불안, 특히 대인공포증으로 고통받는 사람들을 돕는다. 그는 수줍음이 심하게 진행된 형태인 사회불안장애에는 전혀 관심이 없을 법한 사람으로 보이지만 이런 장애를 이해하고 치료하는 일을 전문으로 연구해왔다.

　골딘의 연구에 참여하는 사람들은 다른 사람들과 어울릴 때 다소 긴장하는 것이 아니라 낯선 사람들과 말한다는 생각만으로도 공황 발작을 일으킬 정도였다. 혹시 이런 악몽을 꾼 적이 있는가? 문득 정신을 차리고 보니 나는 벌거벗은 상태이고 사람들은 전부 나를 손가락질하면서 비웃는 그런 꿈. 사회불안장애를 앓는 사람들은 하루 24시간, 일주일 내내 이런 악몽 속에 살아가는 기분을 느낀다. 스스로 당황스러운 행동을 하거나 다른 사람들에게 비난받는다는 공포에 둘러싸여 지내며 자신을 스스로 가장 나쁘게 평가하는 경우가 대부분이다. 우울증에 시달리는 때도 잦다. 파티부터 사람들에게 말을 걸어야 하는 경우에 이르기까지 불안과 자기비판을 유발하는 상황이라면 무엇이든 피해버린다. 결과적으로 이들의 생활은 점점 좁아져서 직장의 회의라든가 전화 걸기처럼 보통 사람들이 당연하게 여기는 일들마저 감당하기 어려워진다.

골딘은 사회불안장애 환자들이 걱정할 때 뇌에서 어떤 일이 벌어지는지 연구한다. 그가 발견한 내용으로는 대인공포를 느끼는 사람들은 보통 사람들보다 생각을 통제하는 능력이 떨어지며 이런 현상은 뇌를 통해서도 확인할 수 있다. 이들의 뇌는 남에게 비난을 받는 상상처럼 어떤 걱정거리를 대면하자 스트레스 중추가 과민반응을 보였고 골딘이 현재의 생각을 바꾸라고 하자 주의조절 중추의 활동성이 지나치게 적어졌다. 웨그너의 생각조절 이론을 빌려 설명하면, 마치 '조작자'가 탈진하는 바람에 마음에서 걱정거리를 떨쳐내지 못하는 것만 같았다.

사회불안장애의 전통적인 치료법은 불안을 지우기 위해 '나한테 뭔가 문제가 있나봐' 같은 생각에 이의를 제기하는 데 중점을 둔다. 이런 치료가 통하는 상황은 무언가를 생각하지 '않으려' 노력하는 것이 효과적이라고 믿는 경우뿐이다. 골딘은 이와 전혀 다른 방법을 취한다. 사회불안장애 환자들에게 자신의 생각과 감정을, 심지어 아주 무서운 생각과 감정까지도 관찰하고 수용하라고 가르친다. 골딘의 목표는 불안과 자기불신을 없애는 것이 아니라 이런 힘겨운 생각과 감정을 다룰 수 있다는 신뢰감을 길러주는 것이다. 골딘은 환자들에게 걱정거리가 생기면 자신의 생각을 유심히 살피고 신체의 불안을 느낀 다음 호흡에 주의를 돌려보라고 가르친다. 그래도 걱정이 가시지 않는다면 생각과 감정이 내쉬는 숨결을 따라 녹아 없어진다는 상상을 해보라고 권유한다. 또 환자들에게 불안과 싸우지 않더라도 시간이 지나면 불안은 자연히 사라질 것이라고 알려준다.

골딘은 신경과학자라는 직업 때문에 이런 방법이 뇌를 어떻게 변화시키는가에 특히 관심을 보였다. 그는 환자들을 MRI 기계 안에 누이고 걱정을 하는 동안 뇌의 변화를 지켜보았다. 이런 뇌 촬영은 가장 차분한 상태로 촬영에 임한 환자들에게도 불안과 밀폐공포증을 유발하기도 한다. 피험자들은 등을 대고 누워서 움직이지 못했고 머리는 고정된 상태였다. 움직이거나 말을 하지 못하도록 입에는 치과용 왁스를 꽉 물어야만 했다. 머리 주변을 감싼 기계에서는 바위를 뚫는 드릴의 소리에 비견할 만한 괴상한 소음이 규칙적으로 들리기까지 했다. 이 정도로도 충분하지 않은지, 눈앞의 화면에 나타나는 자신을 평가하는 여러 가지 진술에 대해 생각해보라고 요구하기까지 했다. "지금 나 자신에게 불만입니다." "사람들은 내가 이상하다고 생각합니다." "나한테는 뭔가 문제가 있습니다."

사회불안장애 환자들이 이런 진술에 대해 생각하는 동안 골딘은 뇌 영역 두 곳의 활동을 관찰했다. 하나는 읽고 이해하는 능력과 연결되어 있어서 한 사람이 각각의 진술을 얼마나 깊이 있게 생각하는지를 알려주는 신경망이었고, 또 하나는 이 사람이 공포심을 얼마나 많이 느끼는지 보여주는 스트레스 중추였다.

실험 전후에 촬영한 개별 환자의 뇌 사진을 비교해보니 흥미로운 변화가 드러났다. 실험을 한 뒤에 시각정보처리와 관련된 뇌 신경망의 활동성이 훨씬 더 증가했다. 실험을 하기 전보다 자기비판적인 진술에 '더 많은' 주의를 기울였다. 대부분의 사람에게 이는 완벽한 실패처럼 들릴 것이다.

주목해야 할 한 가지 예외가 있다. 스트레스 중추의 활동성도 눈에 띄게 감소했다는 점이다. 환자들은 부정적인 상황에 온갖 주의를 집중하면서도 그로 인한 스트레스는 적게 받았다. 뇌가 이렇게 변하면서 일상생활에도 커다란 이점이 생겼다. 실험 이후에 불안장애 환자들은 전반에 걸쳐 불안감이 줄었고, 자신을 비판하고 걱정하는 데에도 시간을 덜 허비했다. 자신의 생각이나 감정과 벌이는 싸움을 중지하면서 그로부터 훨씬 자유로워졌다.

> **의지력 실험실 》 생각하는 것을 전부 믿지 마라**
>
> 불안한 생각이 마음에 떠오르면 골딘이 피험자들에게 가르쳐준 기술을 활용해보자. 생각을 잊어버리려고 즉시 노력하지 말고 차분하게 관찰하라. 가장 불쾌한 생각들이 친숙한 경우가 많지 않은가? 만날 같은 생각, 같은 자기비판, 같은 추억뿐이니. "만약에 무슨 일이 잘못되면 어쩌지?" "말도 안 돼. 내가 왜 이랬지? 정말 바보처럼." "이렇게 되지 않았더라면 얼마나 좋았을까. 다르게 행동할 수도 있었을 텐데." 이런 생각들이 느닷없이 노래처럼 떠올라 머릿속에 박히면 좀처럼 지워버리기 쉽지 않다. 이런 불안한 생각들이 옛날부터 반복되는 익숙한 것인지 살펴보라. 만약 그렇다면 믿을 만한 중요한 정보가 '아니'라는 첫

번째 증거를 찾은 셈이다.

　그런 다음 주의를 돌려 신체의 느낌에 집중하라. 긴장감이 있는지, 아니면 심박수나 호흡에 변화가 있는지 살펴라. 배, 가슴, 목, 몸의 다른 부분에도 변화가 느껴지는가. 일단 생각과 느낌을 관찰했으면 관심을 호흡으로 돌려라. 숨을 들이쉬고 내쉴 때 어떤 느낌인지 지켜보자. 때로는 이런 과정을 겪는 동안 불안한 생각과 느낌이 자연히 사라지기도 한다. 때로는 불안한 생각과 느낌 때문에 호흡에 주의를 집중하기가 어렵다. 만약 그렇거든 마치 흘러가는 구름처럼 생각과 감정이 몸과 마음을 스쳐 간다고 상상하라. 계속 숨을 쉬면서 구름이 녹아 없어지거나 떠다닌다고 생각해보라. 호흡이 구름을 녹이고 이동시키는 바람이라고 상상하라. 반드시 생각을 떨쳐버릴 필요는 없다. 그저 호흡을 느껴보라.

　생각을 억압하는 행동의 반대는 생각의 존재를 믿는 것이 아니라 수용하는 것이다. 우리는 이제 그런 생각이 이리저리 오간다는 사실을, 생각이 떠오르는 것을 항상 통제할 수는 없다는 사실을 받아들이게 된다. 그렇다고 생각의 '내용'을 자동으로 수용할 필요는 없다. 달리 말하면, 이렇게 생각해도 괜찮다는 뜻이다. "글쎄, 그런 생각이 다시 드니까 걱정이 생기네. 바로 그런 식으로 마음이 작용하는군. 그렇다고 반드시 무슨 의미가 있는 건 아니야." 하지만 이렇게 중얼거려서는 안 된다. "글쎄, 사

> 실 같은데. 난 끔찍한 사람이고 끔찍한 일이 나한테 일어날 거
> 야. 그걸 받아들여야 할 것 같은데."
>
> 　분노, 질투, 걱정, 수치심 등 정신을 사납게 하는 생각이나 불
> 안한 감정이 생기더라도 동일한 방법을 활용하면 된다. 이런 기
> 술을 몇 번 시도하고 난 후 불안한 생각과 감정을 밀어내려고 노
> 력했을 때 생긴 결과와 비교해보라. 어느 쪽이 더 효과적이고
> 마음에 평화를 안겨주는가?

: 분노와 화해한 발레리

　발레리는 작년에 일어난 사건 때문에 완전히 지쳐버렸다. 어머니가 알츠하이머 초기 단계라는 진단을 받은 것은 몇 년 전이었지만, 그 이후로 한동안은 상태가 나빠지지 않았다. 그러나 어머니의 기억력은 날마다 빠른 속도로 나빠졌고 발레리가 일하러 간 사이 혼자 집에 있는 일도 더는 불가능해졌다. 발레리와 가족들은 어머니를 장기요양시설에 입원시키기로 했다. 요양원에는 의료진이 상주하고 있었지만, 발레리는 매일 어머니를 찾아가 진료받는 모습을 지켜봐야 한다는 의무감을 가졌다. 다른 형제들은 요양원 가까이 살지도 않았고 아버지는 돌아가신 뒤였으므로 어머니를 돌보는 책임은 발레리 차지였다.

　이 모든 상황에 발레리는 분노를 느꼈다. 병으로 어머니를 잃을지도 모른다는 분노, 이 상황을 혼자서 감당해야 한다는 분노. 어

머니의 성격과 기억력이 종잡을 수 없었기 때문에 시설을 찾아가는 일은 한층 더 감당하기 어려워졌다. 자신이 분노한다는 사실 때문에 죄책감마저 들었다. 그녀는 탈진, 분노, 죄책감을 덜어내기 위해 요양원에서 집으로 돌아올 때마다 슈퍼마켓에 들르는 것을 위안으로 삼았다. 그리고는 컵케이크든 도넛이든 제과 코너에서 맛있게 보이는 음식은 무엇이든 봉투에 담아 주차장에 세워둔 차 안에서 먹어치웠다. 지금 겪고 있는 시련을 생각하면 적어도 이 정도는 누릴 자격이 있다고 자신을 달랬지만, 실제로는 집으로 가기 전에 감정을 삼켜버리려고 이를 악무는 셈이었다.

발레리는 요양원을 나설 때마다 감정을 밀어내지 않으면 감정에 완전히 얽매이게 될까봐 두려웠다. 만약 스스로 감정을 돌아보지 않으면 감정에서 헤어나오지 못할 것만 같았다. 그럼에도 발레리는 이미 감정에 압도당한 상태였다. 이제 그녀는 어머니를 만나고 나설 때 언제나 요양원 밖 벤치에 앉아 호흡 훈련과 구름 상상 연습을 했다. 무겁고 진한 죄책감과 엄청난 분노를 마음껏 느꼈다. 그러고는 자신의 호흡을, 이런 어두운 구름 사이로 스쳐 가는 바람이라고 상상했다. 발레리는 감정이 점차 잔잔하게 잦아든다고 상상했다. 차츰 죄책감과 분노가 녹아 없어지면서 슬픔이 밀려오곤 했다. 슬픔은 호흡과 함께 사라지지 않는 감정이었다. 하지만 발레리는 슬픔을 마음껏 느끼게 되면서 자신의 진심을 깨달았다. 슬픔이 사라지기를 원하지 않았다고. 마음에는 슬픔을 위한 자리가 있다고.

그러는 사이 슈퍼마켓에 들르는 행사에는 점차 흥미가 떨어졌다. 대신 하루 동안 어떤 감정이 떠오르든 매 순간 있는 그대로의 감정을 기꺼이 느끼기로 했다. 발레리는 어머니를 방문할 때에도 자발적인 마음을 가질 수 있었다. 어머니한테 화내면 안 된다고 자신을 타이르는 대신 좌절감을 마음껏 느끼도록 내버려둔 덕분이었다. 그런다고 상황이 달라지지는 않았지만 스트레스가 어느 정도 줄어들기는 했다. 자신의 감정을 지우려고 노력하지 않으니 그녀는 어머니와 자신을 전보다 더 잘 돌보게 되었다.

원하지 않는 감정을 피하려고 노력하면 결국 자기파괴적인 행동을 하기 십상이다. 걱정을 떨치려고 애쓰는 게으름뱅이도, 혼자라는 기분을 잊으려고 애쓰는 술꾼도 마찬가지이다. 의지력의 도전과제와 관련하여 혹시 내가 느끼지 않으려고 노력하는 감정이 있는지 살펴보라. 만일 감정을 느낄 자격이 있다고 여기며 호흡 훈련과 구름 상상 연습을 활용한다면 어떤 일이 일어날까?

억압하면 할수록 자제력은 약해진다

런던 세인트 조지 대학교의 심리학 교수인 제임스 어스킨은 웨그너의 흰 곰 연구에 매료되었다. 하지만 생각을 억압한다고 해서 무언가를 '생각'할 가능성이 커진다기보다 생각하지 않으려고 노력하는 일을 억지로 '하게' 된다고 믿었다. 그는 원하는 것의 정반대를 실행하는 사람들의 경향을 오랫동안 놀랍다고 생각해왔다. 어스킨이 좋아하는 작가는 도스토옙스키였다. 그의 작품 속 등장인물은 무엇인가를 하지 않겠다고 항상 맹세하지만 결국에는 맹세를 어겼다는 사실을 깨닫고 만다. 물론 도스토옙스키의 등장인물들은 디저트를 먹고 싶은 욕망보다는 사람을 죽이고 싶은 충동으로 갈등을 겪는 경우가 단연 많다. 그럼에도 어스킨은 다이어트 결심을 어기는 일부터 흡연, 음주, 도박, 섹스(생각건대, DNA를 교환해서는 안 될 사람하고 나누는 섹스인 경우)에 이르기까지 우리가 저지르는 온갖 자기파괴적인 행동 뒤에는 역설적 반동의 과정이 도사린다고 추측했다.

　어스킨은 생각을 억압하는 것이 세상에서 가장 인기 있는 갈망의 대상 중 하나인 초콜릿에 대한 자제력에 얼마나 위협적인지 처음으로 입증했다(초콜릿 갈망이 얼마나 보편적인지 이해하려면 이것을 한번 생각해보라. 초콜릿을 갈망하는 사람과 그렇지 않은 사람의 차이를 확인하는 연구의 연구진은 초콜릿을 좋아하지 않는 사람 11명을 찾는 데 무려 1년이 걸렸다). 어스킨은 여성들을 실험실에 모아놓고 비슷한 초콜릿 두 개에 대해 미각 실험을 했다.[31] 초콜릿을 실험실에 가져오기 전, 어스킨은 여성들에게 5분 동안 생각나는 대로 이야기를 해보라고 부탁했다. 그는 어떤 여성들에게는 초콜릿에 대해 생각나는 대로 표현해달라고 했고, 다른 여성들에게는 초콜릿에 대한 생각은 무엇이든 억압해달라고 했다(세 번째 여성 집단은 대조군이었으므로 사고 조절 지시는 특별히 없었다).

처음에는 생각을 억압하는 것이 효과를 발휘하는 듯했다. 초콜릿을 생각하지 않으려고 노력한 여성들은 초콜릿에 대한 생각을 더 적게 발표했다. 한 연구에서 초콜릿에 대해 생각나는 대로 표현하라는 지시를 들은 여성들이 쉰두 가지 생각을 한 데 비해, 평균적으로는 아홉 가지 생각을 했다고 한다. 하지만 섣부르게 결론지어서는 안된다. 성공을 측정하는 진짜 척도는 미각 실험이니까.

연구진은 각각의 여성들에게 개별 포장된 초콜릿이 스무 개씩 담긴 그릇 두 개를 제공했다. 그런 다음 초콜릿에 관한 설문지를 나눠주고 여성들을 방에 혼자 남겨두었다. 연구진은 설문지의 질문에 대답하면서 초콜릿을 마음껏 먹으라고 권했다. 연구를 할 때마다 매번 결과는 동일하게 나타났다. 미각 실험을 하기 전에 초콜릿을 생각하지 않으려고 노력한 여성들이 초콜릿을 거의 두 배 가까이 더 먹었다. 2010년 한 설문에 따르면 다이어트를 하는 사람들은 일반인보다 음식에 대한 생각을 억압하려는 가능성이 훨씬 높다고 한다. 그리고 웨그너가 흰 곰 실험으로 예측했듯이 음식 생각을 억압하면서 다이어트를 하는 사람들은 음식이 주변에 있을 때 자제력이 가장 낮았다. 생각을 통제하려고 하지 않은 사람들에 비해서 이들은 음식을 갈망하는 마음이 아주 컸고 폭식할 가능성도 높았다.

: **다이어트에 성공하는 비법**

비록 다이어트가 체중감량의 방법으로 오랫동안 애용된 미국적인 오락이기는 하지만, 아주 고약한 구석이 있다. 2007년에 음식 제한이나 칼로리 제한에 대한 연구들을 모두 조사한 결과, 다이어트가 체중감량이나 건강에 도움이 된다는 증거는 별로 없었다. 오히려 해가 된다는 증거가 증가하는 추세였다. 수많은 사람들이 다이어트를 하는 동안 감량한 체중이 다시 늘어나는 경험을 했을 뿐 아니라, 소위 요요 현상이라 불리는 추가 증량까지 겪었다. 사실 다이어트는 체중을 줄이기보다는 '늘리는' 데 효과적인 방법이다. 몸무게가 같은 두 사람이 있다고 하자. 시간이 지나면서 다이어트를 하는 사람은 하지 않는 사람에 비해 몸무게가 늘어난다. 장기적인 연구들에 따르면 다이어트는 혈압과 몸에 좋지 않은 콜레스테롤 수치를 높이고 면역체계를 억압하며 심장마비, 뇌졸중, 당뇨, 온갖 원인의 사망 위험을 증가시킨다(혹시 기억이 나는가. 다이어트는 배우자 몰래 바람을 피울 가능성도 높인다. 물론 다이어트 식품에는 이런 부작용이 쓰여 있지 않겠지만).

어스킨을 비롯해 많은 연구진들은 다이어트가 효과적이지 않은 원인이 효과적이기를 바라는 사람들의 기대 때문이라고 결론지었다. 이브가 금단의 열매를 따던 순간부터 금지는 줄곧 문제로 이어졌다. 과학은 음식을 제한하면 자동적으로 음식에 대한 열망이 높아진다는 사실을 이제 확인하는 중이다. 일주일 동안 초콜릿을 먹지 말라는 요청을 받은 여성들은 초콜릿을 먹고 싶은 욕망이 솟구쳤으며, 아무런 제약도 받지 않은 여성들에 비해 미각 실험에서 초콜릿 아이스크림, 쿠키, 케이크를 두 배 정도 많이 먹었다. 이러한 현상은 뇌와 신체가 초콜릿 칩, 쿠키, 아이스크림에 함유된 아미노산과 미량의 영양소가 없으면 정상적으로 기능하지 못한다는 사실을 갑자기 깨달아서가 아니다(만약 갈망이 이런 식으로 작용한다면 수백만 명의 미국인들이 신선한 과일과 채소를 먹고 싶어 못 견딜 텐데). 반동은 생리학적인 문제가 아니라 심리적인 문제에 가깝다. 음식을 피하려고 하면 할수록 우리의 마음은 음식 생각에 사로잡힌다.

어스킨이 지적한 대로 다이어트를 하는 수많은 사람들은 적어도 초반에는 음식 생각을 하지 않는 데 성공했다고 느끼기 때문에 사고 억압이 효과적이라는 생각에 속는다. 물론 다이어트를 하는 사람들만 억압이 효과적이라고 확신하는 것은 아니다. 우리는 모두 이런 환상에 쉽게 속는다. 생각을 밀어내는 것이 일시적으로는 가능하므로 이런 전략이 기본적으로 건전하다고 추정한다. 그래서 생각과 행동을 궁극적으로 통제하는 데 실패하더라도 억압이 효과가 없다고 생각하기보다 자신이 열심히 억압하지 않았다고 해석한다. 그러다가 결국 더 열심히 노력하게 되고 더 강한 반동이 일어나는 것이다.

> **자기 탐구 생활 ≫ 가장 원하는 것 목록에 무엇을 적었는가?**
> 과학적인 연구에 따르면 음식을 금지하면 욕구가 증가한다고 한다. 나의 경험에 비춰봐도 맞는 말일까? 특정 음식이나 좋아하는 간식을 끊으면서 체중감량을 하려고 노력한 적이 있는가?

> 만약 그렇다면, 얼마나 오래갔는가? 그리고 어쩌다가 그만두었는가? 지금 먹으면 안 되는 음식이 하나라도 있는가? 만약 그렇다면 음식을 금지한 것이 음식을 먹고 싶은 갈망에 어떤 영향을 주었는가? 다이어트를 하지 않는다면, 달리 금지하는 것이 있는가? 그 때문에 욕구가 사라졌는가? 아니면 살아났는가?

유혹의 중심을 수용하라

생각이나 갈망을 밀어내지 못한다면 어떻게 하는 것이 좋을까? 어쩌면 생각과 갈망을 포용해야 하는지도 모른다. 이것이 바로 100명의 학생을 대상으로 한 어느 연구에서 내린 결론이었다. 연구진은 학생들에게 투명한 상자에 담긴 허시 사의 키세스를 나눠주고 48시간 동안 어디를 가든 내내 가지고 다니라고 했다. 이들의 도전과제는 '키세스든 다른 초콜릿이든 단 한 개도 먹지 말 것.' (속임수를 쓰는 사람이 없게 하려고 키세스를 먹고 새것으로 교체하면 알아볼 수 있도록 실험용 초콜릿에 미묘하게 표시를 해두었다.) 연구진이 학생들을 무방비 상태로 내보낸 것은 아니었다. 유혹을 느낄 때 대처하는 방법을 충고해줬으니까. 어떤 학생들은 초콜릿이 먹고 싶을 때마다 정신을 산만하게 하라는 조언과 함께 그 생각에 반박하라는 말도 들었다. '초콜릿이 정말 맛있겠네. 딱 한 개만 먹어야지!'라고 생각했다면 다음과 같은 생각으로 대체하도록 노력해야 했다. '초콜릿을 먹으면 안 되잖아. 그리고 초콜릿을 먹을 필요도 없고.' 달리 말하면 이 학생들은 우리가 식욕을 통제하고 싶을 때 주로 쓰는 바로 그 방법을 실행하라는 지시를 받았다.

다른 학생들은 흰 곰 현상에 대한 수업을 들었다. 연구진은 역설적인 반동에 대해 설명해주고는 학생들에게 초콜릿을 먹고 싶다는 생각을 밀어내지 말라고 권했다. 대신 초콜릿을 열망할 때가 언제인지 잘 살펴보고 초콜릿에 대한 생각이나 감정이면 무엇이든 수용하되 '그런 생각과 감정을 행동에 옮길 필요가 없음을 기억하면' 됐다. 생각은 통제하지 않는 반면 행동은 여전히 통제해야 했다.

48시간 동안의 의지력 시험이 끝났을 때 초콜릿에 대한 열망과 이를 대체하는 생각으로 힘겨운 투쟁을 벌인 학생들은 대참사를 경험했다. 하지만 수용 전략을 사용한 학생들은 키세스를 먹고 싶은 유혹이 줄어들었고, 먹지 못하는 초콜릿을 들고 다니면서도 스트레스를 덜 받았다. 정말 놀랍게도 이틀 동안 보상의 약속을 빤히 쳐다보면서도 초콜릿을 먹은 학생이 단 한 명도 없었다.

의지력 실험실 》 열망을 수용하되 열망을 행동으로 옮기지 마라

키세스 연구에서 흰 곰 반동효과에 대해 배운 학생들은 갈망에 대처하는 4단계 조언을 들었다. 초콜릿이든 카푸치노든 이메일 확인이든 가장 힘겨운 갈망에 이런 충고를 적용해보자.

1. 유혹이나 갈망을 느끼는 것에 대해 생각하고 있음을 의식하라.
2. 즉시 정신을 산만하게 한다거나 반박하려 하지 말고 생각이나 감정을 수용하라. 흰 곰 반동효과를 상기하라.

> 3. 생각과 감정을 항상 통제할 수는 없다는 사실을 깨닫고 한발 물러서라. 하지만 생각과 감정을 행동으로 옮길 것인지는 선택해도 된다.
> 4. 목표를 기억하라. 학생들이 키세스를 먹지 않기로 약속했다는 사실을 상기했듯이, 어떤 약속이든 그것을 상기하라.

: 키세스에서 영감을 얻은 초콜릿 중독자 이야기

캐롤라인은 끊임없이 초콜릿을 보지 않도록 막을 수 있는 전략이 생겨서 기분이 좋았다. 그녀의 사무실에서는 책상 위에 사탕 단지를 올려두는 일이 허다했다. 캐롤라인은 자신의 책상 위에 있던 사탕 단지를 치워버렸지만, 다른 직원의 자리에 갈 때면 유혹을 피할 길이 없었다. 이런 상황은 지속해서 스트레스를 주었다. 당연하지 않은가? 만일 그녀가 사탕을 하나 집어먹는다면 어떻게든 핑곗거리를 찾아 하나를 더 먹으려고 살금살금 다시 돌아가지 않겠는가? 결국 그녀는 유혹하는 불룩한 사탕 단지를 피하기 위해서 15미터 내에 앉은 동료들에게 이메일을 보내거나 전화를 걸어 제발 사탕을 치워달라고 부탁이라도 하고 싶은 지경에 이르렀다.

강의실에서 키세스 초콜릿 연구에 대해 논의한 다음 주에 나는 캐롤라인에게서 신이 나는 이메일을 받았다. 캐롤라인은 연구에 대해서 생각하기만 했는데도 새로운 자기절제력이 생겼다고 했다. 동료의 책상에 놓인 사탕을 똑바로 바라볼 수 있었고 몸을 숙여 냄새를 맡아도 유혹에 굴복하지 않았다. 동료들은 사탕을 하나 더 꺼내며 자신들의 의지력이 너무 박약하다고 한숨짓곤 했지만, 캐롤라인은 자신의 의지력이 얼마나 대단한지 잘 몰랐다. 의지력이 강해진 원인이 욕망을 수용했기 때문인지, 키세스 상자를 들고 다닌 학생들에 대해 생각했기 때문인지 알 수가 없었다. 하지만 어느 쪽이든 기분은 끝내줬다.

학생 중에는 특정한 연구를 상기하면, 심지어 연구에 참여한 사람들을 상상하기만 해도 자기절제력이 커진다고 말하는 사람들이 많다. 만약 어떤 연구가 눈에 들어온다면 유혹을 느낄 때 그 연구를 떠올려보도록 하라.

: **다이어트를 안 하는 다이어트**

살찌는 음식을 금지하지 않는데도 체중이 줄어들거나 건강이 좋아지는 게 가능할까? 새로운 접근방법은 이것이 가능하다고 말한다. 물론 잠자는 동안 지방을 태우고 몸무게를 줄인다고 주장하는 기적의 약에 대해 말하는 것이 아니다. 퀘벡의 라발 대학교 연구진은 피험자들이 '반드시' 먹어야 하는 것에 초점을 맞춘 독특한 실험을 진행해왔다. 이 프로그램에서는 금지식품 목록을 나눠주지도 않고 칼로리 제한을 강조하지도 않는다. 대신 음식을 먹으면 어떻게 건강해지고 즐거움이 생기는지를 강조한다. 하지 말아야 할 일과 먹지 말아야 할 음식을 생각하는 대신 건강을 위해서 무엇을 '할 수 있는지' 생각해보라고 권한다.

기본적으로 이번 프로그램은 '부정 의지력' 도전과제를 '긍정 의지력' 도전과제로 바꿔준다. 식욕과의 전쟁을 벌이는 대신 건강을 추구하는 임무를 맡는 것이다.

여러 가지 연구들은 '부정 의지력'을 '긍정 의지력'으로 바꾸면 효과가 있다고 입증했다. 실험에서 권하는 대로 실행한 참가자 중 3분의 2는 실험이 끝난 뒤 16개월 동안 체중이 줄었고 빠진 체중도 유지했다(내가 최근에 시도한 다이어트와 비교해보라. 다이어트를 시작한 뒤 처음 몸무게로 돌아가는 데 평균적으로 '16일'쯤 걸리는 듯하다). 그뿐만 아니라 프로그램을 마친 후 음식에 대한 갈망이 줄어들었다. 예전에는 스트레스를 받거나 축하할 일이 있는 특별한 상황에서 대체로 과식하곤 했지만, 이제는 자제력을 잃는 경우가 많이 감소했다. 무엇보다도 상황에 맞게 음식을 융통성 있게 대하는 능력이 생긴 여성들은 체중이 가장 많이 줄었다. 결론적으로 무언가를 금지하는 규칙을 중지했더니 음식에 대한 자제력이 줄지 않고 오히려 늘어났다는 것이다.

> **의지력 실험실 》 부정 의지력'을 '긍정 의지력'으로 바꿔라**
>
> 다이어트를 하지 않는 사람들도 '부정 의지력'의 도전과제를 '긍정 의지력'의 도전과제로 바꾼 사람들의 성공에서 교훈을 얻을 수 있다. 가장 원대한 '부정 의지력' 도전과제의 초점을 바꾸는 다음 몇 가지 전략 중 하나를 시도해보라.
>
> ▶ '부정 의지력'의 행동 대신에 무엇을 해서 동일한 욕구를 충족할 것인가? 나의 욕구가 스트레스를 줄이는 것이든, 즐겁게 지내는 것이든 관계없이, 나쁜 습관은 대부분 욕구

를 충족하기 위해 시도한다. 나쁜 습관을 금지하는 데 초점을 두지 말고 새로운 습관으로(가능하면 비교적 건강에 좋은) 교체할 수도 있다. 수강생 중 한 명이 커피를 끊으려고 노력하다가 커피 대신 차에 관심을 돌렸다. 카페인 양만 동일하지 않을 뿐 잠시 휴식할 좋은 핑계를 주고 에너지를 주며 어디에서든 쉽게 구하는 등 좋은 점은 모두 같았다.

▶만약 나쁜 습관을 버린다면 대신 어떤 습관을 기를 것 같은가? 중독이나 주의를 산만하게 하는 일들은 대부분 다른 일에 써야 할 귀중한 시간과 에너지를 빼앗아간다. 이미 놓쳐버린 아쉬운 기회에 초점을 맞추면 나쁜 습관을 끊으려고 노력할 때보다 더 큰 동기부여가 되기도 한다.

수강생 중 한 명은 텔레비전 리얼리티 프로그램을 보느라 시간을 허비하는 것처럼 느꼈다. 이 프로그램 대신에 시간을 활용할 일을 정하니, 예를 들면 훌륭한 요리사 되는 법 배우기를 목표로 삼으니 텔레비전을 끄기가 더 쉬워졌다. 또 지금까지 시청하던 프로그램 대신 요리 프로그램을 보기 시작했고, 소파에서 부엌으로 활동 무대를 바꾸었다.

▶'부정 의지력' 도전과제를 다시 정의해서 '긍정 의지력' 도전과제로 삼을 수 있을까? 때로는 똑같은 행동도 두 가지 관점으로 생각할 수 있다. 예를 들어 수강생 중 한 명은 '지각하지 않기'를 다시 정의해서 '1등으로 도착하기' 또는 '5분 일찍 도착하기'로 바꾸었다. 세 가지 모두 별 차이 없는 문장으로 들릴 수도 있다. 하지만 그 수강생은 제시간에 나타나는 것을 우승 가망성이 있는 일종의 시합으로 바꾸고 나니 동기부여도 잘 되었고 지각할 가능성도 줄었다고 했다. 하고 싶지 않은 일이 아니라 하고 싶은 일에 초점을 둔다면 역설적 반동의 위험을 벗어날 수 있다.

만약 이런 실험을 시도한다면 금지가 아닌 긍정적인 행동에 초점을 맞추려고 노력하라.

정말로 담배를 끊는 방법

워싱턴 대학교의 중독행동 연구센터 연구진인 사라 보웬은 가장 효율적인 고문실을 설치하려고 신중하게 고심했다. 우선 12명이 앉을 수 있는 긴 테이블이 놓인 기본적인 회의실을 선택했다. 창문을 가리고 벽에 걸린 장식품을 다 치우고 피험자들의 정신을 산만하게 할 만한 것들은 하나도 남겨두지 않았다.

피험자들이 한 명씩 도착했다. 피험자들은 보웬의 요구대로 각자 좋아하는 브랜드의 담배 한 갑을 열지 않은 채 가져왔다. 이들은 모두 금연 욕구가 있지만 아직 성공하지 못한 사람들이었다. 보웬은 이들에게 적어도 12시간 동안 담배를 참은 다음 확실히 니코틴이 몸에 남아 있지 않은 상태로 출석해달라고 사전에 부탁했다. 이들은 담배 한 대를 입에 물고 연기를 빨아들이고 싶은 마음이 간절해 보였지만 나머지 사람들이 모두 도착할 때까지 참아야만 했다.

모두 모이자 보웬은 이들을 테이블 주변에 앉혔다. 의자는 모두 바깥벽 쪽을 보고 있었으므로 피험자들은 서로 쳐다보지 못했다. 그녀는 이들에게 책, 전화기, 음식, 음료수 등을 치우라고 말한 다음 답안을 작성할 연필 한 자루와 종이를 나눠줬다. 피험자들은 무슨 일이 벌어지더라도 규칙상 대화를 나누지 못했다. 그제야 고문이 시작되었다.

"각자 담배를 꺼내서 쳐다보세요." 보웬이 지시하자 피험자들이 그대로 따랐다. "이제 담배를 다지세요." 이 말은 담배의 잎을 고르게 정돈하기 위해서 담뱃갑을 거꾸로 세워 바닥을 톡톡 두드리는 일종의 의식 같은 행위를 하라는 뜻이었다. "이제 비닐을 벗기세요." 새로운 지시가 이어졌다. "이제 담뱃갑을 열어보세요." 보웬은 피험자들이 매 단계를 제대로 수행하는지 계속해서 살펴보았다. 개봉한 담뱃갑에서 처음 배어나온 냄새를 들이마시는 것부터 담배 한 개비를 꺼내고, 손가락에 끼고, 쳐다보고, 냄새를 맡고, 담배를 입에 물고, 라이터를 꺼내고, 불이 붙지 않은 라이터를 담배 쪽으로 가져가는 동작까지 단계마다 몇 분 동안 멈춰서 기다리라고 강요했다. 보웬은 나에게 이렇게 설명해주었다. "사람들이 즐거워하지는 않았어요. 담배를 피우고 싶은 갈망이 말 그대로 눈에 보일 정도였죠. 피험자들은 정신을 다른 데 쏟으려고 별짓을 다 했어요. 연필을 만지작거리고 주위를 두리번거리고 꼼지락거리고." 보웬은 흡연자들의 고통을 즐긴 것이 아니었다. 다만 금연 시도를 실패하게 만드는 강렬한 갈망을 피험자들이 확실히 느끼게 해야만 했다. 진짜 목적은 흡연자들이 마음을 챙기면 갈망에 저항하는 데 도움이 되는지 알아보는 것이었다.

　고문 실험을 하기 전 피험자의 절반은 소위 '충동서핑'이라고 불리는 기술에 대해 간단한 교육을 받았다. 이들은 흡연 충동을 바꾸려고도 없애려고도 하지 말고 여기에 세심하게 주의를 기울이라고 지시받았다. 이것은 앞서 살펴본 방법의 하나로 걱정과 음식에 대한 갈망을 해결하는 데에는 상당히 효과적이었다. 이들은 충동에서 한눈을 팔거나 충동이 그저 사라지기만을 바라는 대신 충동을 꼼꼼하게 지켜보아야만 했다. 이럴 때 마음에는 어떤 생각이 스쳐 갈까? 신체에서는 어떤 충동이 느껴질까? 메스꺼울까 아니면 뱃속이 톡 쏘듯이 아플까? 폐나 목에서 긴장감이 느껴질까? 보웬은 흡연자들이 충동에 굴복하든 그렇지 않든 충동도 결국에는 사라진다고 설명해주었다. 피험자들은 흡연 갈망이 강하게 느껴지면 충동을 바다의 파도라고 상상해야만 했다. 강렬하게 올라오지만, 결국에는 부서져 사라질 운명이니까. 그들은 파도와 싸우지도 파도에 굴복하지도 않고 제대로 파도를 타는 모습을 상상하기로 했었다. 그런 다음 보웬은 이들에게 충동이 일어나는 동안 충동서핑 기술을 적용하라고 했다.

  1시간 30분 후, 쓰라린 경험을 완전히 마치고 나서야 비로소 흡연자들은 고문실에서 풀려났다. 보웬은 이들에게 담배를 줄이라고 요구하지 않았고 심지어 일상생활에서 충동서핑 기술을 활용하라고 권하지도 않았다. 단지 마지막 임무 하나를 안겨주었을 뿐이다. 다음 한 주 동안 하루에 담배를 얼마나 피우는지, 더불어 그날의 기분과 흡연 충동의 강도는 어느 정도인지 계속 기록할 것.

  처음 24시간 동안은 두 집단의 흡연량에 차이가 없었다. 하지만 두 번째 날이 밝고 한 주가 이어지면서 충동서핑 기술을 배운 집단이 담배를 적게 피웠다. 마지막 일곱 번째 날, 대조군은 변화를 보이지 않았으나 충동서핑을 훈련한 집단은 흡연량이 37퍼센트 줄어들었다. 흡연 갈망에 온전히 주의를 기울인 덕분에 이들은 금연에 조금이나마 다가갈 수 있었던 것이다.

보웬은 여기서 그치지 않고 흡연자의 기분과 흡연 충동의 관계도 살펴보았다. 놀랍게도 충동서핑 기술을 배운 흡연자들은 기분이 나빠지면 유혹에 굴복하는 전형적인 상호연관 관계를 보이지 않았다. 스트레스를 받으면 자동으로 담뱃불을 댕기는 습관도 사라졌다. 뭐니 뭐니 해도 충동서핑의 가장 훌륭한 작용 중 하나는 이것이었다. 내면의 어려운 경험을 모두 수용하고 다루는 방법을 배웠고, 이제는 위안을 얻으려고 건강에 나쁜 보상에 기댈 필요가 없다는 것!

이제 보웬은 지역의 약물남용 프로그램을 신청한 사람들을 대상으로 더 장기적인 프로그램을 운영한다(그녀는 이렇게 설명했다. "여기서는 충동 유발인자를 직접 노출하지 않고 이미지를 활용합니다. 여러 가지 이유로 마약 파이프를 들여오지 않아요.") 보웬은 가장 최신의 연구에서 남녀 168명을 무작위로 나누어 한쪽에는 일반적인 약물남용 치료법을, 다른 한쪽에는 충동서핑 기술과 스트레스와 충동처리 전략들을 가르쳐주는 마음 챙기기 프로그램을 배정했다. 4개월 동안 추적 연구를 한 결과 마음 챙기기 프로그램을 실행한 집단은 일반 치료를 받은 집단에 비해 갈망이 줄어들었고 중독 재발의 우려도 적었다. 즉 훈련을 받고 나서 나쁜 감정과 약물에 대한 욕망을 자동으로 연결하는 경향이 사라진 것이다.

의지력 실험실 》 유혹에서 벗어나는 충동서핑

　충동서핑을 훈련하면 유혹에 굴하지 않고 갈망을 자유롭게 조절하는 데 도움을 준다. 충동이 사라지지 않으면 잠시 멈추고 신체의 반응을 느껴라. 충동이 어떻게 느껴지는가? 뜨거워지는가, 차가워지는가? 몸속 어디에선가 긴장감이 느껴지지는 않는가? 심박수, 호흡, 뱃속은 어떻게 달라지는가? 적어도 1분 동안은 감각에 집중하라. 감정의 강도나 특성이 불규칙하게 달라지는지 살펴보라.

　마치 관심을 갈구하는 아이가 짜증을 부려대는 것처럼, 충동을 행동으로 옮기지 않았는데도 충동의 강도가 강해질 때가 더러 있다. 감각을 밀어내려고 하지 않고, 행동으로 옮기려고 하지 않고, 열심히 지켜볼 수 있는지 알아보라. 충동서핑을 연습할 때는 호흡을 통해 놀라운 도움을 얻을 수도 있다. 충동의 감각과 더불어 호흡의 감각도 자유롭게 조절할 수 있다. 숨을 들이마시고 내쉴 때 어떤 기분인지 유심히 살펴보라.

　이런 전략을 처음 실행할 때에는 충동을 서핑하더라도 '여전히 유혹에 굴복'할지 모른다. 보웬의 흡연 실험에서 피험자들은 모두 고문실을 빠져나오자마자 담배를 피웠다. 처음 얼마 시도해보지도 않고 가치를 평가하지 마라. 새로운 형태의 자기절제가 다 그렇듯이 충동서핑은 시간이 흐르면서 습득하고 발전하는 기술이다. 갈망이 밀려오기 전에 이 기술을 사용하고 싶

> 은가? 가만히 앉아서 코를 긁거나 다리를 꼬거나 자세를 바꾸고 싶은 충동이 찾아오기를 기다리기만 해도 기술을 충분히 이해할 수 있다. 충동서핑의 동일한 원칙을 이번 충동에도 적용하라. 가만히 느낌을 지켜보되 그대로 유혹에 굴복하지는 마라.

: 비난 충동서핑으로 충동을 자제하라

테레즈는 줄기차게 남편을 비난하는 습관 탓에 남편과의 관계가 힘들다는 사실을 알고 있었다. 두 사람은 올해로 5년째 결혼생활을 이어왔지만 작년만큼 유난스레 힘든 시기는 없었다. 집안일에 대해 이러쿵저러쿵하느라 자주 다투었고, 네 살인 아들의 교육 방식을 놓고도 싸웠다. 테레즈는 남편이 자기 속을 긁으려고 일부러 엉뚱하게 행동한다는 생각을 떨칠 수가 없었다. 반면 남편은 매사에 잘못을 지적하고 어떤 일에도 고마워하는 법이 없는 아내에게 지쳐버렸다.

테레즈는 정작 결혼생활을 위협하는 것은 자신의 행동임을 깨달았다. 그녀는 비난 충동서핑을 시도하기로 했다. 충동이 끓어오를 때마다 잠시 멈춰서 몸의 어느 부분이 긴장하는지 느껴보았다. 살펴보니 턱, 얼굴, 가슴이 가장 심했다. 그녀는 초조해지고 좌절할 때의 감각 변화를 관찰했다. 열기가 오르고 압력이 상승하는 느낌이었다. 마치 화산이 분출해야만 하듯 비난의 말을 몸 밖으로 쏟아내야만 할 것 같았다.

지금까지는 불평을 밖으로 쏟아내야 하고 불평을 표현하지 않으면 몸속에서 곪아버릴지도 모른다고 믿었기에 생각을 행동으로 옮겨왔다. 이번에는 열망이 그렇듯 충동 또한 자신이 행동으로 옮기지 않더라도 저절로 지나간다는 생각이 맞는지 실험해보았다. 충동서핑을 시도하면서 테레즈는 불평을 속으로 말했다. 때로는 자신의 행동이 우습기도 했고, 때로는 정말 제대로 하고 있다는 기분이 들기도 했다. 어느 쪽이든 짜증에 대해 반박하지도 않고 짜증을 표현하지도 않으면서 그저 가만히 흘러가는 대로 내버려두었다. 그런 다음 초조한 마음을 파도라고 상상하며 그 감정을 견뎠다. 마침내 테레즈는 호흡을 가다듬으면서 몸의 느낌에 열중한다면 충동이 잦아든다는 사실을 깨달았다.

충동서핑은 중독에만 효과가 있는 것은 아니다. 파괴적인 충동을 조절하는 데에도 도움을 준다.

내면의 수용과 외면의 조절

이제 수용의 힘을 실험하기 시작했으니 억압의 반대가 방종이 아니라는 사실을 반드시 기억하기 바란다. 이번 장에서 살펴보았던 성공적인 실험은 모두 '내면의' 경험을 조절하려는 엄격한 시도를 포기하라고 가르쳐주었다. 불안과 갈망 수용하기, 제약적인 다이어트 그만하기, 충동을 서핑하기가 모두 그러했다. 이런 방법들은 가장 불안한 생각을 믿거나 행동자제력을 놓아버리라고 권하지는 않는다. 누구도 대인관계를 불안해하는 사람들에게 집에 머물면서 걱정하라거나 다이어트를 하는 사람들에게 아침, 점심, 저녁에 정크푸드를 먹으라고 권하지도 않는다. 회복 중인 중독자들에게 이렇게 말하지도 않는다. "하고 싶으면 마약이나 하든지!"

여러모로 이런 실험들은 지금까지 우리가 의지력의 작용 방식에 대해 살펴보았던 내용을 한데 묶어준다. 비판이 아니라 호기심 어린 눈으로 자신을 관찰할 줄 아는 마음의 능력에 의존하며 유혹, 자기비판, 스트레스와 같은 의지력의 가장 큰 적을 해결하는 방법을 알려준다. 정말로 원하는 것을 기억하라고 함으로써 어려운 일을 해낼 힘을 발견하도록 해준다.

이런 기본적인 접근 방식은 우울증부터 약물중독에 이르기까지 광범위한 의지력 도전과제에도 똑같이 유용하다. '자기인식, 자기돌보기, 가장 중요한 목표 기억하기'라는 세 가지 기술이야말로 자기절제력의 토대임이 분명하다.

생각과 감정을 통제하려고 노력하면 가장 기대하는 것과 정반대의 효과가 나타난다. 그렇지만 우리는 대부분 이런 현상을 이해하기보다 잘못된 전략에 더욱 몰입하면서 자신의 실패에 반응한다. 마음을 위험으로부터 안전하게 지키기 위해 원하지 않는 생각과 감정을 몰아내려고 더욱 열심히 노력하지만 결국 허사로 돌아간다.

만일 진심으로 마음의 평화와 강인한 자기절제력을 원한다면 마음속에 떠오르는 생각이나 감정을 통제하는 것이 불가능하다는 사실을 받아들여야만 한다. 할 수 있는 일이라고는 우리가 무엇을 믿는지, 무엇을 행동으로 옮길지 선택하는 것뿐이다.

Chapter 10

짧지만 긴
의지력 여행을
마치며

일반적으로 볼 때, 무엇이든 처음 시작은 쉽다.
그러나 마지막 단계까지 올라가는 것은
가장 힘들고 또 드문 일이다.

― 괴테 Johann Wolfgang von Goethe, 1749~1832

　우리의 여정은 세렝게티의 사바나에서 검치호랑이에게 쫓기며 시작되었다. 이제 우리는 마지막 몇 페이지를 남겨둔 채 서서히 여행을 마무리할 채비를 한다. 여기까지 오면서 유난스럽게 자기절제력을 뽐내는 침팬지도 만났고, 사람들이 자제력을 잃어버리는 모습도 지켜보았다. 이곳저곳의 실험실을 찾아다니며 다이어트를 하는 사람들이 초콜릿케이크에 저항하고, 불안증 환자들이 공포에 직면하는 장면도 목격했다. 신경과학자들은 보상의 약속을 발견했으며 신경마케터들은 그 성과를 발견했다. 사람들이 생활방식을 바꾸도록 동기부여를 하기 위해 자부심, 용서, 운동, 명상, 동료의 압력, 돈, 잠, 심지어 신을 이용해 실시한 여러 가지 실험들을 공부했다. 의지력 과학이라는 명목으로 쥐에게 전기충격을 주고 흡연자를 고문하고 네 살배기를 마시멜로로 유혹한 심리학자들도 만났다.

　여행자에게, 아니 독자 여러분에게 이번 여행이 연구라는 매혹적인 세계를 피상적으로 슬쩍 들여다보는 경험 그 이상의 의미였기를 바란다. 지금껏 살펴본 연구들은 우리 자신과 의지력 도전과제에 저마다 나름의 교훈과 정보를 주었다. 그 덕분에 타고난 자기절제력의 용량을 인식했고 우리의 실패를 이해하고 가능한 해결책들에 주의를 기울일 수 있었다.

　인간이란 어떤 존재인지에 대해서도 깨달은 바가 있었다. 예를 들어 우리의 자아는 하나가 아니라 여럿이라는 사실을 반복해서 살피고 또 살펴보았다. 인간의 본성 탓에 자아는 당장의 만족을 원하는 동시에 한층 고매한 목표를 추구하기도 한다. 우리는 천성적으로 유혹을 느끼고 또 거부하게 되어 있다. 평정을 유지하고 자신의 선택을 책임지는 힘을 찾아내는 것만큼이나 스트레스를 받고 두려워하고 자제력을 잃어버리는 것 역시 오로지 인간이기 때문이다. 자기절제란 우리 자신을 근본적으로 변화시키는 것이 아니라 우리 자아의 여러 가지 부분을 이해하는 문제이다. 자기절제를 추구하면서 자신에게 죄책감이니 스트레스니 수치심이니 하는 일반적인 무기를 휘둘러봐야 아무 소용이 없다. 자기절제력이 큰 사람들은 자아간의 전쟁을 벌이지 않는다. 경쟁하는 여러 자아를 수용하고 통합하는 법을 알기 때문이다.

　만약 자제력을 훌륭하게 키우는 비법이 있다면, 과학이 가리키는 것은 단 한 가지뿐이다. 주의집중의 힘. 그 힘은 우리가 그저 자동 조종으로 냅다 달리게 내버려두지 않고 언제 선택을 하는지 인식하도록 마음을 훈련한다. 게으름 부릴 자격을 어떻게 얻는지, 방종을 정당화하기 위해 선행을 어떻게 이용하는지 세심히 살핀다. 보상의 약속이 항상 이루어지지 않으며 미래의 자아가 슈퍼영웅도 낯선 이방인도 아니라는 사실을 깨닫는다. 판매 술책부터 사회적 증거까지 대체 세상의 무엇이 우리가 행동하게 하는지 지켜본다.

정신을 다른 데 팔고 싶거나 유혹에 굴복해버리고 싶을 때 그 자리에 가만히 있으면서 갈망을 감지한다. 진심으로 원하는 목표를 기억하고 무엇이 내 기분을 진정으로 나아지게 하는지 알고 있다. 자기인식은 어려운 일과 가장 중요한 일을 해낼 수 있도록 도와달라고 늘 기댈 수 있는 유일한 '자아'이다. 그리고 무엇보다도 의지력이 무엇인지 설명해주는 최고의 정의다.

자기를 인식하는 연습은 의지력을 키우는 가장 효과적인 방법이다. 과학적 연구정신에 입각하여 나는 '의지력의 과학' 수업을 마무리할 때면 학생들에게 지금까지 수업에 참여하면서 관찰한 내용과 실습한 실험 중에서 가장 눈에 들어온 것이 무엇이냐고 항상 물어보았다. 최근 학자 친구들 중 한 명이 과학을 주제로 다룬 책에서 내릴 수 있는 유일하게 타당한 결론은 바로 '나만의 결론을 내려라!'라고 말해주었다. 책을 마무리할 말로 삼고 싶을 만큼 매력적이기는 하지만, 나는 그냥 '부정 의지력'을 사용해서 이렇게 묻겠다.

- ▶ 책을 읽으면서 의지력과 자기절제에 대한 생각이 바뀌었는가?
- ▶ 어떤 의지력 실험실이 가장 유익했는가?
- ▶ 큰 깨달음이 온 순간은 언제였는가?
- ▶ 이 책에서 어떤 교훈과 정보, 그리고 어떤 전략을 얻어 간직할 셈인가?

앞으로도 살아가면서 과학자의 마음가짐을 유지하기 바란다. 새로운 것을 시도하고 자기만의 데이터를 수집하고 증거에 귀를 기울여라. 멋진 생각에 마음을 열고 자신의 실패와 성공에서 교훈을 배워라. 효과적인 방법을 계속 활용하고 다른 사람과 자신의 정보와 지식을 공유하라. 이것이야말로 인간의 변덕과 현대생활의 유혹 속에서 우리가 할 수 있는 최선이다. 이런 일을 호기심과 자기 연민이 어린 태도로 해낸다면 부족함이 없을 것이다.

:: 저자 주 ::

들어가는 말

1) 이런 편견은 비단 의지력에 국한되지 않는다. 예를 들어 동시에 여러 가지 일을 잘한다고 생각하는 사람들은 실제로 누구보다 주의가 산만한 경우가 많다. 코넬 대학의 심리학자 두 사람이 처음으로 발표한 '더닝 크루거 효과'는 유머감각, 문법, 논리적 사고능력 등 모든 영역에서 사람들이 자신의 능력을 과대평가하는 경향이 있는 현상을 말한다. 이 효과는 논리적 사고 능력이 없는 사람들 사이에서 가장 뚜렷하다. 예를 들면 논리적 사고능력을 측정한 실험에서 평균적으로 12퍼센트의 정답률을 보인 피험자들은 자신이 62퍼센트를 맞추었다고 예상했다. 무엇보다 이런 결과를 보면 미국의 유명한 오디션 프로그램인 '아메리칸 아이돌'의 오디션 과정이 상당히 이해가 갈 것이다.

1장

2) 유용한 한 연구결과에 따르면 "고객의 자원처리 능력을 방해하는 것이 쇼핑 환경에 포함되어 있다면" 아무리 작은 요인이더라도 "소비자의 충동구매를 부추길 가능성이 크다. 따라서 마케터들은 쇼핑하는 곳에 정신을 산만하게 하는 음악을 틀어놓거나 어지럽게 진열대를 꾸미는 식으로 처리 자원의 가용성을 억제하는, 쉽게 말해 고객의 정보처리 능력을 떨어뜨리는 조치를 고안하여 이익을 얻기도 한다". 아하! 바로 이런 이유 때문에 동네 약국이나 슈퍼마켓이 그렇게 무질서하게 꾸며져 있는 모양이다.

2장

3) '검치호랑이'의 정확한 명칭이 saber-toothed tiger가 아니라 saber-toothed cat이라는 사실은 나도 알고 있다. 하지만 원고를 먼저 읽어본 사람들이 saber-toothed cat이라는 단어를 듣는 순간 집에서 키우는 털이 복슬복슬한 야옹이가 할로윈 파티용 뱀파이어 송곳니를 낀 모습이 떠오른다고 지적하는 바람에 나로서도 과학적으로는 미심쩍지만 훨씬 더 위협적으로 느껴지는 단어를 고집할 수밖에 없었다.

4) 만약 현대기술의 도움을 얻어서 길고 느리게 호흡하는 방법을 배우고 싶다면 '브리딩Breathing'처

럼 값이 싼 스마트폰 애플리케이션부터 '엠웨이브 퍼스널 스트레스 릴리버EmWave Personal Stress Reliever' 같은 최신 심박 변이도 모니터에 이르기까지 여러 가지를 활용하여 생리적 기능을 변화시킬 수 있다.

5) 이런 말을 들으면 사람들은 농담이라고 생각하는 경향이 있다. 분명히 말하지만, 절대 농담이 아니다! 현재 미국인의 11퍼센트만이 신체 운동의 권장 지침을 준수하는 형편이므로 모든 사람이 마라톤 훈련을 시작해야 한다고 생각한다면 엄청난 착각이 아니겠는가? 가벼운 운동이 전혀 운동을 하지 않는 것보다 좋으므로 땀을 흘리는 행동이 아니더라도 어떤 신체활동이든 시작한다면 여러모로 도움이 될 것이다.

3장

6) 혹시 연구결과가 궁금한가? 운동선수들은 홈구장의 관중 앞에서 중요한 경기를 치를 때면 주변의 시선을 평소보다 더 많이 의식한다. 이로 인해 경기에서 본능적이고 자동으로 반응하는 능력에 방해를 받는다. 배심원들은 외모가 매력적인 사람을 원래 '좋은' 사람이며 외적인 요인에 영향을 받아 '나쁜' 행동을 저지르게 되었다고 믿어버리는 경향이 있어서 피고에게 대단히 유리하게 작용하는 합리적 의심을 제기하게 된다.

7) 학생들에게 사탕을 권하는 방법으로 효과를 거둔 적이 있는가? 사탕을 돌린 덕분에 학기 말 교수평가에서는 꽤 좋은 평가를 얻었지만, 효과가 있는지는 잘 모르겠다.

8) 다이어트 탄산음료를 마시면 공복감을 느끼고 과식하며 체중이 증가하는 효과가 나타난다는 사실은 조금 알려져 있다. 음료의 단맛에 속아 넘어간 신체가 혈당이 급등할 것이라고 예상하며 혈류로부터 포도당을 흡수해버리기 때문이다.

9) 사실 제2형 당뇨병은 뇌와 신체가 사용할 수 있는 에너지를 효율적으로 활용하지 못한다는 점에서 실제로 만성 저혈당 상태와 같다. 이런 이유로 혈당 조절이 안 되는 당뇨병 환자들의 자기절제력이 손상되고 전전두엽 피질 기능에 결함이 나타난다.

10) 이 연구팀은 대인관계의 공격성에 대해 역사상 가장 창의적인 연구 중 하나를 실시하기도 했다. 학자들은 실험 참가자들에게 실제로 애인을 구타하라고 요구할 수는 없었지만(정말 다행이지 뭔가) 어떻게든 신체 공격 행위를 관찰할 필요가 있었다. 그래서 이 연구진은 참가자들에게 애인에게 시킬 가장 불편한 요가 자세는 무엇이며 얼마나 오랫동안 자세를 유지하기를 바라는지 선택하라고 했다.

4장

11) 이들이 일으킨 스캔들을 잊어버렸거나 전혀 몰랐던 독자들을 위해 간략하게 설명하고 넘어가자. 해거드는 동성애자의 권리에 반대하는 유명한 목사였으나 남창과 성관계를 갖고 마약을 복용한 것이 탄로 났다. 스피처는 끊임없이 부패 척결을 주창했던 뉴욕 주의 전 검찰총장이자 주지사였으나 연방수사 중에 매춘 조직의 정기 고객임이 드러났다. 에드워즈는 민주당의 대통령 후보로서 전통적인 가족관의 힘을 앞세워 캠페인을 하다가 낙선한 인물인데 선거운동 내내 암으로 죽어가는 아내 몰래 외도를 저지른 것이 알려졌다. 마지막으로 우즈는 자기 훈련으로 잘 알려진 유명한 골프선수이지만 결국 섹스 중독으로 밝혀졌다.

12) 연구진의 다른 지적에 따르면, 식사를 하는 손님들은 너무 성급한 나머지 주 요리 옆에 적혀 있는 "몸에 좋은"이라는 말의 의미를 제대로 이해하지 못한다. 보통 몸에 좋은 선택이라고 적은 요리들은 실제로 다른 요리보다 칼로리가 더 높지만 아무도 그런 표시에 대해 의심하지 않는다.

13) 하지만 신중히 생각하면 프리우스를 몰다가 운전 습관이 나빠질지도 모른다. 자동차보험 분석회사의 2010년 보고서를 보면 하이브리드 차종의 운전자들은 다른 운전자들보다 충돌 사고를 더 많이 일으키고, 교통위반 딱지를 65퍼센트 더 많이 받으며, 주행거리가 25퍼센트 더 길다고 한다. 이런 결과는 친환경 후광이 도로의 무모함을 허락하는 면허를 발급해주었기 때문일까? 대답하기는 어렵겠지만, 친환경 차를 몬다고 마음이 뿌듯하더라도 속도계를 잘 살피는 일만은 잊지 마시길!

5장

14) 비록 히스의 연구가 이상하기는 했지만 1960년대에 실시한 실험 중 최고로 이상한 것은 아니었다. 하버드 대학교의 티모시 리어리는 LSD와 환각을 유발하는 버섯의 정신적 유익함을 연구하려 했다. 브루클린 마이모니데스 의료센터의 스탠리 크리프너는 피험자들을 훈련하여 다른 방에서 꿈을 꾸는 사람에게 텔레파시로 메시지를 전달하는 실험을 통해 초능력 연구를 심화하려 했다. 몬트리올 앨런 메모리얼 연구소의 이완 카메론은 CIA에서 후원금을 받아 실시한 마인드컨트롤 연구의 하나로 가정주부들을 강제로 억류하여 이들의 기억을 지우려는 실험을 하기도 했다.

15) 히스의 보고서에서 가장 흥미로운 부분 중 하나는 전기가 꺼진 뒤에도 버튼을 계속 눌러댄 환자들의 행동을 보고 그가 내린 해석이다. 히스는 이런 행동이야말로 환자들의 정신 상태가 너무 불안해서 적당한 피험자가 될 수 없다는 증거라고 생각했다. 아직까지도 자신이 자극하던 뇌 영역에 대한 이해가 부족해서 이런 행동이 중독과 강박의 첫 번째 징후였다는 사실을 알아차리지 못했던 것이다.

16) 그는 나뭇잎을 치워주는 정원 관리용 도구에도 완전히 집착하여서 한 번에 6시간까지도 기계를 돌리며 뜰에서 나뭇잎을 완벽하게 치우려고 노력했다. 하지만 가족과 의사들은 당연히 도박에 비해 이 정도

는 그리 시급한 문제가 아니라고 간주했다.

17) 단 음식을 시식한 참가자들은 보라보라섬 여행, 애정영화, 스파체험처럼 쇼핑과 전혀 관계없는 보상에도 큰 관심을 보였다. 이로 미루어 볼 때 부동산부터 최고급 승용차에 이르기까지 어떤 물건이든 팔려고 하는 마케터들은 고객을 설득할 때 쿠키와 달콤한 칵테일을 대접하는 것이 영리한 방법일 수 있다.

18) 센트에어 사가 제조한 향기는(scentair.com) 갓 세탁한 리넨 향부터 생일케이크 향, 겨우살이 향에 이르기까지 생활 전 영역을 아우른다. 소매업자들이 이런 매력적인 향기가 상품 주변에서 풍기기를 바랄 것이라는 상상쯤은 쉽게 할 수 있다. 물론 센트에어 사의 스컹크 냄새, 공룡 입냄새, 탄 고무냄새를 원하는 마케터가 과연 있을까 하는 의문은 여전히 남지만 말이다.

19) 이런 방법이 뻔뻔하게 보이기는 하지만 유니레버 사에서 개발한 행동감지 아이스크림 자동판매기에 비하면 아무것도 아니다. 이 기계는 잠재고객이 지나가는 것을 알아차리면 말을 걸어 아이스크림을 사라고 부추긴다.

6장

20) 콘돔 상자에 생명을 위협하는 성병을 조심하라는 유사 경고문을 붙이기 전에 한 번 더 생각해봐야 한다. 남자들에게 언젠가는 죽을 운명이라는 사실을 상기시켜주면 즉흥적으로 만난 상대와 즐기는 섹스에 대한 관심은 많아지고 콘돔을 사용할 가능성은 줄어들기 때문이다.

21) 먹고 나서 가장 후회할 가능성이 높은 음식은 무엇일까? 〈에피타이트〉에서 2009년에 실시한 어느 조사에 따르면 죄책감을 가장 많이 유발하는 음식으로 1위가 사탕과 아이스크림, 2위가 감자 칩, 3위가 케이크, 4위가 페스트리, 5위가 패스트푸드였다고 한다.

7장

22) 정기적으로 출석할 때보다 출석하지 않을 때 비용을 더 비싸게 받는 피트니스 클럽에 가입해도 좋다. 운동을 거르고 싶은 유혹에 빠진 자아를 압박하기 좋은 방법이니까.

23) 농담이냐고? 물론, 아니다! 이 책을 쓰던 당시에 실제로 이런 사건이 있었다. 텍사스 프리스코의 케니 버거 조인트에서 파는 무려 무게가 3킬로그램이고 열량이 7,000칼로리에 달하는 엘 제프 그랑데 버거를 주문하려면 고객은 권리포기 각서에 서명해야만 했다.

24) 그리스 비극에서 애용되는 장치로 난데없이 어디선가(주로 기계 기중기를 이용해서 무대 위로 내려

온다) 신이 등장해 등장인물이 해결하지 못하는 문제를 해결해준다. 실제 삶에서도 이렇게 편리한 갈등해결 전략이 있었으면 좋겠다.

25) 유독 연구진은 참가자들에게 나탈리 포트먼과 맷 데이먼을 '그 다른 사람'으로 생각하라고 주문했다. 준비 조사를 한 결과 포트먼과 데이먼이 지구에서 가장 유명하면서도 가장 논란이 적은 사람으로 밝혀졌기 때문이다.

26) 흥미롭게도 어스너-허쉬필드는 청혼하기 전 아내에게 자신의 나이 든 아바타를 보여주었다. 그리고 퇴직을 대비해서 지금은 저축하고 있다는 것을 나에게 확인시켜주었다.

27) 이 부분을 따로 설명하지 않는다니 생각만 해도 고통스럽다. 들로리언이 뭔지 도통 모르는 독자는 1985년에 제작된 영화 '백 투 더 퓨처'를 꼭 보기 바란다. 아마 미래의 자아는 고마워할 거다.

8장

28) 설문에 응한 남성들의 절반이 매춘을 처음 경험할 때 혼자가 아닌 친구나 친척과 함께 갔다는 사실은 주목할 만하다. 비만과 흡연, 다른 사회적 전염병과 마찬가지로 돈으로 성을 사도 괜찮다는 인식은 인맥을 타고 전염병처럼 번진다.

29) 연구진은 어떻게 참가자들이 거부당하는 일을 경험하게 했을까? 이들은 수많은 참가자에게 '친해지기 과제'를 주고는 과제를 함께 하기 싫은 사람이 누군지 가려내어 등급을 매겼다. 그런 뒤 연구진은 일부 참가자들에게 함께 작업하고 싶어 한 사람이 없어서 혼자서 다음 과제를 해야 한다고 말해주었다.

9장

30) 아버지에게 이 연구에 대해 말씀드리자 즉시 연구의 결론에 동의하시면서 직접 경험한 비과학적인 증거를 들려주셨다. "내가 가톨릭 신학교에 다닐 때 학교에서는 학생들한테 섹스에 대해서 생각도 하지 말라고 경고했거든. 그랬더니 학생들끼리 서로 섹스 생각을 하지 말라는 얘기만 계속하게 되더라고. 당연히 신학교에 다니지 않을 때보다 훨씬 더 많이 섹스 생각만 했지 뭐냐." 아무래도 그 덕분에 아버지는 신부님이 될 수 없었나 보다.

31) 초콜릿에 조예가 깊은 사람들이라면 어스킨이 어떤 초콜릿 사용했는지 궁금할 것이다. 벌집 모양의 맥아볼을 밀크 초콜릿으로 감싼 몰티저스, 파삭파삭한 설탕 껍질을 바른 밀크 초코볼 캐드베리 샷츠, 제 조사에서 '세련된 어리석음'이라고 광고한 초콜릿 갤럭시 민스트럴스였다.

왜 나는 항상 결심만 할까?

초판 1쇄 발행일 2012년 6월 27일
초판 9쇄 발행일 2023년 7월 20일

지은이 켈리 맥고니걸
옮긴이 신예경

발행인 윤호권
사업총괄 정유한

편집 강현호 **디자인** 윤정우 **마케팅** 명인수
발행처 ㈜시공사 **주소** 서울시 성동구 상원1길 22, 6-8층 (우편번호 04779)
대표전화 02-3486-6877 **팩스(주문)** 02-585-1755
홈페이지 www.sigongsa.com / www.sigongjunior.com

글 ⓒ 켈리 맥고니걸, 2012

이 책의 출판권은 ㈜시공사에 있습니다. 저작권법에 의해
한국 내에서 보호받는 저작물이므로 무단 전재와 무단 복제를 금합니다.

ISBN 978-89-527-6601-4 13320

*시공사는 시공간을 넘는 무한한 콘텐츠 세상을 만듭니다.
*시공사는 더 나은 내일을 함께 만들 여러분의 소중한 의견을 기다립니다.
*알키는 ㈜시공사의 브랜드입니다.
*잘못 만들어진 책은 구입하신 곳에서 바꾸어 드립니다.

WEPUB 원스톱 출판 투고 플랫폼 '위펍' _wepub.kr
위펍은 다양한 콘텐츠 발굴과 확장의 기회를 높여주는
시공사의 출판IP 투고·매칭 플랫폼입니다.